大学生创业实务基础教程

主　编 ◎ 王自红　赵成丽　吴　洁
副主编 ◎ 孟　伟　刘永恩　叶芋伶　邱　平

西南交通大学出版社
·成　都

图书在版编目（CIP）数据

大学生创业实务基础教程 / 王自红，赵成丽，吴洁主编. —成都：西南交通大学出版社，2021.1（2025.6 重印）
ISBN 978-7-5643-7866-0

Ⅰ. ①大… Ⅱ. ①王… ②赵… ③吴… Ⅲ. ①大学生－创业－教材 Ⅳ. ①G647.38

中国版本图书馆 CIP 数据核字（2020）第 243890 号

Daxuesheng Chuangye Shiwu Jichu Jiaocheng
大学生创业实务基础教程

主编 王自红 赵成丽 吴洁

责任编辑	罗爱林
封面设计	墨创文化
出版发行	西南交通大学出版社 （四川省成都市金牛区二环路北一段 111 号 西南交通大学创新大厦 21 楼）
邮政编码	610031
发行部电话	028-87600564 028-87600533
官网	http://www.xnjdcbs.com
印刷	四川森林印务有限责任公司
成品尺寸	185 mm × 260 mm
印张	14.5
字数	283 千
版次	2021 年 1 月第 1 版
印次	2025 年 6 月第 5 次
定价	43.00 元
书号	ISBN 978-7-5643-7866-0

课件咨询电话：028-81435775

本书编委会

主　　任：彭裕红

副主任：宋　峰

主　　编：王自红　赵成丽　吴　洁

副主编：孟　伟　刘永恩　叶芋伶　邱　平

编委成员：傅金能　杨文君　万　黎　叶群丽

陈　鑫　王　聪　杨欣霖　胥　虹

冯媛媛　涂运黎　唐　佳　朱学坤

何　衡　杨　佳

前言 PREFACE

当前，我国正在为建设创新型国家、创新型城市努力奋斗着。而大学生是我国最具创新创业活力的一个群体，是中国未来经济发展的主要参与者和领导者。毫无疑问，大学生的创新创业教育是我国建设创新型国家取得成功的重要决定因素。尤其是在国际市场竞争日趋激烈，国际贸易摩擦不断加重，世界经济发展的不确定性因素不断增大的发展态势下，世界各国高校加大创新和创业教育力度已经成为国际潮流和发展趋势。

西方国家高校早在20世纪80年代就开始推广创新创业教育，并取得了显著成效。我国直到2010年，颁布了《国家中长期教育改革和发展规划纲要（2010—2020年）》，提出我国在未来一个时期要培养创新创业型人才的要求后，各高校才开始重视大学生创新创业教育工作。同年，教育部颁布《关于大力推进高等学校创新创业教育和大学生自主创业工作的意见》，明确提出把创新创业教育纳入专业教育和文化素质教育教学计划和学分体系。2011年5月，国务院下发《关于进一步做好普通高等学校毕业生就业工作的通知》中再次予以强调。这预示着我国的创业教育将进入一个新的发展阶段。特别是李克强总理在政府工作报告中向全国人民发出“大众创业、万众创新”的号召后，各高校大学生创新创业教育才逐步兴起。

近年来，随着国家、相关部委、地方政府支持大学生创新创业的政策和法规的出台，以及各高等学校通过举办各式各样的大学生创新创业比赛的推动，我国大学生参与创新创业活动的积极性和热情被充分地激发调动起来，大学生创新创业已形成良好的氛围。但目前国内高校的创业教育还处于“群雄割据”的阶段。创业教育教材多是理论性的编写，且不同层次、类别的高校由于地域、生源以及大学生创业目标差异等因素，所以现有教材的适用性和效果大打折扣，从我国大学生创新创业的实践来看，成功的比例并不高。因而大学生创新创业教育缺乏一本系统性、具备实战性质的理、实、训一体的教材。鉴于上述情况，结合学校实际，我校组织编写了这本《大学生创业实务基础教程》。

大学生创新创业教育是一项系统工程，关系到学校教学质量与教学改革，也关系到创新型、应用型、技能型人才培养目标的实现。它对促进人才培养观念的转变，提升大学生创新创业素质和能力，为创建创新型国家储备人才，以及从根本上解决大学生就业难的困境等都具有战略意义。

编写组教师是学校创业实务课程教学骨干教师，具有较丰富的教学理论和指导大学生创新创业活动的经验，其中一些教师指导大学生参加了“中国创翼”青年创新创业比赛、“互联网+”大学生创新创业比赛等活动，并取得可喜成绩，在大学生创新创业教育与实践方面具有较丰富的实战经验；同时，与新道科技有限公司进行校企合作，在校内实践平台、课程建设和项目指导与打磨上提升学生实践能力和项目生存率。编写组在对国内外众多创新创业教材进行学习性的研究后，认真思考当前学生创新创业教育与训练中所关注和关心的问题，并广泛征求大学生创新创业者的意见和建议后，在此基础上力求有所创新；在阐明大学生创新创业教育理论的基础上，侧重就大学生创新创业中的认知、创新思维、创新能力、项目选择、商业模式设计、营销策略、创新创业团队组建等内容进行体验与专项训练，凸显对大学生创新创业素质与能力的培养。

本教材具有以下特点：

（1）应用性。全书强调创新创业理论知识、方法、原理的实际应用，在阐述大学生创新创业相关理论、方法和原理的过程中，力求做到用典型的案例训练大学生在实际的创新创业活动中的技能，并在网络课程的课后思考题中注重训练学生对这些创新创业理论、方法和原理的应用。

（2）创新性。通过学习目标、案例导入、思考题、能力训练等形式创新教学内容的组织形式，理论教学内容更加符合实际、通俗易懂；同时，将校企合作的平台实践和“互联网+”等内容纳入教材，这是省内大学生创新创业教育校本教材中的首创。

（3）实战性。围绕大学生创新创业能力构成主线，在创新创业知识内容方面坚持“够用”“实用”和“服从能力培养需要”的原则；在创新创业实务方面将专业素质训练与专业技能训练融合，以具备创新创业实战素质与能力为目的的课程改革思想。

本教材在编写过程中得到了有关专家、领导及新道科技有限公司的大力支持和帮助，在此一同表示衷心的感谢。本书由彭裕红老师担任编委会主任，宋峰老师担任副主任；王自红老师、赵成丽老师、吴洁老师担任主编；孟伟老师、刘永恩老师、叶芋伶老师、邱平老师担任副主编。具体编写分工：王自红负责确定编写大纲、编写体例，模块五任务四、模块七任务二、模块九及全书统稿定稿工作；胥虹、涂运黎负责模块一的编写；杨文君、叶群丽负责模块二的编写；陈鑫、杨欣霖负责模块三的编写；王聪、赵成丽、孟伟、万黎、冯媛媛、叶芋伶、唐佳、朱学坤、何衡负责模块四的编写；杨欣霖、万黎负责模块五任务一至三的编写；刘永恩负责模块六的编写；新道科技有限公司傅金能负责模块七任务一的编写；吴洁、邱平和雅安市就业创业促进中心杨佳负责模块八的编写。在编写过程中，参阅并适当引用了国内外相关作者的著作、教材和研究成果，在此也一同表示诚挚的谢意。由于编者水平和时间的限制，书中难免存在不足之处，恳请广大读者批评指正。

编 者

2019 年 6 月

目录 CONTENTS

理论篇

实践篇

政策篇

大学生创业实务基础教程

理论篇

模块一
大学生创新创业教育基础

任务一　创新基本知识

2014年9月，李克强总理在夏季达沃斯论坛上提出，要在960万平方公里土地上掀起一个“大众创业”“草根创业”的新浪潮，形成“万众创新”“人人创新”的新形态。[①]创新和创业紧密相连，可以说创新是创业的核心，直接影响创业的成功。

一、创新的概念

奥地利经济学家约瑟夫·熊彼特在1912年出版的德文版《经济发展》一书中，提出“创新理论”（Innovation）一词，他是创新理论的奠基人。此后，熊彼特又在其他著作中对创新理论加以应用和发展，1942年最终完成“创新理论”体系。熊彼特认为，“创新”是“建立一种新的生产函数”，也就是说，把一种从来没有过的关于生产要素和生产条件的“新组合”引入生产。随着熊彼特“创新理论”的提出，众多学者在他的“创新理论”上又有所发展。1985年，Muesor通过对350多篇技术创新研究文献进行调查后认为，尽管不同学者关于技术创新概念的界定有不同的侧重，但较为一致的看法是：技术创新是一种新设想，具有非连续性，它需要经过一定时间后才能成功应用到实际中去。西方创新理论引入我国后，特别是20世纪90年代中期以来，国内学者结合我国的实际情况，对创新的概念有了新的理解。

创新是指以现有的思维模式提出有别于常规或常人思路的见解为导向，利用现有的知识和物质，在特定的环境中，本着理想化需要或为满足社会需求，而改进或创造新的事物（包括产品、方法、元素、路径、环境），并能获得一定有益效果的行为。

二、创新的特征

第一，创新具有目的性。创新活动一定带有目的性，这个特性贯穿于创新过程的始末。

①《李克强在2014夏季达沃斯论坛开幕式发表致辞》，中国新闻网，2014年9月10日。

第二，创新具有变革性。创新必须是对已有事物的改革和革新，是一种深刻的变革。

第三，创新具有新颖性。创新是对现有的不合理事物的扬弃，革除过时的内容，确立新事物。

第四，创新具有超前性。求新是创新的灵魂，创新具有超前性。

第五，创新具有价值性。创新必须有明显的、具体的价值，对社会具有一定的经济效益。

三、创新的分类

这里主要参照弗里曼的创意分类体系。

（一）产品创新

产品（服务）创新是指提出一种能够满足顾客需要或解决顾客问题的新产品（服务）。传统意义上将产品定义为有形的、物理的物品或原材料，从牙膏到钢管，从计算机到工业黏合剂，从喷气式飞机到汽车到大豆，所有这些都可以称为产品。在企业产品生命周期的初期，市场未形成产品的主导设计，企业产品的变动情况较大，成功的产品创新必须在功能、外观、质量、安全等各方面不断改进以满足顾客的需求，从而争取更多的顾客基础，实现企业的市场竞争优势。产品创新又可以分为：元器件创新、架构创新、复杂产品系统创新。

元器件创新是指创新导致一个或多个元器件发生变化，但是并不严重影响整个系统的结构。

架构创新是指创新导致整个系统结构或者组件之间作用方式发生变化。

复杂产品系统创新是指研发开发投入大、技术含量高、单件或小批量定制生产的大型产品、系统或基础设施，主要包括大型电信通信系统、大型计算机、航空航天系统、智能大厦、电力网络控制系统、大型船只、高速列车、半导体生产线、信息系统等的研发创新。

（二）工艺（流程）创新

工艺（流程）创新是指生产和传输某种新产品或服务的新方式（如对产品的加工过程、工艺路线以及设备所进行的创新）。

对制造型企业来说，工艺（流程）创新包括采用新工艺、新方式、整合新的制造方法和技术以获得成本、质量、周期、开发时间、配送速度方面的优势，或者提高大规模定制产品和服务的能力。例如，在生产洗衣机时采用了新钢板材料，或者把生产洗衣机的生产线设备从传统机床更换为数控机床，从而使成本降低 50%，或使生产效率提高 3 倍以上，这就是工艺创新的例子。

服务型企业通过流程创新为顾客提供完善的前台服务，并增加新型服务，也就是顾客看得见的新“产品”。

【案例 1-1】

1986 年联邦快递公司（FedEx）向市场推出其独有的包裹跟踪系统。顾客看到的只是一个微小的条形码读入器，操作员利用这个装置来扫描包裹。然而这个精密系统的其余部分对于顾客来说是不可见的，顾客能够即时见到的就是包裹的运送情况。这种增值业务使联邦快递公司获得了暂时的竞争优势。

资料来源于 https://max.book118.com/html/2018/1211/8055132011001137.shtm。

【案例 1-2】

中集集团一直以来坚持工艺创新的改进。公司于 20 世纪 90 年代后期引进具有世界领先水平的德国格拉芙公司的冷藏箱生产技术，并在其基础上不断进行开发和创新。公司在长期实践中积累了很强的工艺创新能力。例如通过把原来照搬德国引进的生产线与流程进行优化改进，原来 1 万箱的设计生产能力，通过改进后，在同样面积的厂房空间中现在产能达到 2.5 万箱，大大提升了生产效率和效益。伴随着时代的进步与行业的发展，单纯的工艺改进难以适应企业创新发展的需求。集装箱制造是典型的劳动力密集型行业，其传统的生产线的技术含量往往不高，多依赖于重体力劳动。因此，对于人的尊重，在最直接的层面便是降低体力劳动的强度，提高生产线的自动化，但技术的进步很大程度上又源于生产需求和市场拉动。

2010 年年底，中集集团在深圳东部建设了一家全新的集装箱生产线，将之命名为“梦工厂”。“梦工厂”几乎集成了集装箱生产领域所有最先进的工艺和技术，重新搭建了一整套自动化制造执行系统，最大限度地实现了整个生产系统的无限闭路循环。那种旱烟弥漫、油漆味刺鼻的集装箱车间终于在这里成了历史。“梦工厂”投产之后，产能提高了 50%，降低的电耗超过了 36%，回收并循环利用了 95%以上的“天那水”。“梦工厂”成为中国重体力、高污染、高能耗产业如何由粗放制造向精益制造转变的典范。

资料来源于 https://max.book118.com/html/2018/1211/8055132011001137.shtm。

小贴士 **产品创新与工艺创新的区别**

区别产品创新与工艺创新有重要意义。产品创新的目的是提高产品设计与性能的独特性；工艺创新的目的是提高产品质量、降低生产成本、提高生产效率、降低消耗与改善工作环境等。工艺（流程）创新是指生产和传输某种新产品或服务的新方式（如对产品的加工过程、工艺路线以及设备所进行的创新）。产品创新和工艺（流程）创新经常交替出现。

（三）服务创新

服务创新是企业为了提高服务质量和创造新的市场价值而发生的服务要素变化，对服务系统进行有目的、有组织的改变的动态过程。

【案例 1-3】

一卡通和网上银行的推出使招商银行在中国发展零售银行业务成为现实，而零售银行业务正是招商银行转型的突破口。继一卡通后，为解决招商银行网点不足的问题，招商银行抓住互联网变革的机会，于 1999 年率先在国内推出网上银行，并在全国数十所大学推广一网通业务，成为国内首家开展在线金融服务的商业银行。

资料来源于 https://wenku.baidu.com/view/e94f599f3143323968011ca300abc30c22f1bc.html。

（四）商业模式创新

商业模式创新即对目前行业内通用的为顾客创造价值的方式提出挑战，力求满足顾客不断变化的要求，为顾客提供更多的价值，为企业开拓新的市场，吸引新的客户群。每一次商业模式的革新都能使公司在一段时间内具有竞争优势。但是随着时间的改变，公司必须不断地重新思考它的商业设计。

小贴士

商业模式是一种包含了一系列要素及其关系的概念性工具，用以阐明某个特定实体的商业逻辑。它描述了公司能为客户提供的价值以及公司的内部结构、合作伙伴网络和关系资本等用以实现（创造、营销和交付）这一价值并产生可持续、可营利性收入的要素。

【案例 1-4】“廉价航空公司”——美国西南航空

美国西南航空以“廉价航空公司”闻名全球，是民航业“廉价航空公司”经营模式的鼻祖。1971 年，由罗林·金与赫伯·凯莱赫创建。公司的首航从达拉斯到休斯敦和安东尼奥，是一个简单配餐而且没有额外服务的短程航线。它以低成本战略赢得市场，为旅客提供他们所希望的服务需求：低票价、可靠安全、高频度和顺便的航班、舒适的客舱、旅行经历、一流的常旅客项目、顺利的候机楼登机流程以及友善的客户服务。其做法以前曾被很多航空公司视为不正规，在相当长一段时间里曾经被其他航空公司不屑。在此后的几年，美国西南航空公司迅速扩张和发展，成为以美国国内城际间航线为主的航空公司，创造了多项美国民航业纪录，是 1973 年以来唯一一家连续盈利时间最长的航空公司，利润净增长率最高，负债经营率较低，资信等级为美国民航业中最高。

2011 年“9·11”事件后，几乎所有的美国航空公司都陷入困境，而美国西南航空则例外。2005 年运力过剩和史无前例的燃油价格让美国整个航空行业共亏损 100 亿美元，达美航空和美国西北航空在同年均申请破产法保护。相比之下，美国西南航空公司连续第 33 年保持盈利确属奇迹。

资料来源于 https://wenku.baidu.com/view/e94f599f3143323968011ca300abc30c22f1bc.html。

任务二　国内外大学生创新创业教育现状与名校做法

伴随国际一体化进程的迅速展开，全球的竞争日趋激烈，创新创业俨然已经变成 21 世纪经济发展的主要推动力。本书以各国高校大学生为研究对象，通过对国内外高校创新创业教育发展状况进行研究，总结出想要全面推动大学生创新创业教育的健康发展，应改变大学生培养模式，构建以政府为主导者，高校为主要承担者，企业为参与者的服务管理模式，建立一套完整的教育课程体系，以培养出具有创新创业能力的复合型人才。

一、国外创新创业教育现状及名校做法

（一）美国创新创业教育

1. 政府方面

美国政府首先实施了完善高校创业指导体系顶层规划方面的措施，制定了相关政

策，引导与鼓励高校的创新创业教育工作，其中最重要的是“美国创新战略”。美国政府相继对该战略进行了完善与补充，对高校的创新创业教育提供了足够的资金保障。

2. 学校方面

美国在开设学校创业指导课程方面做得非常好，涵盖了各个年级，小到对小学生实施的创业指导，大到对研究生进行的创业培训，可以说是非常完善的组织架构。

3. 社会方面

创新创业指导在美国已有十分完整的组织体系，并且形成了高度社会化的创业指导网络体系，具有代表性的企业与机构主要有美国创业指导中心、由成功企业家组成的创业家协会、以家庭为单位的企业研究所等。除此之外，美国形成了一套强大的支撑网络体系，如美国的中小企业管理局会给打算单独创业或者已经开始创业的公司负责人一些完全免费的、有用的技术性指导。

（二）英国创业教育

1. 大力拓展创业教育途径，多渠道进行创业教育

给予教师足够的支持，为教师创造多方面的便利条件，定期专门安排教师参加专业的创业技能培训，组织召集进入各类企业进行现场学习，深入了解企业管理和生产经营的相关知识。同时适当放松管制，允许老师在不影响教学的前提下自主创业。学校应多方联系，利用学校往届校友、学校合作等渠道，多方面引入具有成功创业经验的企业家、社会个人、专家、官员等赴学校讲座，或是专门担任兼任教师，给学生创业提供最直接的指导。

2. 充分发挥政府的政策引导和扶持作用

英国政府对创业教育的支持主要表现在政策引导和资金扶持两方面，通过建立完善的扶持机制，给予大学生创业以最优厚的支持条件。

3. 强化师资队伍建设，确保创业教育的用人需求

英国在大学教师创业方面做出了积极的探索实践，从支持大学教师自身创业、为大学教师创造有利条件，促进其参加各类创业培训以及进入企业进行实践锻炼。此外，还对大学教师创业教育进行较为严格的准入上岗机制和奖惩考评机制，对创业教师师资队伍的建设起到了重要的促进作用。

（三）哈佛大学

1. 创新的教育思想

哈佛大学是美国高等教育的成功典范，培养出一大批有卓识远见、创新思维的

人才，根本原因在于它独特的办学宗旨和校风。哈佛校风的核心内容是：崇尚自由竞争和个人奋斗、冒险和创业，崇尚对事业的追求与高度负责的工作态度，强调生活的富有应来自勤奋与努力，强调个人的智慧、毅力、能力和自信心是事业成功的关键因素，注重理性分析，讲求实际和办事成效。其办学宗旨是“让所有的金子在这里都发光”，即让所有学生的潜力、能力和信心得到增强。

2. 充分调动学生学习的主动性

（1）采用教师提前布置讨论题目，学生参与的教学模式。教学不重视是否有正确答案，而重视结论的思考过程。每个题目都由学生分析、讨论，甚至争辩。学生参与的质量在考分中占 25%～50%。在这种学习氛围中，为取得好成绩，学生必须主动发掘潜能，面对复杂多变、缺少信息的情况，培养自己独立思考、解决问题的能力。

（2）重视培养学生适应形势变化，寻找更好的方法，而不重视结果。教学鼓励学生充分表现自己，增强信心，发挥创造性思维。

（3）把学生置于实践环境中，强迫自己不断向智力和能力的极限挑战，形成一种面向实践的思维定式。这种教育有利于学生学以致用，并锻炼自身思想的敏锐性。

（4）哈佛人认为不存在做事的最好方式，而个人的判断和风格才是真正关键所在。洞察力、想象力、灵活应变力是个人处理好问题的基本要求，预见力的高低是区分个人能力高低的重要标志。实战模拟学习和敏捷性分析都是哈佛培养学生判断力做出的努力。

3. 创业教育

美国教育界流行着这样一种说法，如果说哈佛大学是全美所有大学中的一顶皇冠，那么哈佛商学院就是这顶皇冠中最璀璨的一颗宝石。哈佛的创业教育，被誉为美国创业界的“伊甸园”。哈佛大学的创业全面综合，几乎囊括了各行各业，50%的哈佛商学院毕业生在毕业后的 10～20 年都成了企业家。微软、Facebook、高盛、彭博，这些划时代的符号，都是由哈佛学子创造的。哈佛大学的创业教育对整个行业是一种引领性的存在。

哈佛大学商学院没有专业之分，所有的 MBA 都要学习综合管理课程，但可以选择不同的发展方向。他们也没有教科书，所有的课堂都是案例学习。

世界各地商学院所运用的案例中，80%是在哈佛商学院制作的，而在过去的 10 年中就有 1 200 多个案例是关于创业的。

哈佛商学院会尽力把每一位案例中的主人公请到校园来。试想，如果在做 Facebook 的案例分析时，马克·扎克伯格就在课堂上，无疑是最生动的案例和学习机会。

“所有的人都在教学，所有的人又都在学习，包括学校的教职员工。”哈佛大学阿瑟·洛克创业中心主管梅雷迪思说，“这就是哈佛的课堂”。

哈佛大学设立了创意实验室。在这间宽敞明亮的几百平方米的实验室里，灰色的地毯上是不规则摆放的大桌子、椅子或者沙发，人们自行把它分成了不同的区域，中间错落着写满文字或符号的白板。他们看着电脑，或者在拼接不同的纸样图片，或者在讨论，或疯狂地打着游戏，这里就是哈佛大学创意实验室最常见的景象。

除了拥有创业实验室外，哈佛大学所在地波士顿还拥有广大的人脉资源。在哈佛商学院和肯尼迪政治学院攻读双学位的塞尔希奥提道：“在聚集了哈佛、麻省理工等众多名校的波士顿，经常会有各种创业论坛、会议或者名人讲座，几乎每天都有这样的活动便于你去发展和积累人脉资源。”

哈佛大学阿瑟·洛克创业中心主管梅雷迪思说：“我们不是只教人如何开设一个新的公司，我们也看重他们在成熟大公司里可以扮演的角色。他们的影响力，让他们成为改变世界的人物，让他们可以驾驭新思想，创造市场和新的就业机会。他们的企业家精神和思维才是最重要的，这就是贯穿哈佛的精髓。”

（四）斯坦福大学

1. 100 多门选修课和创业有关，商学院 100%的课程都以创业精神为出发点

斯坦福的创新创业教育有一个生态系统观，企业、企业家、社会、市场、公共科研机构等通过合作教学、捐赠、投入、成果转移等方式与学校建立起一个完整的创业教育生态系统。而在学校，“企业家”教员与导师制、教学方法与课程设计、校友关系及创业网络、创业价值链及成果转化等要素共同形成了斯坦福独特的文化理念。

2. 小班教学

学校拥有先进的教学设施，创新能力与创业精神贯穿于每一门课程中，以学生为中心的体验式、互动式教学能够极大地激发了学生的想象力与创造力，大量来自产业界的演讲嘉宾与学术界专家联合授课。

二、我国创新创业教育现状及名校做法

（一）浙江理工大学

1. 抓好“三个结合”，充分激发学生创业意识

一是把爱国主义教育和创业教育相结合，教育学生主动把自身的创业自强同民族的振兴发展相结合，自觉锻造创造性人格，树立创业理想；二是将案例教育与学生创业教育相结合，通过创业成功校友报告会、企业家论坛等形式，使大学生意识

到创业成功对实现自身人生价值的重要性，又使其能意识到创业过程中的风险及应当具备的能力素质要求，树立挫折意识，为今后自身走创业之路做准备，并明确努力方向；三是将创业教育与生涯规划教育和职业发展指导相结合，使学生在描绘自身发展蓝图中，能结合自身实际，自觉把创业变为实现自身价值的一个重要途径，最终将创业理想扎根于头脑之中。

2. 整合优势资源，有效提高学生创业能力

创业能力是创业成功的决定性因素。在人才培养实践中，培养学生创新精神和创业能力，学校应扎实做好以下工作：一是将创业教育融入人才培养方案。二是积极开展多种形式的校企合作。三是大力开展学生课外科技活动。

3. 完善服务体系，不断优化学生创业环境

针对一部分有较强创业意愿和创业能力的学生，学校允许在一定条件下休学创业，或走边学习边创业之路，有效实现就业与创业同步。二年级以上的学生还能根据自身创业需要，选择研究方向，进学科、进课题，与导师一起参与研究，为今后解决创业过程中的疑难问题创造条件。学校除设立创业基金外，还因地制宜，通过开辟大学生创业中心、提供创业场地等实惠举措，给有创业潜质的学生提供实战平台。

（二）浙江大学

1. 创业教育课堂教学多管齐下，各具特色

（1）竺可桢学院创新与创业管理强化班，始于 1999 年，由竺可桢学院面向全校成绩优异的工科本科生开办，借鉴斯坦福大学创新创业教育的经验，以管理学和 MBA 基础知识为主，每年选拔 60 名学生参加，旨在培养具有扎实专业基础和经营管理才能，较高创新意识、创新素质及创新技能的高科技产业经营管理创业型人才。

（2）创业管理精英班，始于 2006 年，由管理学院面向本科、研究生、MBA 3 个层次开办，每个层次 30 人，以创业精神培育为主线，通过与国际名校的互动交流和企业战略合作，探索多种模式培养，以本科为基础，以硕士或博士为突破口，培养具有开阔的国际视野、精通外语、知识结构合理、专业知识精深、创新和竞争能力较强的管理学高层次专门人才。

（3）“KAB 创业基础”公共选修课，始于 2007 年春季学期，由学校就业指导与服务中心面向全校有志于创业的研究生和本科生开设，每班 30 人，以培养学生的企业家精神为主线，旨在帮助学生树立对创业问题的正确认识，了解创业者基本特征和所需素质，使学生了解从而产生商业想法，写出商业计划书，组建一个企业直到运营企业的基本过程。

2. 创业教育实践活动风起云涌，丰富多彩

（1）组织创业计划竞赛。

（2）开展“创业论坛”和“青年创业大讲堂”活动。

（3）设立“创业沙龙”交流平台。

（4）组织学生走进创业企业。

（5）开展创业活动的校际交流。

3. 创新创业类学生社团蓬勃发展，大学生创业就业研究各领风骚

（1）研究生创新创业中心。

（2）未来企业家俱乐部。

（3）KAB 创业俱乐部。

4. 科技园创业孵化器功能逐步凸显，日臻成熟

科技园紧紧依托学校，整合社会各类资源，积极推进大学生自主创业，在大学生创业教育、自主创业两个层面进行扶持，提供帮助和服务。

现阶段，学校科技园可以为创业企业提供的服务包括公司注册、人事代理、投融资、项目申报、公共技术服务、科技创业物业服务、优质中介服务等。

（三）台湾地区创新创业教育

1. 充分利用各种社会资源，建设创新创业教育平台

台湾地区的高校通过成立育成中心机构来组织科研设施、专家人才等资源，通过市场需求与中小企业需求对接，培育出大量的创新型中小微企业，创造了大量的新型就业岗位，在解决台湾地区高校学生就业、科技项目成果转化等方面积累了成功经验。

2. 开展创业型师资队伍建设，为培养创业型人才提供师资保障

高校采取加大培训力度、鼓励教师持双证、定期到企业实践调研、与企业联合开展项目开发等方式，提升现有教学师资实践教学能力。加大对高职称、高技能师资人才的引进力度，拓宽创业型师资队伍的引进渠道。积极引入具有丰富实践经验的企业家导师、行业名师或相关专业人才作为兼职教师。

3. 加强创业型人才培养的课程体系设计，为实现创业教育目标提供保证

开展创业型人才培养的课程体系设计，为实现创业教育目标提供保证。在开发创业、就业课程方面，要注重应用经典案例的教学模式，以达到更好的教学效果。经典案例素材的收集，可通过许多院校举办的 MBA 或 EMBA 研修班、商协会、相关研究机构等单位进行收集。收集经典案例素材时，既要注重创业、就业方面的成

功案例，也要收集典型的失败案例，从正反两个方面给大学生创业、就业提供借鉴和参考。

4. 把创业教育融入现有专业学科建设，系统进行创业型人才培养和产学研究

根据创业型人才的培养需求，重新设计现有的专业课程体系，把创业教育紧密融入现有专业学科建设中，通过产教融合、理论联系实践、应用案例教学、模拟演练、专题讨论等教学方法，培养学生应用专业理论解决实际问题的能力。授课方面，除了对学生进行常规专业理论教育外，还应聘请优秀创业企业家、行业实战专家等作为创业导师，对学生进行专业实践方面的授课。同时，要大力发展优秀企业作为产教合作基地，让学生深入企业进行实训和演练，以更好地培养学生的实际工作能力。

任务三　雅安职业技术学院创新创业教育成效

学院积极响应国家“大众创业、万众创新”号召，推动创新创业教育与人才培养有机结合，经过 3 年的不断探索，逐渐形成了“3+2”创新创业教育有效结合专业教育的实践路径，极大地破解了校园创新创业瓶颈，营造了良好的科创氛围，推进校园科创水平不断提升。“三体系”即由普适性必修课到创业孵化指导“四阶梯”创新创业教育课程体系；构建“单项技能实训—综合技能实训—生产性实训—创新研发”的实训体系；建立完备的“校级大赛—市级大赛—省级大赛”的竞赛体系。“两建设”即建设一支实战能力强的指导教师队伍；建设多种“众创空间”，营造浓厚的校园科创氛围，成效明显。（见图 1-1）

图 1-1　三体系两建设

一、创新理念，优化机制，提供有力的制度保障

学院坚持齐抓共管、协同推进，不断汇聚力量形成合力，完善优化创新创业教育体制机制，开放合作，形成全院关心支持创新创业教育和学生创新创业的良好生态环境。

学院初步完成《探索“政校行企”联动的“混合所有制”运行机制》，制定并印发《雅安职业技术学院创新创业竞赛管理办法（试行）》《雅安职业技术学院创新创业校外导师管理办法（试行）》《雅安职业技术学院科技成果与知识产权管理办法》《雅安职业技术学院促进科技成果转化实施办法》《雅安职业技术学院大学生创新创业训练计划项目管理办法（试行）》《雅安职业技术学院大学生创新创业训练计划经费使用管理办法（试行）》等文件，进一步规范大学生创新创业竞赛的组织管理，为各类创新创业大赛培育种子项目，激励广大师生积极参与，促进学院大学生创新创业健康发展。（见图 1-2）

雅安职业技术学院文件

雅职院〔2018〕32 号

雅安职业技术学院
关于印发《雅安职业技术学院创新创业校外导师管理办法（试行）》的通知

雅安职业技术学院文件

雅职院〔2018〕36 号

雅安职业技术学院
关于印发《雅安职业技术学院创新创业竞赛管理办法（试行）》的通知

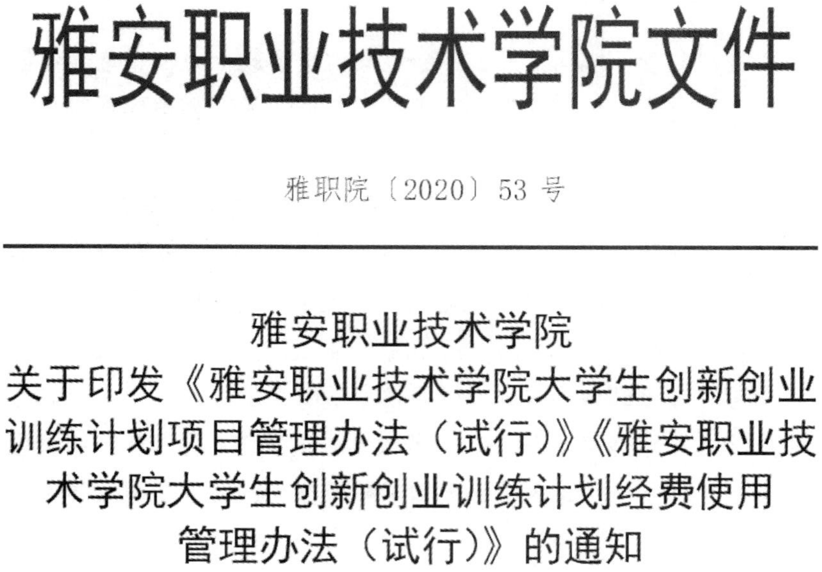
雅安职业技术学院文件

雅职院〔2020〕53 号

雅安职业技术学院
关于印发《雅安职业技术学院大学生创新创业训练计划项目管理办法（试行）》《雅安职业技术学院大学生创新创业训练计划经费使用管理办法（试行）》的通知

图 1-2　相关文件

二、整合资源，赋能双创，构建“四阶梯”课程体系

学院将创新创业教育融入人才培养全过程，将创新创业教育纳入学分认定，以“雅安职业技术学院 · 新道创新创业学院”为载体，整合资源，成立跨学院、跨专业的创新创业教研室，探索形成了由普适性必修课到创业孵化指导的“四阶梯”课程体系。（见图 1-3）

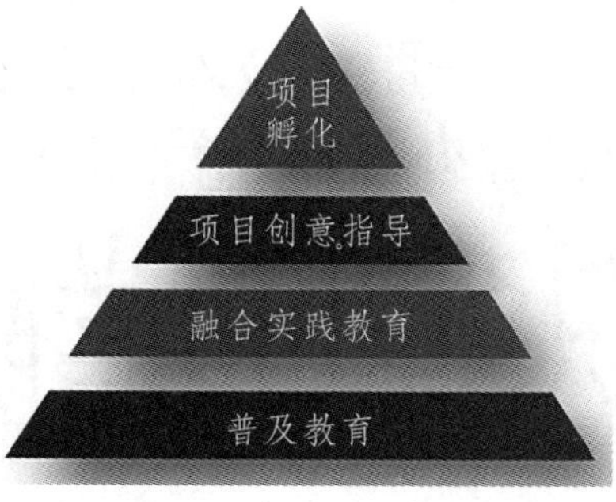

图 1-3　创新创业教育“四阶梯”课程体系

探究建立“大学生创新创业基础”“创业经营管理实战”“创业实务”3 门创新创业基础课程，以及“平面作品创新设计与实践”“临床护理发展与创新”“天然药物提取技术”“幼儿美术专创融合”4 门专业创新创业融合课程。（见图 1-4）通过线上线下联动，进一步丰富了教育资源，极大拓宽学生知识视野。改革课程考核方式，以互动式、参与式教学方式为主，突出团队协作能力，以小组项目路演形式完成课

程考核，注重考查学生运用知识分析、解决问题的能力。通过两年多的实践，学生创新意识和创业思维得以提升，教学效果良好。

图 1-4　创新创业基础在线课程

三、教研先行，引质培优，强化导师团队建设

1. 成立双创教研室

从政策、课程建设、教学标准、教学大纲等方面引领教学、教研。2018 年 9 月开始面向 2017 级在校学生 114 个班 4 271 人开设“创业实务”课程，开展创业普及教育，已走在全省高职院校前列。

2. 创新组建

“善战”双创团队。积极招才引智，现有师资达 150 余人。校内培训开展了 4 次近 200 人次，外派学习培训近 70 人次，不断提升双创成员能力素质。（见图 1-5）

图 1-5　师资队伍

3. 聘任行企专家担任校外导师

现有校外导师 20 余人，涉及农业、工业、服务业等多行业，为双创活动高效开展全面赋能。

四、立足实际，优化模式，激发学生创新意识

结合市场特点和立足学生实际，深度挖掘专业教育的创新创业元素，将创新研发导入专业课程，构建“单项技能实训—综合技能实训—生产性实训—创新研发”实训体系，探索形成“项目+导师+团队”研究性学习的双创教育模式，进一步激发了

学生的创新意识，促进学生不断成长。代表性的实训基地如图 1-6 ~ 图 1-8 所示。

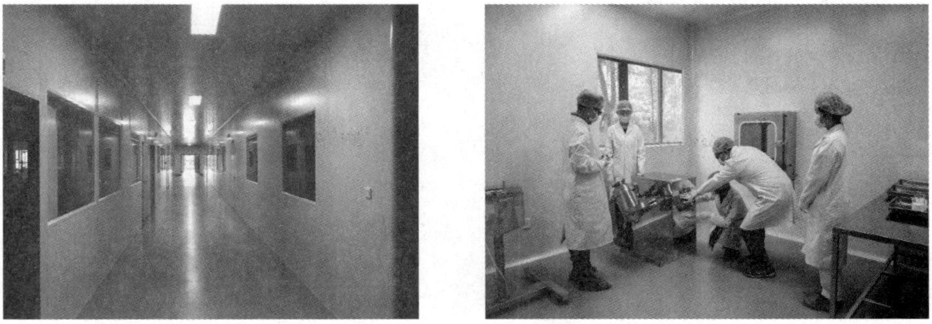

图 1-6　食品与药品生产性实训基地

图 1-7　医学临床生产性实训基地

图 1-8　机电创新工作室与现代制造创新研发工作室

近年来取得的“成绩单”：成立“极创工设”，辅导学生项目 6 项，申报专利 7 项，已获 2 项；2019 年全国大学生科研项目立项 1 项；2019 年荥经黑砂艺术现场创作大赛“匠心奖”1 项。

五、夯实基地，“筑巢引凤”，营造良好的科创氛围

以孵化中心为依托，打造双创实践基地，夯实学生双创实践能力。在经济技术开发区实训与服务中心建设智信学院创新创业工作室和众创空间。建成 6 个专创融合创新工作室，1 个市级孵化器，1 个市级众创空间，营造浓厚的校园科创氛围。（见图 1-9）自 2015 年大学生创新创业孵化中心建成以来，先后有 18 个学生创业项目入

驻，其中 5 个项目已完成工商注册。（见图 1-10）

图 1-9　众创空间

图 1-10　黑砂茶器工作室

六、丰富载体，搭建平台，提升学生能力素质

学校开展丰富多彩的双创活动和创新创业大赛，每年举行双创活动周、创业政策进校园、创业项目展示、创客沙龙、专家讲座，组织学生参加各级各类创新创业大赛、项目训练营、SYB 培训、“我能飞”创业者能力提升等活动 20 余场。（见图 1-11 ~ 图 1-14）2020 年还开展了大学生创新创业训练计划立项，确立校级立项 9 个，其中 3 个已确定省级立项，为各类创新创业大赛培育种子项目，培养学生创新思维，激发学生兴趣，提升其双创素质。

图 1-11　雅安市创新创业中心到学院开展“创业校园行”活动

图 1-12　学院开展大学生创新创业项目训练营活动

图 1-13　学院开展大学生创新创业训练项目立项评审活动

图 1-14　学院开展青年红色筑梦之旅活动

学院深入推进“以赛促教、以赛促训”双创教育改革理念，建立了完备的“校级大赛—市级大赛—省级大赛”竞赛体系。据统计，2018 年项目达 326 个，推荐 6 个省赛，获铜奖 4 个；2019 年项目达 1 797 个，推荐 10 个省赛，获铜奖 5 个；2020 年项目达 1 313 个，推荐 14 个省赛。（见表 1-1）

表 1-1　2018—2020 年大学生创新创业大赛获奖情况

序号	赛事名称	级别	奖项
1	第三届“中国创翼”创业创新大赛雅安选拔赛	市级	第二名 1 项
2	2018 年第四届互联网+创业大赛	省级	铜奖 4 项
3	雅安市第四届大学生创新创业大赛	市级	三等奖 2 项
4	第十四届全国职业院校“新道杯”沙盘模拟经营大赛	中国职业技术教育学会	一等奖 1 项
5	2018 年泛珠三角+大学生计算机作品赛	省级	银奖 1 项
6	2019 年四川省第二届“天府杯”创业大赛雅安决赛·智能医用烤灯	市级	三等奖
7	第五届四川省互联网+大学生创新创业大赛	省级	铜奖 5 项
8	第四届“中国创翼”创业创新大赛雅安选拔赛	市级	第三名 1 项

模块二
创新教育

任务一　创新思维

一、思维与创新思维

（一）思维

1. 思维的内涵

心理学家认为，思维是人脑对客观事物的概括和间接的反映，是人们具有的一种复杂心理现象和能力。

事实上，思维是认识的理性形式和高级阶段，它是在实践活动中，通过对客观事物的信息进行分析、比较、综合、归纳、提炼的过程，做出对客观事物一般属性和内在联系的间接的概括反映。例如，我们在购买商品的过程中，对某商品外形美观大方、典雅高洁，某商品质量上乘、价格便宜，某商品色泽艳丽、素雅恬淡等这些反映，或通过感知、记忆、联想等获得，思维便是在这些素材的基础上，通过对零乱和繁杂的信息进行分析、综合、比较、抽象、概括、具体化等，从而为自己购买商品的行为提供决策。

2. 思维的类型

（1）根据思维活动的基本形式来划分，思维可分为抽象思维、形象思维和灵感思维。

抽象思维又叫逻辑思维，是以概念、判断、推理为主要形式的思维形态。

形象思维是以直观形象和表象为主要形式的思维形态。

灵感思维是在抽象思维和形象思维的过程中，因受某种启发而爆发的思维火花，是通过潜意识对问题长期思考使结果涌现于显意识而产生顿悟的一种思维形态。

（2）根据思维抽象程度来划分，思维可分为直观行动思维、具体形象思维和抽象逻辑思维。

直观行动思维是指直接与物质活动相联系的思维，又叫感知运动思维。

具体形象思维是以具体表象为材料成分的思维，它是形象思维的初级形态。

抽象逻辑思维是在实践活动和感性经验的基础上，以抽象概念为形式的思维。

（3）根据思维主体划分，思维可分为个体思维和社会思维。

个体思维是指社会实践中不同时代、不同职业、不同年龄的个人所进行的具有自身特点的思维活动。

社会思维是指在一个群体中，把各个个体思维协调起来，认识和解决某些共同问题的思维活动。

（4）根据思维的智力品质划分，思维可分为常规性思维和创造性思维。

常规性思维，又称再现性思维，是指人们运用已经获得的知识经验，按现成的方案和程序，用惯常的方法、固定的模式来解决问题的思维方式，是人们日常学习、工作和生活中常见的一种思维方式。

创造性思维是抽象思维、形象思维和灵感思维的综合，是思维的最高表现形式，是重新组织已有的知识经验，用新的方法和程序解决问题，并创造出新的思维成果的过程。

（二）创新思维

1. 创新思维的概念

创新思维就是产生新思想、新概念的思维。创新思维是创新能力的核心因素和创新意识的主要内容，是创新活动的灵魂和发动机。创新思维是人们在创新活动过程中所具有的思维方式。就本质而言，创新思维就是打破常规、独辟蹊径，使思维的结果具有新颖性、独特性和创造性的思维活动。对创新思维的含义，应从两个方面来理解：首先，它是能够产生创造性成果的思维；其次，它是在思维方法、思维形式、思维过程等方面富有独创性的思维。所以说，创新思维就是思维本身和结果都具有创造特点的思维。

创造性思维是与常规思维相对而言的。创造性思维与常规性思维的区别主要有两点：① 凡有现成的规律、方法可以遵循的思维都是常规性思维；没有现成规律、方法可以遵循的思维才是创造性思维。② 思维成果不是前所未有的，都不是创造性思维；只有思维成果是前所未有的，才是创造性思维。

【案例 2-1】自动摘收番茄问题的解决

农业机械化 20 世纪初在发达国家就已经实现。然而，能自动摘收番茄的机器始终是可望而不可即的。主要是因为番茄的皮太柔嫩，任何机械都可能因抓得过紧而将番茄夹碎。那么，怎样才能实现自动摘收番茄呢？

分析：解决这个问题有两种不同的思维方式。第一种方式是致力于研究控制机器的抓力，使其既能抓住番茄又不会将番茄夹碎。但是始终未能成功。第二种方式则是采用了一种从源头解决问题的办法，即研究如何才能培育出韧性十足、能够承受机器夹摘力的番茄。沿此思路，人们成功研制出一种“硬皮番茄”。

二、创新思维的特征

1. 实效性

要衡量创新的有效性。具有实效的创新才是有用的创新，无论是标新立异、奇思异想，还是纵向与横向、发散与收敛、常规与非常规、逻辑与非逻辑都不是衡量有效创新的根本标志，也不是创新的关键特征，实际效果才是衡量创新是否成功的唯一标志。但“实际效果”也可从不同的视角来看。

2. 突破性

创新思维是打破传统和常规，开辟新颖、独特的思路，升华知识、信念和观念，发现对象间的新联系、新规律，具有突破性的思维活动。这里的突破性体现在两个方面：一是在思维方面，突破原有的思维框架，克服原有的思维定式，从而激活大脑的创造潜力；二是在实践结果方面，对人类既存的物质文明和精神文明成果的超越。

3. 新颖性

创新思维是以求异、新颖、独特为目标的。无论是科技发明还是文艺创作，无论是理论研究还是解决问题方法的探索，无论是制度改革还是产品革新，都不迷信于权威，不拘泥于传统，不盲从于众人，力求在时间、空间、观念、方法等方面另辟蹊径，实现超越。

4. 灵活性

灵活性是指一个人改变思维定式的容易性，即信息从一种类型转换到另一类型的能力。一般来说，在众多的反应中，反应的类型越多，灵活性越高。灵活性不仅反映思维的高度，还反映思维的维度、多样性；单一不能变通，多样才能灵活。

5. 独特性

独特性是创新思维本质的特征。有一种流行的观点：“要有创新性，就要有独特性。”它是指创新思维者具有不同寻常的新奇观念，或是任何从未有过的创造性观念。其独特性主要表现为：与他人不同、独具卓识。如在思路探索上、思维的方式方法上和思维的结论上，能提出新的见解，做出新的发现，实现新的突破，具有开拓性、延展性和突变性。常规性思维往往是再现式的，也就是说，以过去遇到的问题为基础，从过去的经验和所学的知识中寻找方法。一般人的创新思维大体是流畅性第一，灵活性次之，独特性最低。

6. 综合性

创新思维是许多因素结合在一起的综合性思维活动。日本著名创造学家高桥诚说："创新性思维的过程是一种身心的综合性劳动，因而单是掌握方法是不能解决问题的，这里既需要具备发现问题的自觉性，又不能缺少信息的积累，而更重要的则是身心健康且斗志旺盛。"在创新思维中，有许多因素，包括知识信息因素、智力因素、实际能力因素、个性因素以及身体因素等。

知识拓展

1915 年，在巴拿马万国博览会上，我国贵州的茅台酒也参加了展出。评委们都被装得琳琅满目的洋酒吸引了过去，以致外观略显粗糙的茅台酒无人问津。怎么办呢？

参展人员将装有茅台酒的酒瓶往地上一摔，哗啦一声，酒瓶碎了，酒随之流了出来。响声倒没有惊动多少评委，但扑鼻的酒香却把众多评委们招引了过来。一尝，确是好酒！于是茅台博得了评委的一致好评，进而获得博览会金奖。

资料来源于 https://wenku.baidu.com/view/10dd316251e79b89690226a3.html。

三、创新思维的类型

（一）发散思维

1. 发散思维的特征

发散思维也叫扩散思维或求异思维，它力求针对同一问题探求不同的甚至是奇异的答案。这种思维方法不受过去知识的束缚，不受已有经验的影响，从各个不同甚至是不合常规的角度去思考问题。发散思维具有流畅性、广阔性、灵活性和独特性的特征。

2. 发散思维的形式

发散思维的具体形式多样，如横向思维法、纵向思维法、逆向思维法、侧向思维法、分合思维法、颠倒思维法、质疑思维法、克弱思维法、信息交合法等。下面介绍主要的几种思维法：

（1）横向思维法。将思维考虑对象从水平的方向，依照其相关部分与特点进行思考，而找出有待于进一步完善的部分，确定如何改进的思考，叫作横向思维法。横向思维法，就是专门找缺点、找毛病，找到毛病再根治毛病。因此，该方法特别适用于新产品的开发，也可用于改革工作程序，改进工作作风、学习方法等。

（2）纵向思维法。对思考对象从纵深的发展方向上，依照其各个发展阶段进行思考，从而设想、推断下一步的发展趋向，确定研究内容的思维，叫作纵向思维法。纵向思维法是纵观事件的历史，立足于事物目前的状态，展望事物发展的思维方法，是源于社会需要对事物当前形态的不足和新的要求。纵向思维的结果是现实主义与浪漫主义相结合的产物，常常能够化虚为实，导致事物的质变，从而在事物发展史上呈现出不同的发展阶段，经常按照纵的方向来思维问题，有助于思维向纵深方向发展。

（3）逆向思维法。逆向思维法就是不采用人们通常思考问题的思路而是反过来，从对立的、完全相反的角度去思考问题的方法。通俗地讲就是“背道而驰”。这种方法看似不合常理，实际上是一种非常奇特而又较有效的思维方法，常常能出奇制胜，做出突破性的发明创造。

（4）侧向思维法。侧向思维法是将人们通常思考问题的思路稍加扭转，另辟蹊径，换一个角度，采用被人忽视的方法解决问题。它与逆向思维法的区别在于，不是从问题的反面，而是从侧面的某个角度来进行思考。

你问我答

梳子有什么作用？

要求：① 不允许有任何批评意见，只考虑想法，不考虑可行性；② 想法越古怪越好，鼓励异想天开；③ 可以寻求各种想法的组合和改进。

（二）想象思维

1. 想象思维的含义及分类

想象思维是人类区别于动物的独有天赋和才能，它是凭借记忆表象，通过形象思维，对头脑中接收和存贮的各种信息，进行加工、排列、重组，创造出感知，以及感知到此未曾发现过的事物的过程。

想象思维分为再造想象和创造想象。再造想象的发生和进展，都是以某种现成的描写、说明或图案为依据，在想象中重视别人想象的事物，如演员们根据剧本提供的内容塑造人物等。创造想象不依赖于现成的描述，而是按照自己的创见，独立地创造出某种新形象，如文学艺术家的创造和科学家的发明。再造想象同样具有创造性。在创新活动中，创造想象比再造想象复杂得多、困难得多，也重要得多。

2. 想象思维的形式

一切创新活动都离不开想象思维。想象思维的具体形式有原型启发法、类比思维法、联想思维法、假说思维法等。

（1）原型启发法。原型启发法是利用以往感知并熟悉的事物作为启发原型，与新思考的对象联系起来，从它们的相似关系中得到启示，从而使问题得到解决的一种思维方法。

（2）类比思维法。类比思维法是根据两个对象某些属性的相同或相似点，而且已知其中的一个对象还具有其他属性，从而推导出另一个对象也同样具有其他属性的一种思维方法。

（3）联想思维法。联想思维法是创造过程中运用概念的语义、属性的衍生、意义的相似性来激发创造性思维的一种方法。

（4）假说思维法。假说思维法，也叫假想法或猜测法。它是研究头脑中做出的关于自己对奥秘的一种猜测。当然，存在着不同性质的猜测：一种是没有事实根据的、愚昧无知的荒诞臆想；另一种是以客观事实和科学知识为依据的，揭开“自然之谜”的科学假说。

（三）聚合思维

1. 聚合思维的含义

聚合思维也叫收敛思维或求同思维，它是以集中思维为特点的逻辑思维。聚合思维与发散思维不同，聚合思维总是思索还有什么新的方面、新的途径、新的方法，而聚合思维总是在考虑应该怎样解决这一问题，解决问题的程序是什么，等等。聚合思维是根据已有的知识经验，向着一个方向去思考，得出一个认为是最好的结论。

2. 聚合思维的特点

聚合思维有同一性、程序性和比较性 3 个特点。

（1）同一性：一种求同性的思维，是和求异性相对而言的。它总是从过去的知识经验中引出解决问题的办法，希望用老办法寻求解决问题的答案。

（2）程序性：同一性在严格性上的表现。由于聚合思维总是从同一方面考虑问题，所以对这一过程也就赋予了严格的程序，先做什么后做什么，一步接着一步，解决问题时有章可循。

（3）比较性：以一个目标为其归宿，在现有的几种途径、方案、措施中，通过比较找到一个比较合适的途径、方案、措施。

3. 聚合思维的形式

聚合思维是一种在创新思维过程中必不可少的思维方式。聚合思维的具体形式有很多，如求同思维法、求异思维法、同异并用思维法、完全归纳思维法、简单枚举归纳思维法、科学归纳思维法和分析综合思维法等。

（四）灵感思维

1. 灵感思维的含义

所谓灵感思维，是指当人们研究某个问题的时候，并没有像通常那样运用逻辑推理，一步一步由已知达到未知，而是一步到位，一眼看清事物的本质。

从人类的科学史、文化史我们不难发现，一切伟大的艺术产品、文学作品，都与灵感有着不解之缘。灵感并不是天才独有的，每个思维正常的人都能产生灵感。

2. 灵感思维的特点

对于灵感，哲学、心理学等各门学科都从不同的角度进行了研究。灵感有以下几个特点：

（1）长期性。任何灵感的产生都是人对某个问题或某项技能长期探索的结果。不花费"踏破铁鞋无觅处"的心血，绝对不会"得来全不费功夫"。经过长期的探索、思考和实践，人的大脑活动高度白热化，这时或受外界某件事的启发，或因某事引发的联想，人便可能触类旁通，从而充分发挥出创造者的才智。因此，要想产生灵感，不仅必须具备丰富的想象力和思考力，而且必须具备丰富的知识和长期的实践。任何一位想用灵感来进行创新的人，必须先脚踏实地地进行艰苦的学习和训练。

（2）松弛性。灵感虽然是人们对某个问题某项技能长期探索和训练的结果，但它往往不是在思考者本人正在考虑这个问题的紧张状态下产生的，而是在思维已经离开这个主题，身心得到某种松弛、休息的状态下产生的。人们长期聚精会神地考虑某个问题时，很容易造成精神疲劳，思路闭塞；而暂时的松弛，可以解除大脑疲劳，有利于总结消化长期思考这个问题过程中所得到的各种结论，有利于思维的开拓。

（3）机遇性。灵感的产生是不期而遇的。当你搜肠刮肚冥思苦想时它却偏不出现，而当你散步闲谈或半睡半醒时，它却突然出现了。正如19世纪德国著名的哲学家费尔巴哈所指出的那样："灵感不是为意志所左右的，是不由钟点调节的，是不会依照规定的日子和钟点迸发出来的。"

（4）瞬时性。灵感的出现一闪而过，稍纵即逝，所以，我们不仅要培养灵感，而且还要善于捕捉它。当灵感出现的时候，应迅速地记下它。很多科学家、作家随身都带有纸和笔，以便随时将思想的闪光点记录下来。

（5）创造性。灵感的创造性表现在人借助灵感解决问题的时候是不拘一格地进行思维，是打破常规进行思考，所以，往往会有一些出乎意料的新观点、新发现。

任务二　创新思维方法

创新思维是以新颖独创的方法解决问题的思维过程。这种思维能突破常规思维的界限，以超常规甚至反常规的方法、视角去思考问题，提出与众不同的解决方案，从而产生新颖的、独到的、有社会意义的思维成果。由此可见思维方法的重要性。

一、创新思维方法的重要性

创新思维方法可以启发人的创新思维，同时也可以提高人的创造力、创新能力。创新思维方法的应用可能直接产生创造、创新成果或提高创造、创新成果的实现率。如果把创新活动比喻成渡河，那么创新思维方法就是渡河的工具（或是桥，或是船，或是氧气瓶）。方法在一定程度上比内容和事实更重要。

法国著名生理学家贝尔纳说过："良好的方法能使我们更好地发挥天赋的才能，而笨拙的方法则可能阻碍才能的发展。"如果体能是人的天赋，交通工具是方法，速度是才能，那么选择恰当的交通工具有助于其才能的充分展现。相反，一个人天赋再高，如果其选择的方法已过时，那么也难以有所收获。

德国哲学家黑格尔则说："方法是任何事物所不能抗拒的、最高的、无限的力量。"现实生活中，我们经常会有这样的问题——这个东西怎么用？这项工作怎么做？我们问的是答案吗？笔者认为我们想知道的不仅仅是答案，更想知道的是方法。

法国哲学家笛卡尔认为"最有用的知识是关于方法的知识"。其实优秀的中华文明对方法的重要性早有透彻的认识，所以才会有"授人以鱼不如授人以渔"这样的论述。其实，我们个人对于方法的重要性的认识早已经深入骨。比如同学们经常会问老师这样的问题："老师，怎样才能学好这门课程？"

二、创新思维方法的类型

不少学者对培养创新能力，开发创新思维进行了不断探索和研究，归纳出多种创新思维方法。

（一）扩散思维方法

扩散思维方法，又称发散思维、辐射思维、求异思维、多向思维，指面对问题沿着多个方面思考、产生多种设想或答案的思维方式。

训练案例 2-1：9 点连线图

1. 你能用一笔画 4 条连续的直线段，把图中所有的 9 个点都连起来吗？

2. 用 6 根火柴做成 3 个彼此相连的三角形。

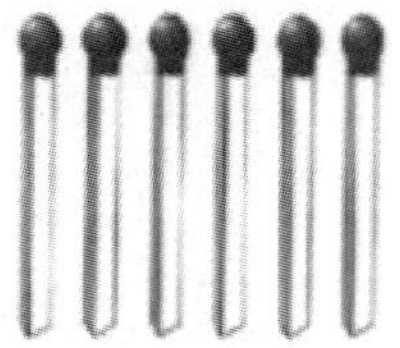

分析：

训练 1 在于突破人惯有的审美习惯，突破矩形规则图形的界限，使习惯上的 9 点围成矩形或田字形，变成不太规则的其他图形。

训练 2 在于突破平面思维惯性，利用空间立体去思考解决问题的办法。

从一个问题（信息）出发，突破原有知识圈，充分发挥想象力，经不同途径，从不同角度去探索，重组眼前信息和记忆中的信息，产生新的信息，最终使问题得到圆满解决。扩散思维方法的训练注重“突破”一词，突破原有知识圈、思维惯性的限制。扩散思维是创新思维最基本的形式，是人进行创新活动最重要、最起码的看家本领。

1. 扩散思维方法的特征

（1）流畅性。

流畅性是衡量扩散思维发散的速度，可以看作是发散思维“量”的制表，是扩散思维的基础，具体指针对某一问题，单位时间内产生的想法和答案的多少。对于扩散思维流畅性特征的训练可以从“字”“词”“图形”“观念”“联想”“表达”等的流畅性入手。哲学家查提尔说过：“当你只有一个主意时，这个主意就太危险了。”

训练案例 2-2：“字”的扩散思维流畅性训练

1. 请在 10 个“十”字上加上笔划构成新字，最多加 3 笔。

2. 在“日”“大”“土”字上、下、左、右及上下一起各加笔划写出尽可能多的字来（每种至少写 3 个）。

分析：

此训练旨在锻炼人的思维流畅性以及灵敏性，可以看出，新的信息来源于题目信息和个人记忆信息的重组。这也强调了创新不是偶然的，是与个人记忆信息纪律密切相关的。偶然更多的应该被看作是灵感。

训练案例 2-3：“词”的扩散思维流畅性训练

在空格内填入适当的字组成词语。

(　)(　)(　)有　(　)(　)(　)理　(　)(　)(　)想

(　)(　)(　)有　(　)(　)(　)道　(　)(　)(　)德

(　)(　)(　)有　(　)(　)(　)文　(　)(　)(　)化

(　)(　)(　)有　(　)(　)(　)纪　(　)(　)(　)律

训练案例 2-4：“图形”的扩散思维流畅性训练

利用两个三角形、两个圆形和两条直线尽可能多地进行有意义的组合。所给三角形、圆形和直线大小比例可以任意改变，但基本形状不能变，可稍加整合。

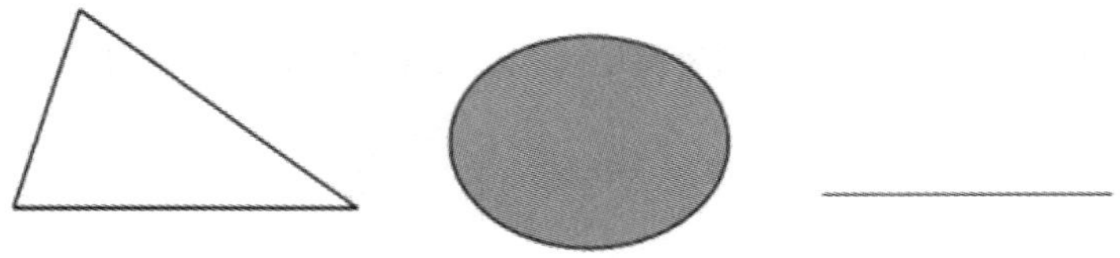

训练案例 2-5：“观念”的扩散思维流畅性训练

什么“狗”不是狗，什么“虎”不是虎，什么“虫”不是虫，什么“书”不是书，什么“井”不是井，什么“池”不是池。

分析：

一个人的观念的养成是一个长期过程，如何在原有观念的基础上锻炼拓展，对于扩散思维的应用就显得极为重要。

训练案例 2-6："表达"的扩散思维流畅性训练

给故事创作幽默的结尾

一个人去看牙医，当他看到医生拿来的工具时，被吓坏了。医生为了让他安静下来，便给他喝了一点酒。病人感觉好多了，随之又要了一杯酒喝了下去。这时医生问他："这次有勇气了吧？"病人在这个时候却大声说：……

病人究竟说了什么？请设计个结尾吧！

分析：

一个人的观念的养成是一个长期过程，如何在原有观念的基础上锻炼拓展，对于扩散思维的应用就显得极为重要。

（2）变通性。

变通性是指知识运用上的灵活性，观察问题的多层次、多视角，主要包括概念，定义，内容的借用、替换、交叉、整合。变通性是扩散思维的"质"，表现了扩散思维的灵活性，是思维发散的关键。世界上没有什么是不可能的，"不可能"标志着思维的中断和完成目标中途完结；变通性表现了思维的继续，表现着一种内在的毅力，表现着事物发展的希望。

训练案例 2-7：变通性思维训练

开药瓶：

小明感冒了，医生开了一瓶药片，药瓶用软木塞密封。在不拔出瓶塞，也不在上面穿孔的情况下，如何从完好的瓶子中取出药片？

（3）独创性。

独创性又可称新颖性、求异性，是创新思维的基本特征和标志。独创性是发散思维的本质，表现发散思维的新奇成分，是思维发散的目的。

北京师范大学林崇德教授说："思维的独创性，是人类思维的高级形态，是智力的高级表现；它是在新异情况或困难面前采取的对策，独特地和新颖地解决问题过程中表现出来的智品质。"

训练案例 2-8：独创性思维训练

鸡蛋下落问题：

拿一个生鸡蛋，让它自由落下。在地上没有任何铺垫物的情况下，你能使鸡蛋下落 1 米落地而不破吗？

2. 扩散思维的形式

（1）结构扩散。

结构扩散是指以某个事物结构为扩散点，设想出该结构的各种可能性的思维活动。

训练案例 2-9：结构扩散训练

1. 用 8 根火柴做 2 个正方形和 4 个三角形（火柴不能弯曲和折断）。

2. 将正方形四等分，有几种方法？

分析：

在正方形中找三角形一般都从对角线入手，但对角线的长度大于正方形的边长，所以反过来想，又组成三角形，又有相同的边长，那就要错开对角线。

（2）材料扩散。

以材料为扩散点，设想多种可能性的思维活动。例如：不计成本的情况下，可以用什么材料来做衣服？玻璃瓶有什么用途？

（3）功能扩散。

以某种功能为扩散点，设想获取该功能的各种可能性的思维活动。例如：清除的功能有哪些？

（4）方法扩散。

以人们解决某种问题的方法为扩散点，设想出各种可能性方法的思维活动。例如：每天早晨有许多职工乘汽车上班，交通非常紧张，有哪些办法可以改变这种状况呢？可以对电话机的铃声做哪些改变？要调动学生学习的积极性，可以尝试哪些方法？

（5）因果扩散。

以事物发展的起因或结果作为发散点，设想出因和果或果和因的可能性的思维活动。例如：如果没有老鼠，会是什么的情况呢？

（二）收敛思维方法

收敛思维方法（集中、辐合、求同、聚敛）是指为了解决某一问题而调动已有的知识、经验和条件去寻找唯一的答案。

训练案例 2-10：怎么带走 20 个鸡蛋

某天一个篮球运动员只穿了一条短裤，戴了一块手表，在球场上练习投篮。有个人给了他 20 个鸡蛋，这个人把鸡蛋散放在球场边的地上就走了。练习结束后，他发现球场边没有任何可以用来装鸡蛋的东西，也找不到可以帮忙的人，但是最后他还是巧妙地将鸡蛋带走了。

你知道他想出了什么办法吗？

资料来源于 https://www.xuexila.com/naoli/chuangxinsiwei/1599355.html,《少年大世界：小学 4—6 年级》2010 年第 4 期。

1. 收敛思维训练——目标确定法

目标确定法即先确定搜寻的目标，认真观察后做出判断，找出其中的关键。围绕目标定向思维，目标的确定越具体越有效。

训练案例 2-11：地堡变坟墓

1945 年 2 月硫黄岛战役中，美军向该岛纵深推进时，突然在西南火山锥形地带遭到来自日军大片地堡群的强有力的火力阻击。尽管美军多次组织猛烈的炮击和强攻，但因日军地堡大都构筑在火山熔岩之下，十分坚固，而且明暗结合，配置巧妙，因而美军始终未能前进一步。指挥官斯普鲁恩斯意识到，这些地堡已经浪费了美军上万吨的炸弹。如何才能攻克它们呢？

这时，工程技术人员注意到地堡群出口狭小，想到了一个好办法：指挥美军把大批水泥建材运送上来，许多由坦克改装的推土机推着成堆的混凝土向地堡驶去。被弄得稀里糊涂的日军还没有反应过来，许多地堡的通道已被封闭。用这个办法，美军轻易地使 180 个地堡变成了坟墓。上万吨炸弹都炸不了的堡群，却被几百吨水泥征服了。

资料来源于 https://wenku.baidu.com/view/8aa3259b6bec0975f465e2f5.html?fr=search-1-income5。

2. 收敛思维训练——间接注意法

间接注意法即用一种“曲线救国”的手段，去寻找“关键”技术或目标，以达到另一个真正的目的。

训练案例 2-12：农夫分苹果

农夫买了一筐苹果，共计 36 个。他将苹果平均分给他的 6 个儿子，每人 6 个。但分完以后，筐里竟然还有 6 个苹果，为什么?他既没把苹果切开也没把苹果弄碎。

3. 收敛思维训练——层层剥笋法（分析综合法）

我们在思考问题的时候，最先认识的是问题的表面，是很肤浅的东西。通过对这些表面的现象进行层层分析，向问题的核心一步一步地逼近，认清那些非本质的、繁杂的特征表象，最终揭示隐蔽在事物表面现象中的深层本质。现实生活中，警察破案就是层层剥笋法最典型的代表，学习中的探索也包含这样一个过程，人类对于自然、生命、物质等的认识也是这样一个过程。

（三）联想思维方法

联想思维是一种由此及彼，并同时发现事物共同的或类似的规律的思维方式。人类日常生活中的工具，甚至现代社会中的大型仪器设备发明创造时或多或少都有联想思维方法的影子。例如，鲁班发明的锯子、现今常见的交通工具飞机、潜水艇，等等。联想思维一般要有目的性和方向性，联想一般是从一定的思考对象出发，有目的、有方向地想到其他事物，以扩大或加强对思考对象某方面本质和规律的认识，从而解决某一问题。联想思维是反应事物某方面本质的理性认识活动，需要我们不断地训练培养。联想思维具有形象性和概括性。就联想思维的形式而言，我们可以通过在时间和空间上相互接近的事物之间形成联想。在形式上或性质上相似的事物之间可以通过相似联想的形式进行联想思维分析；对于具有相反特征的事物或相互对立的事物之间可以进行对比联想，可以从一点出发，一环扣一环地进行连锁联想；在看上去没有任何联系的，相差很大的事物之间也可通过飞跃联想引发出某种新设想。

利用联想思维，我们可以通过对一种事物与另一事物的比较而进行创新思考。这需要大量联想作为基础，以不同事物之间的相同、类比为纽带。我们还可以通过联想思维的移植法，把某一事物的原理、结构、方法、材料等转移到当前研究对象中，从而产生新的成果。

创新方法的重点在于思维要有创新。当我们拥有训练创新思维的方法，去锻炼培养我们的创新思维，并不断提高、拓展，创新方法自然可以更为有效。

任务三　创新能力

一、创新能力的内涵及要素

一般说来，能力是指人们表现出来的解决问题的可能性的个性心理特征，是完成任务、达到目标的必备条件。能力直接影响活动的效率，是活动顺利完成的最重要的内在因素。按照人力资源和社会保障部发布的《核心能力测评大纲——创新能力》的定义，创新能力是指“在前人发现或发明的基础上，通过自身的努力，创造性地提出新的发现、发明和新的改进、革新方案的能力”。

创新能力是指创新者、创新团队、创新机构乃至更大的经济或社会实体进行创新的能力。创新能力有三重含义：一是形成或产生新的思想、观念或创意的能力；二是利用新思想、观念或创意创造出新的产品、流程或组织等各种新事物的能力；三是应用和实现新事物价值的能力。创新能力由多种能力构成，主要包括学习能力、分析能力、综合能力、想象能力、批判能力、创造能力、解决问题的能力、实践能力、组织协调能力以及整合多种能力的能力。

创新能力具有四大特点：① 综合性。它把多种能力集中起来，充分加以运用。② 独创性。它凭借想象力和创造性思维构造出前所未有的东西，打破以往的模式和框架。③ 实践性。创新与发明创造的区别就在于它的推广应用，实现创造发明成果的价值。④ 坚持不懈。创新是一个复杂的过程，涉及创新者自身的能力和社会环境，要取得成功需要反复试验和探索，只有坚持不懈才可能获得成功。

关于创新能力中所包括的多种能力，人们已有明确的认识。这里我们综合有关辞典和教科书并根据需要做如下概述。

1. 学习能力

学习能力指获取、掌握知识、方法和经验的能力，包括阅读、写作、理解、表达、记忆、搜集资料、使用工具、对话和讨论等能力。此外，学习能力还包括态度和习惯，如活到老、学到老的终身学习的态度和信念。个人具有学习能力，组织也具有学习能力。人们通常将学习型组织理解为：“通过大量的个人学习特别是团队学习，形成的一种能够认识环境、适应环境，进而能够能动地作用于环境的有效组织。也可以说是通过培养弥漫于整个组织的学习气氛，充分发挥员工的创造性思维能力而建立起来的一种有机的、高度柔性的、扁平的、符合人性的、能持续发展的组织。”在竞争激烈的当下，一个人或一个组织的竞争力往往取决于个人或组织的学习能力，因此无论对于个人还是对于组织而言，其竞争优势就是有能力比自己的竞争对手学习得更多更快。所以管理大师德鲁克说：“真正持久的优势就是怎样去学习，就是怎样使自己的企业能够学习得比对手更快。”

2. 分析能力

分析能力指把事物的整体分解为若干部分进行研究的技能和本领。事物是由不同要素、不同层次、不同规定性组成的统一整体。认识事物的有效方式之一就是把它的每个要素、层次、规定性在思维中暂时分割开来进行考察和研究，弄清楚每个局部的性质、局部之间的相互关系以及局部与整体的联系，做到由表及里、由浅入深、由易到难地认识事物和问题。分析能力的高低强弱与 3 个因素有关：一是个人的知识、经验和禀赋；二是分析工具和方法的水平；三是共同讨论与合作研究的品质。随着科学技术的发展，高性能计算机、各种科学仪器以及新的分析方法的出现和应用，有效地提高了人们的分析能力。当然，分析能力也有局限性和片面性，容易使人“只见树木，不见森林”，忽视从整体上把握事物的本质。因此，通常把分析能力与综合能力结合起来运用，以取长补短，相辅相成。

3. 综合能力

综合能力指强调把研究对象的各个部分结合成一个有机整体进行考察、认识的技能和本领。综合是把事物的各个要素、层次和规定性用一定线索联系起来，从中发现它们之间的本质关系和发展的规律。具体来讲，综合能力包括 3 项内容：一是思维统摄与整合，就是把大量分散的概念、知识点以及观察和掌握的事实材料综合在一起，进行思考加工整理，由感性到理性、由现象到本质、由偶然到必然、由特殊到一般，对事物进行整体把握。二是积极吸收新知识。综合能力需要多方面的知识和方法，不断吸收新知识，不断更新知识都是必要的，特别是要学会跨学科交叉，把不同学科的知识、不同领域的研究经验融会贯通，以更好地综合利用。三是与分析能力紧密配合。仅有综合能力，也有局限性和片面性，即缺少深入、细致的分析。细节决定成败，在认识事物时也是如此，只有与分析能力相互配合，才能正确认识事物，实现有价值的创新。

4. 想象能力

想象能力指以一定知识和经验为基础，通过直觉、形象思维或组合思维，不受已有结论、观点、框架和理论的限制，提出新设想、新创见的能力。想象力往往是发现问题和解决问题的突破口，在创新活动中扮演着突击队和急先锋的角色。缺乏想象力则很难从事创新工作。

5. 批判能力

批判能力主要表现在两个方面：在学习、吸收已有知识和经验时，批判能力保证人们不盲从，而是批判性地、选择性地吸收和接受，去粗取精、去伪存真；在研究和创新方面，质疑和批判是创新的起点，没有质疑和批判就只能跟在权威、定论后面亦步亦趋，不可能作出突破性贡献。科学技术史表明，重大创新成果通常都是在对权威理论进行质疑和批判的前提下做出的。

6. 创造能力

创造能力是创新能力的核心，它是指首次提出新的概念、方法、理论、工具、解决方案、实施方案等的能力，是创新人才的禀赋、知识、经验、动力和毅力的综合体现。

7. 解决问题的能力

解决问题的能力主要指包括提出问题和凝练问题的能力，针对问题选择和调动已有的经验、知识和方法，设计和实施解决问题的方案，对于难题，能够创造性地组合已有的方法乃至提出新方法来予以解决。解决问题有狭义和广义之分。从狭义上看，解决问题就是人们通常认为的各种问题的解决，如物理问题、数学问题、技术问题；从广义上看，解决问题则包括各种思维活动，在这种情况下，创新能力就等同于创新性解决问题的能力。

8. 实践能力

实践能力特指社会实践能力。提出创造发明成果，只是创新活动的第一阶段，要使成果得到承认、传播、应用，实现其学术价值、经济价值和社会价值，必须要和社会打交道，实践能力就是为实现这一目标而进行的各种社会实践活动的能力。

9. 组织协调能力

组织协调能力的实质是通过合理调配系统内的各种要素，发挥系统的整体功能，以实现目标。对于创新人才来说，要完成创新活动，就要协调好各方。当拥有一定资源时，可通过沟通、说服、资源分配和荣誉分配等手段来组织协调各方以最终实现创新目标。

10. 整合多种能力的能力

创新人才的宝贵之处不仅在于拥有多种才能，更重要的是能够把多种才能有效地整合在一起发挥作用。整合多种能力的能力是能力增长和人格发展的结果，这需要通过学习、实践和人生历练来获得。能否完成重大创新，拥有整合多种能力的能力是关键。

在实际创新实践中，不可能要求参与创新活动的每一位成员均具备上述各项创新能力。在我国，重知识储备、轻能力训练的教育模式存在着诸多不利于创新的弊端，所以需要大力发展继续教育来培养创新能力。

二、创新者个人、团队及创新组织创新能力建设

(一)创新组织整体创新能力建设

对于一个企业或科研机构来说，通过持续学习和开展各种创新活动提升其创新能力，是该企业或科研机构迈向创新型组织的重要途径。

一方面，组织创新、制度创新等各种创新要求该机构重组它与外部环境之间的关系，在组织与环境之间建立起适当的资源流动和人才流动机制；同时在组织内部着手进行创新制度安排及创新文化建设，确立创新理念并将之落到实处。须知，创新制度及创新文化是一切创新项目赖以实施的“试验场”，是持续创新的基础。另一方面，创新组织在实施各种具体创新活动时，要善于发现和聚集创新人才，要针对创新项目进行创新人才编队，形成强有力的创新团队，实现创新目的。

1. 以组织建设提升整体创新能力

在致力于创新型组织建设的过程中，至少须做好以下几方面的工作：

(1)确立组织的基本价值理念并予以制度化。组织之所以成为组织，是因为有其基本价值理念。确立价值理念的基本方式就是将其制度化——以制度形式表达基本价值理念。

(2)确立创新价值理念并予以制度化。创新理念是变不可能为可能的关键所在，是一个企业或科研机构的生存之道和发展之道。只有建立适于创新活动的资源分配原则、组织实施原则和评价原则，创新活动才能够顺利展开。

(3)领导要具备多方面的创新素质，要有全局观念和对未来的预见能力。

(4)创新人才是创新的灵魂，要善于发现创新人才，充分发挥他们的创新能力并使之形成合力。

2. 通过创新实践培养多方面的创新人才，提升整体创新能力

创新由新知识或创意的形成或引入、新产品等新事物的设计和制作以及新产品等新事物的社会化应用 3 个环节组成。因此，创新需要这 3 个方面的能力的人才乃至综合型人才。第一类人才有着梦想家的气质、多方面的知识储备和全局观念，他们善于捕捉和产生新思想或创意，对创新组织的创新潜力有着全面而适当的了解，他们是创新蓝图的绘制者；第二类人才是工程师型的实干家，他们有精深的专业知识、设计才能和实践经验，能够将创新蓝图转化为具体的产品、成果或工艺；第三类人才在创新成果的社会化应用方面则有特别的禀赋，是企业家型的实干家。

梦想家拥有敏锐的创新意识和全局观念，而实干家拥有化梦想为现实的能力并

且对创新风险有着敏锐的意识和承受力。创新的品质、等级和成败主要取决于不同类型的创新人才的能力发挥以及相互之间的合作。因此，一个创新组织应善于发现、聚集这 3 个方面的人才并合理地利用这些人才，选择兼具梦想家和实干家素质的人才作为创新组织或机构的领导者或决策者。

（二）创新者个人创新能力的培养与提高

一个人能否在创新实践中增强自身创新能力并走向事业成功，不但取决于其专业素质及其个人创新能力，也取决于其合作或协作能力，取决于其所在机构的创新制度安排及创新文化。

在一个缺乏创新文化的氛围中，个人创新能力是无法得到充分发挥的。同样的，一个没有合作或协作精神的“创新者”，其失败的概率也远远高于成功的概率。相反，在一个生机勃勃的创新组织及文化氛围中，个人创新能力就有可能得到最大限度的发挥。

个人创新能力包括：学习、观察、想象、抽象、分析、类推、建模、展现、协作、更换思考维度、更换认识模式以及综合思考等方面的能力。创新者个人可以同时用以下 3 种方式进行锻炼，以提高自己的创新能力。

1. 自我锤炼

自我锤炼指以“我”为行为主体而展开的创新能力锻炼过程。专业知识和专业技能只是个人创新能力的基础。个人创新能力主要地表现在创新思维的掌握和运用上，能够熟悉运用创新思维，才能够熟悉运用专业知识和技能解决有难度的问题，实现创新目的。因此，自我锤炼不但是一个不断充实自己的专业知识和技能的过程，而且是一个学习和运用创新思维的过程。

学习和运用创新思维最大的奥妙在于思想的碰撞、移植和借用，在于思考问题的角度乃至思维方式的变换。创新的灵感总是产生于思想的碰撞、移植和借用过程之中。

2. 在协作中锤炼

在协作中锤炼指以“我们”为行为主体而展开的创新能力锻炼过程。在此过程中，创新者个人通过参与有组织的创新实践来提升自己的创新能力，但其思考问题的角度不再是“我”而是“我们”。群体意识淡漠的人则很难甚至无法完成这种修炼过程。因此，一个真正的创新者必须时刻保持开放而宽容的心态，必须善于表达或表现自己的思想、构想或见解，同时必须善于倾听他人意见，善于共同探讨、研究和行动。

3. 在学习中锤炼

创新是探索性和实践性极强的活动，而个人的创新机会和创新实践是十分有限的，因此通过学习专家、学者总结的理论和方法，学习他人的创新实践来提高自己的创新能力便成为一个行之有效的方式。学习成功的创新案例，特别是学习借鉴创新环境大致相同情况下的成功案例，对提高个人和团队的创新能力有很大帮助。创新案例中有个人也有团队集体的思维与行动特点，有个人和团队在创新活动中的经验教训，因此可以分别从“我”与“我们”的角度去揣摩和借鉴。

（三）创新团队创新能力建设

创新团队是介于创新组织与创新者个人之间的创新行为单元或创新主体，其创新能力并非指该团队成员个人创新能力的总和，而是指团队作为一个整体而具有的创新能力。

创新团队创新能力的发挥，如同创新者个人一样，也需要有适宜的创新制度安排和创新文化氛围。同时，团队的整体创新能力取决于团队的编队形式、工作方式和效率。

在特定的目标指向下，创新团队也存在多种编队理念和方式。在此，可以将编队理念及方式分为以下两种基本类型：① 强调思想互动，这种编队理念及方式常见于小型科研团队的组建过程之中；② 强调纵向管理，这种编队理念及方式常见于企业部门大型研发团队的组建过程之中。在第一种模式中，创新团队由核心人物以及环绕在核心人物周围的其他创新成员构成，所有成员均享有较为充分的信息互换权利。在第二种模式中，整个创新团队可以区分出一些子创新团队，而创新团队负责人及子团队负责人合在一起构成核心团队。整个创新团队呈现出金字塔结构，只有核心团队成员才享有较多信息互换权利。第一种模式的优势在于，它能够最大限度地给予成员以展开创新思维的空间；第二种模式的优势在于，它注重纵向管理，能够获得较高的管理效率和较大的控制空间。

创新团队整体创新能力既取决于创新团队成员之间以及团队与外部环境之间的信息互换、思想互动以及协作的强度和有效性，也取决于创新团队的管理、评估以及激励机制。有了良好的信息互换、思想互动机制，创新成员的个人创造力才有充分发挥的空间；而有了有效的管理机制和激励机制，非创新或反创新的文化潜规则或制度就将得到改变，创新者的创造热情就将得到充分激发，其创造力就将得到有效整合，从而形成强大的创新合力。

21 世纪的中国是一个以创新为社会前进主导动力的国家，生活在这里，每一个人均可以投身于创新实践并在创新实践中学习、锻炼，实现自己的人生价值。创新尤其是重大创新和突破性创新虽然是一个需要多方面的创新人才协作奋斗的艰难过程，但对于那些勇于创新并善于创新的人们来说，创新其实就在他们身边。

三、创新能力训练

（一）多路思考法的练习

（1）请您阅读下列短文后，提出3种以上的不同感想。

猪八戒拾到一面镜子，洋洋自得地照了起来。可是他从镜子里看到的是一个朝天鼻子大耳朵，核桃眼睛尖嘴巴的丑八怪，顿时火冒三丈："你这妖镜，竟敢把我老猪丑化成如此模样，真是狗胆包天。"说完，举起九齿钉耙将镜子砸得粉碎。当八戒再看地上的镜片时，镜片无论大小，每个镜片里都有一个丑陋的猪八戒。

（2）请您说出3种以上"蜘蛛网"和"商店"之间的不同联系。

（3）请您列出"报纸"10种以上的用途。

（4）请您对下列常见的物品进行改造，使每一种物品都成为有新用途的3种新物品。

① 圆珠笔；② 3.5英寸[①]软盘；③ 保温杯；④ 衣架。

（5）要把一块蛋糕切成8份，但只能切3次。您能想出几种切法？

（二）变换角度法的练习

（1）有两个城市，以河为界。河上有一座桥，桥中间有一个岗楼，岗楼里有一个哨兵。哨兵的任务就是防止无证件的行人过桥。如果哨兵发现无证件的行人从南往北走，就把他送回南岸；如果发现无证件的行人从北往南走，就把他送回北岸。哨兵每次送人离开岗位的时间不超过8分钟，而要想通过桥，最快也要10分钟。假定您是一个无证件的人，想要通过这座桥，有什么办法？

（2）您能不能把6根同等长度的火柴，构成4个等边三角形？

（3）乘客都是从汽车的车门上下汽车，假如遇到突发事故，车门和窗门都打不开了，乘客将如何逃离？请您针对这种情况，对汽车进行改造。

（4）一家有4个兄弟，他们4个的年龄乘起来的积为14。请问他们各自的年龄是多少？（年龄为整数）

---

① 1英寸=2.54厘米。

（三）迂回曲折思考法

（1）一个魔术师拿着一只没有盖子的杯子，自称可以把这只杯子装满水，然后杯口朝下拿在手里，但是水一点也不会流出来。S 先生听了后不服气地说：“这并不难，我也能做到。”S 先生不是魔术师，那么，他是怎样做到的呢？（水只是普通的水）

（2）有一个国王，在一次战争中逮捕了敌对国家的一个预言家。他对这个预言家说：“我一定要处死你，但是，在你临死之前，我想再给你一次预言的机会。你可以预言一下，我将用什么样的方法来处死你。如果你说对了，我就枪毙你；如果你说错了，我就要绞死你。”您能不能帮预言家想想办法，他应该怎样说才能让国王无法对他执行死刑？

（3）地面上放着 7 个相同的球，如果从中拿出 4 个球，另外又放进 3 个球，最终仍有 7 个球。请问，您能做到吗？

（4）有一个着急赶路的人，他在马车上套了一匹马向前拉。前进没多远，他还嫌慢，就又套了一匹马来拉车。可是，套了这匹马后，两匹马用尽全力，却怎么也拉不动这辆车了。请您帮赶路人找找原因。

（四）仿生法

（1）请您举出 5 项利用仿生法获得创新成果的具体事例。

（2）人的肘关节能屈能伸，您能够根据这一特征形成创新设想吗？

（3）人的胃具有消化的功能，您能根据这一特征形成创新设想吗？

（4）水母能够预感到风暴的来临，及时躲藏到安全地带，靠的是体内的共振腔，腔内有个带小柄的球，即水母的耳和听石。风暴来临能够产生 813Hz 的次声波，人耳听不到，水母却能通过听石的振动并刺激耳神经而感知到风暴来临。水母的这种特性能否被人们开发利用？您能否利用仿生法试一试？

（五）联结法的练习

（1）在您家中，有哪些东西是通过联结法而产生出来的？它们都运用了联结法中的哪些表现形式和途径？

（2）下面列出了 20 样东西，您先从中任意抽出 2 样东西，试一试能不能获得一点创新成果？然后再从中抽出 3 样东西，试一试能不能获得一点创新成果？

① 枕头；② 扇子；③ 汤匙；④ 戒指；⑤ 自行车；⑥ 望远镜；⑦ 洗衣机；⑧ 电视机；⑨ 音乐芯片；⑩ 尺子；⑪ 帽子；⑫ 冰箱；⑬ 磁铁；⑭ 手表；⑮ 手电；⑯ 人参；⑰ 酒；⑱ 牙刷；⑲ 罐头；⑳ 眼镜。

（3）请您以台灯为基础，运用二元坐标联结法，构想出几种新东西。

（4）请您以打火机为基础，运用多元坐标联结法，构想出几种新东西。

（5）您能够设想把家中的洗浴室和某些东西联结从而对洗浴室进行改造，使之具有测量血压、脉搏、体温、尿样和体重等新功能吗？

（六）分解法的练习

（1）下列物品中哪些可以运用分解法对其进行创新构想？

① 手套；② 眼镜；③ 手机；④ 冰箱。

（2）您能举出哪些物品是通过运用分解法而创新构想出来的吗？

（3）您能通过对自行车的分解而对自行车做出多种改进吗？

（4）美国一家快餐店老板对于员工的频繁更换感到苦恼，他的员工多数是兼职的大学生。假如请您帮忙想办法，您能够运用分解法提出有创新意义的建议吗？

（七）两极颠倒法的练习

（1）请您举出日常生活中 5 件通过运用两极颠倒法而创造出来的新物品。

（2）请您运用两极颠倒法对下列物品进行创新构想。

① 电吹风机；② 普通烧水壶；③ 婴儿裤。

（3）您能不能各举一个通过“上下颠倒”“前后颠倒”“功能颠倒”“排序颠倒”“内外颠倒”而产生的新东西？能不能自己形成一个创新构想？

（八）中间融合法

（1）请您对下列事例进行分析，并且举出两个类似的实际事例。

N 公司的广告代理商，为了创新广告，采用了一种别出心裁的做法。他将一位负责起草广告词的撰稿人和一位负责照相、设计的美术指导结合成一个小组。这两个人分别被安排在单独隔开的小房间里，给他们一个小时的思考时间，然后请他们一起讨论。由于他们的生活环境不同，对事物的理解和思考方式也不同，因此往往形成了相互对立的两种不同的意见。争论一小时后，讨论暂时停止。他们又各自回房间思考和休息。第二天，又进行了一个小时的讨论，然后又回房间思考和休息。就这样，双方各自受到对方的刺激和启发，双方的“火力”逐渐加强，突然碰撞出火花，一个新的有价值的方案出现了。

（2）一辆公共汽车正在行驶时，乘客中忽然响起了一阵争吵。司机回头一看，原来是两位先后上车比邻而坐的男女乘客吵了起来。原因是靠窗而坐的女乘客不愿意打开车窗，邻座的男乘客却执意要开窗。如果您是公共汽车司机，您会采用什么办法来解决这个矛盾呢？

（九）反弹琵琶法

（1）请您对下列事例进行分析，并举出类似的事例。

某唱片公司倾全力打造一位年轻的偶像男歌手，除了进行长期歌唱技巧训练之外，还安排了服装仪容训练、说话技巧训练，希望能够让这位新人一炮而红。长期训练下来，新人果然脱离了他的青涩，服装仪容更是光彩夺目。但是，没想到努力了两年，耗费了许多成本，却不见新人成为偶像。唱片公司老板百思不得其解，于是又向一位造星高手请教。高手一出手，情况就不同了，短短不到几个月时间，新人就红遍了全国各地。高手到底用了什么特殊手段，让新人翻了身？高手不但没有再训练，反而停止了造星训练，尽量拿掉了新人的包装，他要求新人恢复原有的大男孩子的青涩，在舞台上说话有时还结结巴巴，遇到敏感问题还会脸红，让歌迷们心疼怜惜。

（2）请您对下列事例进行分析。

唐代的文学家陈子昂，在还没有名气时，曾带着自己精心创作的 100 多篇文章来到长安。但是，他四处拜访，却没有人理会他，送去的文章都被退了回来。一天，他垂头丧气地走在大街上，忽然，远远地看见一群人挤成一圈。于是，他好奇地走了过去。原来是一个小贩在卖一把胡琴。这把胡琴的造型很奇特，上面还镶了一些珠宝玉石。小贩不停地叫嚷着："这把胡琴是西域龟兹国最好的琴匠打造的，琴声可比天上的仙乐。因为有急需，所以不得不卖，只卖 1 000 贯钱。"现场的人看着这把胡琴都赞叹不已，可是谁身上也没带这么多钱。陈子昂摸了摸口袋，咬了牙说："我买了。"小贩看了看这个年轻人，并不像富家子弟买去摆阔，于是就对陈子昂说："小老弟想必是行家，何不当场拉一曲让大家开开眼界。"陈子昂说："这的确是把好琴，但是此地并非拉琴之处，若要听我拉琴，请于明日上午到悦来客栈。"这样，陈子昂拉名琴的事就传开了。第二天，一大群爱好琴艺的民众集聚在客栈里等陈子昂拉琴。此时，子昂慢慢地走到群众中，将名琴放在桌子上，正当人们聚精会神要听他拉琴的时候，却见陈子昂不仅没有拉琴，反而拿起一把锤子，把琴砸烂了。大家一时都不知道是怎么一回事。这时，陈子昂慢条斯理地说："我姓陈，名子昂，是四川人。多年来苦读诗书，思考研究，将所有心得写了 100 多篇文章，此次进京来求教名师，却不得其门而入，所以不得已才出此下策。"他指着琴说："这把胡琴再名贵，也只不过是人们的玩物，胸怀大志的人怎么能够玩物丧志呢？"接着他就把自己的文章分给在场的许多文人雅士，大家好奇地读了起来，发现文辞优美，文章铿锵有声，和当时初唐流行的靡靡文风大异其趣。从此，子昂结交了许多文人朋友，彼此切磋，渐渐地就有了名气。

（3）请您对下列事例进行分析。

一个年轻的报社记者约好了要采访某位当红演员。记者来到了摄影棚，等候了半天，才见到姗姗来迟的演员。一坐下就跷起二郎腿，正眼也没瞧记者一眼，只是很含糊地打了个招呼，一边偏着头看在现场排练的几个人，一边说："你只有 25 分钟的时间，有什么事情请快问吧!"一脸鄙夷的神情，根本不把记者放在眼里。这时，只见记者低下头整理了一下录音机，又从皮包里拿出了一个笔记本，一言不发地在上面写字。该演员等了半天也不见记者开始访问，察觉到有些不对，于是眼光由排练现场转回到记者身上并问道："喂!你是怎么回事，等了这么久了也不访问。"你能猜到这位记者是怎样回答的吗?记者头也不抬地说："这 25 分钟既然是给我的，我就有权决定怎样使用。我现在正在思考和策划如何去捧另一位，你坐着，别吵我!"

（4）请您对下列事例进行分析。

一位在美国留学的计算机博士，辛苦了好几年，总算毕业了，却一时难以找到工作。怎么办呢?经过反复思考，他决定收起所有的学位证明，以一个最低的身份去求职。终于，一家公司的老板录用他做程序输入员。这项工作对他来说真是太简单了。不过，他还是一丝不苟，勤勤恳恳地工作着。不久，老板发现这个新来的程序输入员非常不错，竟然能够看出程序中的错误。又过了一段时间，老板发现他时常还能够为公司提出许多独到而有价值的见解，这可不是一般的水平呀!老板决定把他调到一个新的岗位。在这个新岗位上，他仍然干得很出色。老板觉得他还是与别人不一样。于是，老板把他找到办公室询问。这时，这位聪明人才拿出了自己从学士到博士的证书。由于老板在实际工作中对他的水平和能力有了比较全面的认识，便毫不犹豫地重用了他。

（十）系统环境利用法

（1）请您对下列事例进行分析。

据说杭州有位患侏儒症的奇才陈某，在他小的时候，由于自己五短身材、其貌不扬，所以受尽别人的欺负。种种不利的情况，使他陷入了困境。他必须想办法突破这个困境。那时候，上海大亨张某，可以说是叱咤一方。张某过生日的排场，真是令人咋舌，达官贵人、黑白两道都来道贺，门口的轿车和仆役就排了好几千米。陈某就打起了张某过生日的主意。他变卖了一半的家产，打造了一双分量十足、拳头般大小的金虎。借着赠送这份礼物，他要求参加宴会，并且和张某合影留念。宴会结束后，陈某找到了报社编辑，将他和张某的合影登在报纸的显著版面上。照片登出来后，不但陈某的亲戚不敢再欺负他了，而且许多以为他和张某一定有交情的人，也纷纷靠拢和巴结他，使他的生意经营起来越来越容易，也越做越大。

（2）请您对下列事例进行分析。

有一个年轻人，毕业后在别人的公司里干了几年，学习到了一些经验。他不满足于现状，想要闯出一番事业，就决定自行创业。这个年轻人并没有资金，只凭着灵活的头脑，居然在短短几年之间就建立了涉及电子原料业、电子产品业、食品业的事业基础。他是怎样做到的呢?年轻人从朋友处获知，有一个刚成立不久的制造收银机的厂商为了市场销售问题正在发愁。于是，他就去找这个老板。他对老板说："如果您愿意购买我的电子原料，我就向你买一批收银机。"正为一堆库存发愁的老板便欣然同意："好呀!没问题。"接着，年轻人跑到一家在迅速扩张分店的超市连锁事业部，对该部门的经理说："如果您愿意买我的收银机，我就长期购买你的饮料和矿泉水。"超市经理想了一想，能够长期购买我的饮料和矿泉水，这多划算啊!于是点点头说："好!一言为定。"年轻人又跑到一家有七八千工人的大型电子原料供应商那里，对经理说："如果你能够让我在贵厂内设立饮料销售部，我就向您购买一批电子原料。"经理想了一想，反正也不吃亏，于是也点头答应了。年轻人不但将饮料机设在电子原料厂，而且设在收银机厂，他就这样成功了。

（十一）系统结构调整法

（1）请您对下列事例进行分析。

日本有个叫"药黑衣库金"的公司，经营了 1 327 家医药分店。该公司董事长叫通口俊夫。初创时，通口先生在京坂铁路沿线的京桥、干木、梅云 3 个地方开设了分店。可是，不知什么原因，分店经营总是不景气。通口先生心里十分着急。有一次，在电车上，他看见前面座位上的几个小学生都把一只手放进三角尺的窟窿里，另一只手在转动三角尺。他看了一会，突然心里一亮。他联想起过去看过的有关军事书，书中曾经提道："……这些直线排列的点，很容易被外力阻断运输线路，这正是造成失败的原因，为了保持和友军的联系与合作，至少应该确保三足鼎立，这样把点和线连起来，就能守住中间的三角形部分了。"想到这里，通口激动了起来，回家后让妻子去买了一张大地图，展开一看，果然发现他刚开的三家分店都分布在一条直线上。他恍然大悟："如果调整布局，把三家分店呈三角形配置起来，那么就取得了中间部分的面积，在三角形圈内居住的人不就都能买我的货了吗?"于是，他立即对直线型的分店布局进行了调整，使其呈三足鼎立之势。此后，营业额果然逐年上升。

（2）请您对下列事例进行分析。

日本的精工表就连做梦也想打入美国市场，于是就派人去美国，对美国的手表市场进行了调查分析。调查的结果是：需要样式美观、走时准确、价格适中的顾客，占市场需求的 44%；需要价格便宜、走时基本准确的顾客占 25%；需要走时准确、价格贵、样式美、装潢好的高级表，以显示自己身份的顾客占 31%。而当时美国的手表生产趋势是向高级表发展。进口量大、占美国市场大的瑞士表也都是高级表。这就是说，尚有 69%需要中、低档手表的顾客和市场面没有得到满足。日本精工表公司决定抓住这个机会，调整了他们原来的经营结构，采取了新的经营战略——生产满足美国中低档消费者需求的手表。于是他们把 2 200 多种价格便宜、走时基本准确的手表投放美国市场。经过十几年的努力，日本精工表在美国整个手表市场上占领了 66%的份额。

（十二）系统要素变换法

（1）请您对下列事例进行分析。

吴王阖闾看了孙子的兵书，赞之为“通天彻地之才”，但恨“寡人国小兵微，如何而可”。孙武认为兵法“不但可施卒伍，虽妇人女子，奉吾军令，亦可驱而用之”。孙武遂得吴王后宫女侍 300 人并宠姬 2 人。当三令五申仍嬉笑不止，使操练难以进行时，孙武将作为队长的吴王宠姬斩首示众。于是，第四次击鼓鸣金，则“左右进退，回旋往来，皆中绳墨，毫发不差，自始至终，寂然无声”。“虽使赴汤蹈火，亦不敢逃避矣。”

（2）请您对下列事例进行分析。

李·艾科卡在担任福特汽车公司总经理期间，曾使该公司推出名车“野马”，使公司的成长达到高峰。后来，福特公司因为某种原因，做出了解雇他的决定。他不仅舍弃了 100 万美元的离职金，而且转向了福特的竞争对手——当时已濒临破产的克莱斯勒汽车公司，出任该公司的总经理。经过他的努力，克莱斯勒公司迅速转败为胜，而且还推出了有名的 K 型车。

（3）请您对下列事例进行分析。

20 世纪 30 年代，资本主义各国发生了广泛而又严重的经济危机。经济危机使大批企业倒闭。帕之因梯钢铁公司是美国的一家企业，也面临破产的风险。这时，该公司有一名叫斯凯伦的职员，向公司提出了他的一项改革方案。这项改革方案有两个重要内容：一是建议公司成立“劳资双方联合委员会”，即由工人选派代表，代表劳方，参加公司最高领导层的决策，解决公司的一些重大问题，并且发动全公司职工献计献策，提出合理化建议；二是建议实行集体分红制度。公司采纳了斯凯伦的建议，因而该公司在经济危机和激烈的竞争中，不但没有破产，反而扭亏增盈，发展壮大了。后来，其他公司也纷纷仿效，也都收到了良好效果。

（十三）创新能力与开发的题目

（1）有人发明了一种气袋头盔。当摩托车与其他车辆相撞时，骑手所戴的头盔中的气袋会迅速下落，让高压气体充满气袋，保护颈部。还有人想出了不戴头盔就无法开动摩托车的新主意，只不过在头盔和摩托车之间有了一种电子感应装置。

您还能想出什么新办法吗？请使用焦点法，随便从字典中找到一个词做刺激物，试一试用强制联想，得出一些创意。

（2）有个发明家发明了一种色彩缤纷的新式衣服，从来不会褪色。衣服穿旧了放在盆里，使用一种特殊的药水，它又变得和新的一样了。

这是一项好的发明吗？它适合了哪些需要，不适合哪些需要？

模块三
创业教育

任务一　创业基本知识

一、创业的概念

“创业”在《现代汉语词典》里的解释是：开创建立基业、事业。“基业”指的是事业的基础。“事业”指的是人所从事的，具有一定目标、规模和系统，并对社会发展有影响的经济活动。所以，创办事业是创业的本质。

创业可以从广义和狭义两个方面来理解。广义的“创业”指的是包括各种企业和其他非营利性组织或公共部门内部的创业过程。而在这里，我们说的“创业”是指狭义上的“创业”。百度百科对狭义“创业”的解释是：创业者对自己拥有的资源或通过努力对能够拥有的资源进行优化整合，从而创造出更大经济价值或社会价值的过程。创业是一种劳动方式，是一种需要创业者运营、组织、运用服务、技术、器物作业的思考、推理和判断的行为。

这个概念源于英文单词“Entrepreneur”，根据牛津词典，译为创业者，企业家（尤指涉及财务风险的）。因此，我们通常是从经济学的角度来理解“创业”的。精细管理工程创始人刘先明认为：“创业是指某个人发现某种信息、资源、机会或掌握某种技术，以一定的方式，转化、创造出更多的财富、价值，并实现某种追求或目标的过程。”在《创业学》一书中，也提到过：“创业是一个发现和捕捉机会并由此创造出新颖的产品或服务，实现其潜在价值的过程。”

由此可知，狭义的“创业”特指个人或团队自主创办企业。人们将其定义为：“承担风险的创业个人或创业团队不拘泥于当前资源约束，寻找和把握各种商业机会，投入已有的知识、技能和资本，调动并配置社会资源等相关资源，创办新的企业，为消费者提供产品或服务，具有创新或创造性的、以创造价值为目的的活动过程。”

企业则是指依法设立，以盈利为目的，从事商品生产或交换或提供服务活动的经济组织。从动态角度看，一方面，企业是一个人或一个群体，以盈利为目的而进行商品生产、交换或提供服务活动；另一方面，企业既要从供应商（市场）处采购商品（产品或服务），又要向顾客（市场）出售其商品（产品或服务），并实行自主经营、自负盈亏、独立核算。同时，企业还要不断与供应商和顾客进行信息沟通，以采购到更符合顾客需求的商品（产品或服务）。

综合来看，“创业”这一概念包括以下几层含义：

（1）创业的主体是个人或小规模群体（团队）。创业者的身份是资源（知识、能力、社会资本等）所有者和资源（资金、技术、人员、机会等）配置者。

（2）创业的关键和本质是商业价值的发觉、把握，要创造或认识到产品的商业用途。

（3）创业的潜在价值需要通过市场来体现，需要创造新的社会经济单元。创业的价值实现有赖于将所提供的产品和服务在市场上转化为商品。

（4）创业具有明确的目的性。创业的过程必然要求创造价值、转移价值和获取价值，把市场作为创业者积累财富的渠道，包括物质财富和精神财富。

（5）创业的前提是要打破规则和资源的约束，是一个创造性的过程，具有创新性，即创业的本质是创新。所以在本教材中，我们可以将“创业”的概念引申为“创新创业”。

二、创业的特征

1. 创新性

创业是一个不断创新创造的过程，创业创造了某种有价值的新事物。这种新事物必须是有价值的，不仅对企业家（创业者）本身有价值，而且对其开发的某些目标对象也有价值。目标对象可因企业家所处的行业不同或其创造事物的不同而不同。

2. 自觉性

创业者自觉做出选择，是其能动性的表现，需要创业者自觉贡献出必要的时间，付出极大的努力。

3. 风险性

创业要承担必然存在的风险。创业的风险有各种不同的形式，通常包括政策风险、市场风险、财务风险、决策风险等。

4. 利益性

创业可以获得丰厚的利益。作为创业者来说，最重要的回报可能是由此获得的独立自主，以及随之带来的个人满足。另外，金钱的回报无疑也是很重要的。在市场经济下，货币也是衡量一个创业者是否成功的重要尺度。

5. 曲折性

创业的过程中，总是充满曲折，如销售疲软、资本匮乏、管理缺失等。对此，我们要有清醒的认识，创业往往会困难重重，只有百折不挠才会获得成功。

三、创业的要素

创业的三大关键核心要素：创业机会、创业者及其团队、创业资源。这是从目前公认的最为典型的创业要素模型——蒂蒙斯模型中提炼出来的。这三大要素是创业的核心要素。（见图 3-1）

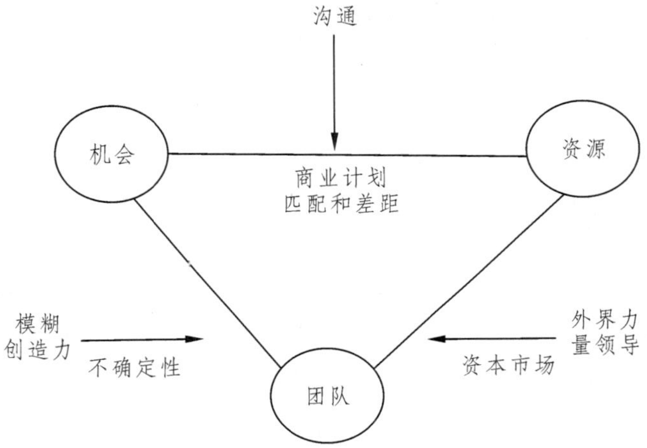

图 3-1　蒂蒙斯创业过程模型

通常我们认为，如果没有机会，创业活动就是盲目的，难以创造出真正的价值。但更关键的是，创业者及其创业团队能否有效识别和开发机会，如果没有创业者及其创业团队的主观努力，创业活动是难以进行的。在识别和开发机会后，还需要相应的资金和技术等资源。如果没有创业资源，机会也就难以被抓住和实现。

蒂蒙斯模型具有动态性特征，它显示创业过程实际上是由 3 个因素相互作用的，由不平衡向着平衡的方向发展。机会、资源和团队之间必须不断进行动态调整，以最终实现动态平衡。创业者是创业的核心，必须不断寻求更多的机会，并且合理使用和整合资源以保证企业的平衡发展；必须依靠自己的能力，来发现和解决问题，掌握关键要素，及时把握机会。

四、创新与创业的关系

“创新”与“创业”是一对既紧密联系又有所区别的概念。一方面，创业需要创新，创新是创业的源泉，创业通过创新拓宽商业视野、推进企业成长。虽然创新不是创业的唯一途径，但是创新特别是可持续创新可以不断创造竞争优势，进而推动创业的成功。另一方面，创新必须注意市场需求，确定是否有创业的需要。因为创业为创新的成功创造了条件，并且推动创新成果产业化，继而产生经济效益。新技术或新发明不能转化为产品，能不能产业化、市场化，还有一个创业的过程。创新只完成了一半，如果没有创业，可能会半途而废。

“创新”与“创业”的关系主要体现在以下两方面。

（一）创新是创业的前提和理论指导

从创新和创业的产生、发展分析，两者谁也离不开谁。现如今，很多情况下人们都在有意识或无意识地创业，大多数人并不是完全被动地适应职业。在人类社会中，通过创新来不断创造出新的职业或行业，依靠创新把各个职业或行业不断地提升到新的高度。

（二）创业是创新的目的与归宿

任何理论的发现与应用，都是为了解决实际的需要。我们发扬创新精神、梳理创新意识，其初衷和归宿就是要把这种精神意识用于指导具体实践，即用于我们的创业活动，贯穿于我们的经济建设中，鼓励大家为了民族振兴、国家富强，发扬创新精神，从振兴民族产业入手，从自主创业开始。因此，创业是创新的目的和归宿。

五、创业的类型

创业可以根据不同的动机、标准、角度等，分为不同的类型。

（一）根据创业的动机来分类

1. 机会型创业

机会型创业指创业的出发点并非谋生，而是为了抓住市场机遇并利用市场机遇。这种类型的创业是以市场机会为目标，能创造出新的需要，或满足潜在的需要。因此，机会型创业会带动新的产业发展，而不是加剧市场竞争。这类创业可以从科研转化、社会问题的解决等方面来考虑。比如，“厨师长教你做菜”是非常接地气的烹饪教学视频自媒体。因为之前市面上的烹饪教学视频都注重视频本身的美感和质量，充斥着华而不实的气息。人们在看完之后只记住了美食，而没有记住如何做美食。“厨师长教你做菜”刚好抓住人们需要在看完视频之后知道怎样做菜这个需求应运而生，填补了市场空缺，开拓了新的市场。

2. 生存型创业

生存型创业指为了生存而产生的创业。这种类型的创业是在现有市场上寻找创业机会，并没有创造出新的需求，大多数属于尾随和模仿型。所以创业者很容易满足，很难做到有大的发展。这一类型的创业，通常门槛都比较低，如选择校园周边的餐饮店、饰品店等市场早已饱和的企业来创办。

在这里，我们更倡导机会型创业，这样可以不断增加新的市场，减少低水平竞争。虽然创业的动机通常与创业者所需的环境及其具备的能力相关，但是我们可以通过教育培训的方式来提高创业者的能力，从而产生更多的机会型创业。

（二）根据创业者的数量来分类

1. 独立创业

独立创业指企业是由创业者独立创办的一种类型。这样创办的企业由创业者自由掌控，其产权属于创业者个人独有。但是所有的风险也必须由创业者独自承担，创业资源的准备也相当困难。

2. 合伙创业

合伙创业指与他人共同创办企业。这一类型的创业的优势在于资源准备相对容易，能够和其他创业者均摊风险，决策能够制衡，可以发挥出集体智慧；但是缺点在于权力分散，决策层级冗杂，响应速度慢。

（三）根据创业项目性质来分类

1. 传统技能型企业

这一类创业指的是使用传统的技术、工艺等进行创业的项目。这样的企业具有永恒的生命力，如在酿造、中医药制药、工艺美术、服装制造等与人们的日常生活紧密相关的行业里，传统技能项目有着经久不衰的生命力和竞争力。这是许多现代技能技术无法比拟的。

2. 高新技术型创业

这一类创业指的是知识密集度高，带有前沿性的以及研究开发性质的新技术、新产品项目。通常，这些项目与高校的科研转化息息相关。

3. 知识服务型创业

这一类创业指的是为人们提供知识、信息咨询的创业项目。在信息和知识储备量越来越大，更新越来越快的今天，这一类企业将会不断增加，不断细化。常见的有律师事务所、管理咨询公司、培训机构等。这类企业的特点是：投资少，收益快，但市场竞争也非常大。

（四）根据创业方向或风险来分类

1. 依附型创业

这一类创业可以分为两种情况：一是依附于大型企业或成熟的生产链，为其提供相应的配套服务而进行的创业活动，如汽车制造企业的零配件生产商等；二是特许经营权的使用，如加盟店等，利用其成熟的管理经营模式和品牌效应以减少创业风险。

2. 尾随型创业

这一类创业又称模仿型创业，其特点是短期内从激烈的竞争中分得一小部分残余市场，只能维持企业的生存，随着一步步学习模仿的成熟，再转换为自身的特色，从而占领一定的市场。

3. 独创型创业

这一类创业能够用所提供的产品或服务来填补市场的空白。这类创业的特点是，具有非同一般的生产工艺、配方、原材料等核心技术，且所提供的产品或服务有着长期的市场需求。这一类的创业，由于核心技术的独占性，所以企业可以获得相当可观的利润。同时，也具有相当大的风险。比如市场接受此类产品或服务需要一定的过程，有时甚至根本无法进入市场。

4. 对抗型创业

这一类创业指的是进入其他企业已经形成垄断地位的某个市场，与之对抗。这是风险最大的一类创业。但也有一些我们所熟知的成功案例，如淘宝之于易趣，百度之于谷歌等。

此外，创业还可以有很多分类。比如：依据创业的融资形式，可以分为独资创业、合伙创业等；依据创业的主体，可以分为大学生创业、失业人员创业、退役军人创业等。

大学生在实际创业时，应该根据自身的情况，综合考虑各种因素，选择合适的创业领域和类型进行创业。我们将在本章第三节，详细讲解大学生创业的特征与类型。

六、创业的过程

创业过程包括创业者从产生创业想法到创建新企业或开创新视野并获取回报。

在“SIYB 中国马兰花计划”中，《创办你的企业》一书将创业分为 10 个步骤：依次是评价你是否适合创业，建立一个好的企业构思，评估你的市场，企业的人员组织，选择你的企业法律形态，企业的法律环境和责任，预测你的启动资金，制订你的利润计划，判断你的企业能否生存，开办你的企业。

通过整理，本教材将创业的过程大致归纳为以下 4 个部分：

1. 机会识别

决定一个人是否适合创业，主要受 3 方面因素的影响：第一，个人的特质，其是否具有创业精神，具有何种程度的创业精神。第二，创业机会。创业机会增多所形成的巨大利益驱动，会促使更多的人加入创业的行列。第三，对创业机会的成本评估。

创业机会主要可以分为问题型机会和政策型机会。一类是在意料之外发现的，另一类是经过深思熟虑后寻找到的。国家产业政策的调整、新技术的出现、人口结构的变化、人的精神和物质需求变化等都可能形成创业机会。所以，及时准确地识别这些创业机会之后，还要对其进行评价和提炼。

2. 整合资源

这一部分是整个创业过程中最关键的阶段，必须非常成功地完成，否则再好的创业机会都没有价值。创业者需要整合的资源大致有相关市场、环境和法律的问题，合伙人，最初雇员等人力资源问题，财务资源以及风险应对措施等。

3. 创办新企业

创办新企业需要做大量的准备工作。其中最为关键的是创业计划、创业融资和注册登记。创意能否落地，关键看其能否形成一个周密的创业计划；资金往往成为创新企业的“瓶颈”，创业融资在企业的创建过程中至关重要；当创业者完成创业计划并获得融资之后，就可以按照相关法律法规注册登记。其主要包括选择企业的法律形态，如有限责任公司、股份有限责任公司、个体工商户、乡镇企业等；确定企业的名称，向相关行政管理机关提出企业的登记注册申请，领取《企业法人营业执照》等。

4. 企业的生存与发展

新创办的企业在初期应该以生存作为首要目标，其特征是主要依靠自有资金创造自由现金流，实行充分调动“所有人做所有事”的群体管理，以及“创业者亲自深入企业运营”。新创企业要在市场上取得成功，就需要在企业营销策略等经营管理方面有所突破，这是企业发展的重要内容，从而建设好自己的品牌，使品牌和企业文化在市场中形成竞争优势。

七、创业的意义

创业的意义可以从宏观和微观两方面来考虑。

近30年来，各个领域因创新而蓬勃发展，开花结果，渐渐影响了我们的衣、食、住、行，改善了我们的生活。从电子商务到移动支付，从个人电脑到移动互联网……这一切的一切都不开创业，离不开我们的创业者。

（一）宏观层面——“济天下”创业对社会的意义

1. 创业可以增加社会财富，促进经济发展和社会繁荣

创业的过程是一个增加社会财富的过程，创业者创办企业后进行生产经营，为社会创造了财富。由此产生的产品或服务会拉动内需，满足人们生活的需求，而且能丰富市场，促进社会经济发展。创业还能使传统产业的格局发生转变，因为创新而产生了很多新兴的行业，加快了经济结构的调整。在创业过程中，社会资源得到了优化，市场体系不断完善，市场竞争保持了良好的状态。

2. 创业可以实现先进技术转化，促使生产力提高和科技创新

创新是创业的主要驱动力，创业是这些新理论、新技术、新知识、新制度的孵化器，也是他们形成生产力的转化器。

3. 创业可以提供就业岗位，缓解就业压力

我国有着全世界1/5的人口，就业成为我国面临的重大民生问题之一。可以说，创业是最积极、最主动的一种“就业”方式，不但能解决创业者自身的就业问题，还能通过创业带动就业。清华大学中国创业研究中心的调查数据表明，每增加一个创业者，当年带动的就业数量平均为2.77人，未来5年带动的就业数量平均为5.99人。所以，让更多的人投身创新创业有助于提高就业率，进而解决就业这一民生问题。

4. 创业可以激发整个社会的创新意识和创业精神，有利于社会观念的转变

在“互联网+”与供给侧经济结构改革的背景下，“大众创业，万众创新”已经成为我国社会经济改革发展的主旋律。近年来，伴随创业大潮的出现，创新、诚信、宽容、民主、公证、法制等市场观念也逐步形成，对于构建经济发展新常态、发展新经济与促进就业具有积极作用。

（二）微观层面——“善其身”创业对创业者本身的意义

1. 创业可以主宰自己，充分发挥自己的才干

一个人的创意、想法、才干难以在为别人工作的时候充分表达出来，自己的美

好愿景往往也无法得到实现。如果这样的状态一直持续下去，久而久之会使人情绪低落，毫无成就感可言。所以，创业可以完全脱离原有的环境状态，摆脱在行为上受制于人的局面，充分施展自己的才华，发挥出自己最大的价值。

2. 创业可以帮助创业者个人积累财富，满足对个人物质财富追求的欲望

为别人工作，无论获得的报酬高低如何，最终都无法得到自己满意的收入。所以，如果要解决因此带来的烦恼，只能选择自己开创一番事业，这样获得的收入可以是无限的。

3. 创业能够使个人有机会和实力回馈社会，具有极高的成就感

创业一方面可以为社会提供产品或服务，另一方面可以为之创造经济利益。企业融入社会再生产的大循环中，从多个环节为社会做出贡献，进而使创业者个人从中获得巨大的成就感。

4. 创业使个人能够从事自己喜欢的事业并从中获得乐趣

创业者通常会从个人的兴趣爱好去着手选择创业项目，将自己的知识、技能、专业等与之结合。

5. 创业使个人从风险和挑战中得到别样的享受

应对风险和挑战是创业过程中的常态。创业者可以通过征服这些风险和挑战而获得无穷乐趣，从而丰富自己的人生体验。

任务二　创业精神

创业精神是什么？哈佛大学商学院对其的定义是："创业精神就是一个人不以当前有限的资源为基础而追求商机的精神。"从这个角度上来讲，创业精神代表着一种突破资源限制，通过创新来创造机会、创造资源的行为，而不是简单地体现在创造新企业，或体现在创新上。因此，创业精神可以简洁地概括为："没有资源创造资源，没有条件创造条件，用有限资源去创造更多资源。"创业精神是创业者在创作过程中的重要行为特征的高度凝练，其核心精神主要表现在以下 4 个方面：

一、创新精神

创业精神中最重要的就是创新。创业者不单指在经济活动中从事创新活动的人，

而只要是在创新的人，就可以统称为创业者。创新精神就是创业精神的意义所在。

二、冒险精神

面对风险和挑战是创业过程中的常态，在此过程中必然会遇到挑战和承担风险。承担风险和挑战不确定性的冒险精神也是创业精神的核心精神之一。冒险精神就是个人愿意去冒险，去做一些尝试将问题解决，一步一步地靠近机会。这里需要不断地去发现变化，适应变化，要想办法去解决问题，问题可能不是一下就能解决的，有些问题可能是目前解决不了的，但也要想办法并去努力，抓住机会解决问题。

还有一种冒险就是放弃以前成功的路径、成功的技术，从头再来或者研究出新的技术以满足不断变化的客户。敢于放弃以前成功的路径是一种冒险，因为新的路径不一定能再次带你走向成功，这是一种冒险。之所以会再次冒险，是因为旧的技术、产品、服务已经跟不上客户的需求了，慢慢地会被客户抛弃，甚至让你陷入打价格战的困境中。

举一个例子，柯达是第一个发明胶卷的，同时也是第一个发明数码照相机的。两次发明对于当时的时代来讲，都处于领先地位。但面对的结局却不一样：发明胶卷让柯达公司慢慢做大，而发明数码相机后却因不敢抛弃原来的胶卷业务，而没有抓住机会转型，以致被客户和时代抛弃了，柯达也走向衰败。

三、合作精神

合作精神在创业精神中占主导地位，团队意识、合作精神是价值核心。将不同的人组合到一起，共同合作，让他们的才能互补、性格互补、思维互补、资源互补、分工明确、责任共担、愿为共同的创业目标而奋斗，并做到利益让渡，发挥其各自的优势，从而达到利益最大化。这样的过程就是合作精神的重要体现。

四、社会责任

伟大的创业者不只是完全为了实现个人的财富梦想而创业，也是为了帮助普通人实现自己的梦想努力，创业精神中也包括创业者必须承担社会责任并且拥有甘于奉献的精神。创业者要传播具有正能量的价值观，并且做自我检查，杜绝为了赚钱而做出有损害社会公众利益的事，应承担起企业相应的责任。

以上 4 个方面阐释了创业精神的四大核心。人们通常将创业精神称作企业家精神。创业精神是一个创新的过程，在此过程中，新产品或新服务的机会被确认、被创造，最后被开发产生新的财富创造的能力。也就是说，创业精神的本质在于创新，在于为市场创造出新的满足，为社会创造出新的价值。

任务三 大学生创业的特征、类型与路径

一、大学生创业的特征

目前各个高校都在紧锣密鼓地筹备创业创新课程，建设创业创新学习平台，为高校大学生提供专门的创业咨询或教育渠道。这些都为在校大学生走向创业之路提供了基础条件。大学生的创业特征具体包括以下 3 个方面：

（一）从内涵及本质来看

1. 大学生创业者既是创新者，又是继承者

大学生创业者不论是创建新企业，还是在原有企业中采用新战略、开发新产品、开辟新市场、引进新技术或运用新资源，都是不同程度的创新活动，因而创业者首先是创新者，要具有创新的思维和能力。同时，任何创新活动都不能脱离实际，首先，要根据企业的原有条件、现实状况及未来发展方向去进行；其次，创业活动也是创业者本人的知识、经验和文化观念的反映，因此创业具有传承性，创业者也是继承者。

2. 大学生创业者既是实践者，又是宣传者

创业是创建或运营经济实体，故而具有实践性。其生产的产品可以是有形的物质产品，也可以是无形的精神产品，但都应具有满足社会和人某种需要的特性，否则，创业就是无价值的和无意义的，不能称之为“创业”。另外，创业既然是从事生产实践活动，他的行为就是一个模范、榜样。而创业过程是生产实践活动和宣传活动的统一体，创业者也就成为实践者和宣传者的统一体。

3. 大学生创业者既是管理者，又是参与者

通常创业者在企业中居于管理者的位置，从事企业的日常经营与战略决策。但同时，创业者又是普通的创业团队成员，具有普通劳动者的需求和特征。如希望通过诚实劳动获得收入，提高生活质量，获得相应的社会地位和社会承认与尊重，在劳动过程中实现自我价值等。

（二）从项目的选择上看

根据 2016—2018 年对高校大学生创业项目的调查，我们不难发现，大学生创业项目的选择往往集中在以下 4 种类型：

1. 课外辅导班

现在家长普遍十分重视孩子的教育。而作为当今较为火热的课外辅导班，正是最好的创业项目。大学毕业生可以通过自身的情况进行相关科目和专业选择，找到适合自己的课外辅导班，成功发展自己的创业项目。

2. 个人工作室

就目前的创业情况来看，想要创办一家成熟的企业是一件很难的事情。因为不管是所需要的人才还是一系列流程规章的制定，都需要严密的筹划以及相关资金的准备。所以，现在大部分有能力的大学生则希望通过自己的能力和专业来做个人工作室。个人工作室对于机制和公司体量的要求不高，只需要一两个人就可以正式运行，对于经济基础薄弱且精力旺盛的大学生来说是一个很好的创业项目。

3. 奶茶店

现在的饮品加盟店越做越火，不断有不同的品牌走向市场。随着人们生活水平的提高，人们对于相关消费的追求也越来越高。而加盟奶茶店的成本低、回报快、获利高，正是适合大学毕业生加入的创业好项目。

4. 零食店

近年来，随着休闲食品市场需求量的不断上涨，加之本小利大的优势，零食店成为万人青睐的创业项目。众所周知，休闲食品主要的目标消费群体是年轻人，因此对于大学毕业生来说，开一家零食店是一个非常不错的创业方向。

（三）从大学生创业的原因看

1. 想证明自己的人生价值

一些自我意识很强的学生，选择自主创业是为了通过这一途径来证明自己的能力。因为在一些单位由于制度的约束，无法按照自己的想法来做事，而创业有一个自由发挥的空间，也能实现自我价值，得到社会的认可。

2. 以创业代就业

当然，找不到适合自己或者自己喜欢的工作也是大学毕业生选择创业的一个原因，特别是高校扩招后的第一个就业年，大量的毕业生涌向市场，必然有一些人要面对的就是找不到工作或是短时间内找不到合适的工作的问题。在这种情况下，自主创业也是一个不错的选择。

3. 创业未来或成为流行趋势

每个大学生出了校门都需要就业，其实创业也可以算是一种就业，并能给自己一片更广阔的天空。在今后的社会，自主创业的人会越来越多，甚至成为主流，成为大学生毕业后的首选。

4. 偶像影响

大学生看到一些成功创业的名人也是从最基础的工作做起的，最后才获得成功，所以也希望自己有一天也能像他们一样成就一番事业，出人头地，成就自己的梦想。

5. 嫉妒

因为嫉妒看到别人的成就，就想自己也有这样的成就。有的学生的中学同学或朋友早就中专毕业或是早就下海，事业已小有成就，而自觉是大学生的清高心理促使其产生创业的想法，为的是“我要过得比你好”。虽然这并不是什么坏事，但不能否认，在一些想创业的人中，确实有这种心态。

6. 经济原因

这也是大学生选择自主创业的一个重要原因。在以经济建设为中心的大环境中，工作待遇是不得不考虑的一个重要因素，自主创业可能获得良好的经济效益。

7. 自己创业当老板是一个理想

选择自主创业的学生大多抱着这种心态，认为自己的事业，做起来会更有工作激情，会更投入，从而更容易成功。这种成功是属于自己的。另外，就算失败，也是自己选择的，不会去怪别人，不会感到遗憾。

（四）大学生创业的失败

大学生创业过程中会存在诸多问题，这些问题会直接导致大学生创业失败。失败的原因主要有以下 3 个方面。

1. 项目想法意识过于超前，但项目筹备和落地滞后

在各个高校中，我们都会发现一些比较大胆想法的项目，但是这些项目似乎除了“大胆”以外，没有任何实现和落地的可能性。甚至有些项目从表面上看似乎有一定的可行性，但是没有任何商业价值和社会价值，并不能给项目投资人带来财富或者收益，甚至会出现反复亏损。许多投资人表示，多数大学生的创业项目“不赚钱”，主要原因在于“想法意识过于超前”。

【案例 3-1】

兰迪·怀斯从小就有一个梦想：要制作一种鸡用的隐形眼镜，以提高鸡蛋的质量，提高养鸡场的经济效益。这个念头形成于 19 世纪 60 年代，那时他的父亲曾经是一位养鸡场的场主。他发现，鸡放在一起养殖时，经常有自相残杀的事件发生。为了减少鸡的自相残杀，他幻想可以生产一种红色的专门给鸡佩戴的隐形眼镜，以改善鸡的视力，从而减少这种影响鸡场效益的行为。

19 世纪 70 年代初，兰迪·怀斯在哈佛商学院深造期间，曾写过一篇颇受欢迎的案例分析。他讲述了父亲事业失败的经历，并且设想了一家新的公司，他不仅研究了鸡蛋生产业的经营状况，还考察了新兴鸡用眼镜的可行性。

从商学院毕业以后，兰迪·怀斯就希望自己可以建立这个公司，但是没有投资者给他投资。他认为："投资者并不关心鸡蛋的生产情况。"15 年后，当他在银行有了一定存款之后，又一次充满热情地开始自己的事业。兰迪·怀斯认为塑模技术已经大大提高，而且鸡农们对于新鲜事物的抵触也比以前降低了，"现在最大的危险可能是过于自信，我们一定可以让人们接受我们的产品"。当然，只有产品卖出去以后，人们才可以确信这一点。而事实是，鸡农们考虑：谁来给鸡佩戴这个隐形眼镜呢？这个产品并没有让怀斯的公司门庭若市，鸡农们认为这个故事太动听，以至于叫人难以置信。因为如果是一个有 70 万只鸡的鸡场，光给鸡佩戴眼镜这一项工作，就要花费多少时间和人工？佩戴好之后怎么保证鸡不乱动，而眼镜的位置准确无误呢？

资料来源于《大学生创业失败案例简书》，https:///www.jianshu.com/p/doc448acc333。

分析：

（1）你认为兰迪·怀斯"鸡用隐形眼镜"项目会成功吗？为什么？

（2）一个企业要想使自己的经济效益好，就必须生产出受消费者欢迎的产品。对于这句话，你是怎么理解的？

（3）说说对下边这段话的理解："不是你来决定要生产什么，而是由消费者的需求，也就是市场来决定你来生产什么。只有这样，你的企业才可以成功。"试想，这种隐形眼镜产品要如何改进才能够被客户接受？

2. 大学生创业涉猎的维度很广，但缺乏深度

"95 后""00 后"大学生生活在经济相对发达的今天，受互联网思维的影响，更容易接受新生事物，对于行业的理解似乎相对于"70 后""80 后"和"90 后"的大学生而言更为宽泛。长期的依赖互联网，在互联网接收到的信息大部分是"选择性"

的，了解的知识层面或许更加“宽广”，“什么都略懂一点，生活更加精彩”，这是目前创业教育对于大学生在创业认知上的典型特点。他们虽然涉猎范围更广，但是缺乏深入思考，缺乏对信息真伪的辨识度，社会上的历练又较少，最终的结果就是对于事物认知的看法常常较为肤浅，不能透过现象认识本质，即“你以为你以为的就是你以为的？”

【案例 3-2】

某大学生小李即将大学毕业，爱好交际，同学朋友很多，每天出入各种酒吧餐厅，聚场会友，逐渐喜欢上了休闲餐厅的氛围，有事没事就泡在里面上网、聊天消磨时光。眼看即将毕业，想创业的小李就萌生了自己开一家休闲主题餐厅的想法，体验一下当老板的感觉。地址选在小李比较熟悉的学校门口的一条商业步行街上，他的想法是离学校近，平时学生流量很大。大学里学生情侣较多，这都是潜在客户，餐厅开起来不愁没生意，等着收钱就行了。但学校门口的商业街店铺林立，大大小小的餐厅不计其数，造成了房租攀高，一个十几平方米的小门面年租金就十几万。本身家境不是很富裕的小李，只能通过父母跟亲戚朋友借钱。筹到款以后，小李就高价从一个租户手里转让了一个上下两层的沿街房，并且还交了 3 万元的转让费。房子租好后，小李起了很时尚的名字“青春不散场”主题休闲吧，并且在网上搜了设计效果图，对楼上楼下进行了装修，购进了大批的餐厅设备。由于小李不会厨艺，就请了在一家类似餐厅打工的表哥来帮忙，主打休闲饮品、小吃、咖喱饭等。经过一番准备，餐厅终于开业了，开业头几天来了很多同学捧场，看似好不热闹，但是好景不长，没过几天就门庭冷落，一天也来不了几个客人。就是来了也是要盘瓜子，几个学生打上半天扑克，没什么消费；再就是同学来了大多没有实际消费，只靠几份外卖来勉强维持。而且店面每天的费用很高，没有上千元的营业额，别说工人工资，连房租都不够，所以苦撑了不到 4 个月，就不得不关门了。

分析：

（1）你认为小李的餐厅关门的主要原因是什么？

（2）此案例对于高校大学生创业者有何启示？

3. 大学生创业欲望比较强，但是创业实践持久性差

“95 后”大学生大多生活在经济条件好且宽松的社会中，自己的独立意识比较明显，从各种平台如“偶像练习生”“创造 101”这样的综艺节目中，我们会发现，他们希望自己得到别人的认可，“特立独行”成为他们的一种特色。思维灵活的他们，想法和主意都特别多，但因为生活环境较为优越，是一路顺顺畅畅成长起来的，很

少遭受挫折和打击，几乎没有经历过大风大浪，所以缺乏意志的磨炼，往往新鲜劲过去了，就选择放弃。一些大学生参加了创新创业课程之后，往往信誓旦旦要选择创业，而过不了多久便又选择放弃了，以各种借口和理由为自己开脱，不能将创业行动进行到底。这样的问题一方面源于自己的性格特点；另一方面源于成长环境。是否拥有持之以恒的毅力去完成一件事情；是否拥有克服困难和压力的勇气一路向前。这些对于“95 后”大学生的创业尤为重要。

二、大学生创业者的类型

（一）按照大学生创业者的人格特质分类

美国心理学家约翰 · 麦纳（John B.Miner）对 100 位事业有成的创业者经过长达 7 年的跟踪调研发现，这些创业者存在共同的人格特质。约翰 ·麦纳根据不同的特质，将创业者分为 4 种类型：成就上瘾型、推销高手型、超级主管型和创意无限型。

1. 成就上瘾型创业者

这类创业者人格特质的主要表现：必须拥有成就；渴望回馈；喜欢拟订计划和设计目标；具有强烈的进取心；对组织忠诚；相信以己之力可以改变生活；相信工作上应该由自己制定目标，不能受制于他人。对认定的事业表现出执着而不放弃的决心，坚持到底，不达目的不罢休，是目标非常确定的上瘾者。

2. 推销高手型创业者

这类创业者人格特质的主要表现：善于观察和体恤他人的感受；喜欢帮助他人；相信社会互动很重要；需要与他人发展良好的关系；有良好的交际能力；有强烈的合作意识，相信销售对执行公司经营战略十分重要。

3. 超级主管型创业者

这类创业者人格特质的主要表现：很讲信用、很负责任，他们的能力、力量来自贯彻目标的决心，期望成为企业中的领导人物；具有决断力；对集体持肯定态度；喜欢与他人竞争；期望享有权力；渴望出人头地。

4. 创意无限型创业者

这类创业者人格特质的主要表现：热爱创新，富有创意；相信新产品的研发对企业经营战略的执行十分重要；聪明过人；希望规避风险；有创意有主张，绝对与众不同，鹤立鸡群，有着强烈的冒险性及好奇心。

（二）按照大学生创业者的创业内容分类

1. 生产型创业者

生产型创业者是指通过创办企业推出产品的创业者，以生产技术为主体，通常这种产品科技含量较高。比如，爱多的创业就是以生产 VCD 产品打开家电市场的。

2. 管理型创业者

管理型创业者就是指那些综合能力较强的创业者，他们本身对专业知识十分精通，而且对企业管理、运作、市场、财务等十分熟悉，能够通过各种有效的企业管理手段，带动企业前进。

3. 市场型创业者

市场型创业者的一个重要特点就是注重市场，善于把握市场变化机会。在我国由计划经济向市场经济转型的过程中，涌现出大批的市场型创业者。海尔集团总裁张瑞敏就有一句名言："三只眼睛看世界。"其意思就是，在计划经济时期，企业只要一只眼，即盯住政府就可以了；而市场经济时期，企业则需要有两只眼，一只盯住市场，另一只盯住员工；而转型时期，企业则需要具备第三只眼，即在盯住市场和员工之外，还要盯住政府出台的政策。

4. 科技型创业者

科技型创业者多与高校和科研机构相关，以高科技为依托创办企业。20 世纪 80 年代之后，为了鼓励科技成果转化为生产力，国家推出了一系列鼓励高等院校和科研机构创办企业的措施。如今的许多知名科技企业的前身就是原来的"校办企业"和科研机构创办的"所办企业"，如北大方正、清华同方以及联想集团等。

5. 金融型创业者

金融型创业者实际上是一种风险投资家，他们向企业提供的不仅仅是资金，更重要的是专业特长和管理经验。他们不仅参与企业的经营方针和规划的制定，而且还参与企业的营销战略制定、资本运营以及人力资源管理。

三、大学生创业的路径

对于大学生而言，自主创业既是一种机遇也是一种挑战。人们常说，没有技术，没有资金，没有经验，没有门路不知该搞哪一门。其实不然，创业的路径、方法有很多。

1. 校园代理

大学生由于经验、能力、资本等方面都存在不足，直接创业存在很大困难，既不现实成功率也很低，而校园代理对经验、资金等一般没有太高要求，因而可以利用课余时间代理校园畅销产品，积累市场经验、锻炼创业能力。做校园代理没有成败之分，对于大学生来说多多益善。如果做得较好，还可以积累一定的资金。总之，通过校园代理可以为毕业后的创业之路准备必要的物质和精神条件。总之，创业知识广泛存在于大学生的学习、生活的视野之中，只要善于学习，总能找到施展才华的途径。但在信息泛滥的社会里，“去粗取精，去伪存真”也很重要。善于学习和总结永远是成功者的座右铭。

2. 曲线创业

先就业、再创业是时下很多学生的选择。毕业后，由于自己各方面的阅历和经验都不足，能够到单位锻炼几年，待积累了一定的知识和经验再创业也不迟。先就业再创业的学生跳槽后，所从事的创业项目通常也是在过去的工作中密切接触的。而在准备创业的过程中，可以利用与专业人士交流的机会获得更多的来自市场的创业知识。

3. 个人网店

大学生是最具活力的群体，也是新技术、新潮流的引导者和受益方。随着网络购物的方便性和直观性，越来越多的人选择网络购物。一些人即使不买，也会去网上了解一下自己将要买的商品的市场价格。此时，一种点对点、消费者对消费者之间的网络购物模式逐渐兴起。以国外的易趣为开端，国内的淘宝为象征，越来越多的人在网上开店，在线销售商品，引发了一股个人开网店的风潮。而大学生正是这一群人中的主要力量，不少大学生看到这一潮流纷纷投身个人网店，成功者比比皆是。网店之所以成为大学生创业热衷的领域，自然有其天然的优势。除销售范围广、推广成本低、投资成本低外，日益增长的庞大网购消费群体让众多大学生看好网络购物市场。目前，除了知名的淘宝网、拍拍网和易趣网等大的平台外，还不断有新的和更细分的网店平台出现。从无所不包的淘宝到专售钻饰的爱钻新天地，大学生都可以自由选择网店创业平台。可以预见，在将来，即使个人在网上开店销售汽车也是有可能的。

4. 概念创业

概念创业顾名思义就是凭借创意、点子、想法创业。当然，这些创业概念必须标新立异，至少在打算进入的行业或领域是个创举。只有这样，才能抢占市场先机，吸引风险投资商的眼球。同时，这些超常规的想法还必须具有可操作性，而非天方夜谭。通常来说，这一创业途径比较适合思维比较开阔的大学生。创业需要创意，但创意不等同于创业，创业还需要在创意的基础上，融合技术、资金、人才、市场经验、管理等各种因素，如果仅凭着点子就贸然行动，往往是行不通的。

但是初次尝试网络创业者应注意，事先要进行多方调研，选择既适合自己产品特点又具较高访问量的电子商务平台，贩卖的商品也要具有独特性和吸引力。一般来说，网上加盟的方式，能在投入较少的情况下开业，边熟悉运营规则，边依托成熟的电子商务平台发展壮大。

5. 创业实践

真正的创业实践开始于创业意识萌发之时。大学生的创业实践是学习创业知识的最好途径。间接的创业实践学习主要可借助学校举办的某些课程的角色性、情景性模拟参与来完成。例如，积极参加校内外举办的各类大学生创业大赛、工业设计大赛等，对知名企业家成长经历、知名企业经营案例开展系统研究等也属间接学习范畴。直接的创业实践学习主要可通过课余、假期在外的兼职打工、试办公司、试申请专利、试办著作权登记、试办商标申请等事项来完成，也可通过举办创意项目活动、创建电子商务网站、谋划书刊出版事宜等多种方式来完成。

6. 大赛创业

大学生创业大赛参照美国的商业计划竞赛。此类竞赛旨在为参赛者展示项目、获得资金提供平台。Yahoo、Netscape 等企业都是从商业竞赛中脱颖而出的，因此被形象地称为创业“孵化器”。从国内的情况看，创业大赛也扶植了一批大学生企业，如清华大学王科、邱虹云等组建的“视美乐”公司，上海交通大学罗水权、王虎等创建的“上海捷鹏”等。

【案例 3-3】

有的人在黄土上挥洒汗水，播下种子；有的人在工厂里一丝不苟，拧紧螺丝；有的人在讲台前兢兢业业，教书育人。她游历世界，阅遍各式服装，设计最美的衣服，创业做一流的网店。劳动节快到了，时尚就是她的劳动标签。杨某是一个“90 后”女孩。在她的眼里，世界那么大，她要一边看看，一边工作。

开网店：女儿做设计　母亲当裁缝

粉红色系的大鞋柜，随处可见的卡通公仔，在电脑键盘上睡觉的加菲猫，加上财神爷和观音菩萨的塑像。这间屋子就是 23 岁的杨某亲手布置的服装设计工作室，每天销售一两百件衣服。杨某的母亲说，大学期间女儿每个月买衣服就要花 3 000 元，毕业后找到一份行政工作，每月工资 2 000 多元，还不够她买衣服。“缺钱首先不要想到节约，而要多想想通过自己的双手，如何多挣钱回来。”于是母亲劝女儿考虑自己创业。母亲说，女儿的专业是设计，捣鼓过网店，自己做了 30 年的裁缝，于是想到和女儿一起开个网店，自己做衣服，自己卖。

玩自拍：生意有转机　叫好不叫座

母亲说，网店刚起步，生意不太好，女儿却是慢性子，还经常丢下网店到处去旅游。然而，女儿在旅游中的一次自拍却让网店生意有了转机。

年底，杨某在澳大利亚旅游时，买了一件几千元的sass bide吊带裙，她穿上裙子自拍后发在网上，引来许多网友回复，大家都想知道这种样式的裙子是在哪里买的。回国后，杨某和母亲做了一款类似的裙子，标价只要几百元，放到网店上迎来一片好评，但销量十分惨淡。

为什么叫好不叫座呢？杨某从网友的评论中发现，原来，吊带裙的款式是为高大的欧美女性设计的，突出曲线，领口开得大，符合欧美人的审美习惯、审美心理，但对很多国内的女性来说，只能看，不敢穿。

游世界：不做高仿品　参考再设计

这次失败让杨某决定以后不再做高仿服装，而是参考国外潮流款式，设计适合中国女性特点的衣服。此后，她游遍法国、西班牙、新加坡、泰国等近十个国家，考察时尚前沿的服装款式、版型，挑选质地独特的面料，回国后和母亲一起设计女装。

母女俩一个设计一个缝纫监制，新上架的服装抓住了双11的机会，生意好了起来，其中卖得最好的一款牛仔女装销量达到5 000多件。

母亲说，女儿的工作方式、态度和上一辈人差别很大，“一边旅游玩耍，还不耽误工作，她设计的衣服确实让网店好了起来”。

娘子军：生产看评价　月销百万元

杨某透露，目前这间工作室有8人，是清一色的娘子军，包括5名淘宝客服兼库管，1名美工，以及母女2人。

母亲说，网店卖衣服和传统服装产业不一样。杨某把衣服设计好以后，首先会画出版型样式，挂在网店上，看有多少人喜欢，然后制作样衣，拍摄模特照片，并传到网上，根据网友评论以及订金缴纳情况，再决定是否批量生产。“整个过程都与网友互动，不断听取消费者的意见。”

目前，杨某的网店的每件衣服的价位主要在100～400元。每天网店能卖出一两百件衣服，月销售额在100万元左右。杨某说，她计划将团队增至10人，把工作室发展成公司，还要创建自己的服装品牌。

资料来源于《90后美女开网店 核心技术是耍遍世界》，https://msohu.com/a/15309043_110565。

分析：请简述以上案例中创业者的创业路，并分析其成功的因素。

模块四
创业准备

任务一　创业机会识别与创业项目选择

【案例 4-1】胡润的富豪榜

胡润，1970 年出生在卢森堡，就读于英国杜伦大学，专业学的是中文。1990 年到中国留学，后来就留在安达信会计师事务所上海分部工作，成为一名会计师。但是，胡润遇到了一件麻烦事，每次休假回到英国，大家都会很好奇地问他，中国是什么样的？这个问题看似简单，不过还真是很难回答，关键是没有标准。偌大一个中国，怎么说呢？胡润为了这个事特别烦恼，“你一个在中国留学的人，连这么简单的问题都回答不了，你这个学上到哪里去了？”每次回国，胡润都要受这种刺激。1999 年，当时正好是中华人民共和国成立 50 周年，他想如果介绍 50 个中国特别成功的人，不就可以让人知道新中国成立 50 年来的变化吗？基于这样的想法，胡润后来推出了富豪榜。

资料来源于《胡润靠富豪榜成富翁：我怎样把富豪拉上榜》，https:///www.taihainet.com/news/finance/gncj/2007-02-24/96359.html。

【案例 4-2】梁伯强的指甲钳

梁伯强，广东中山圣雅伦公司总经理，中国“隐形冠军”形象代言人。这位被誉为“指甲钳大王”的梁伯强，决定生产指甲钳却是因为时任总理朱镕基的一句话。1998 年年底，梁伯强在看报纸时发现了一条新闻，这篇名为“话说指甲钳”的文章让梁伯强的命运从此改变。文章写道，当时朱镕基总理在参加一次会议时讲道：“要盯住市场缺口找出路，比如指甲钳子，我没用一个好的指甲钳子，我们生产的指甲钳子，剪了两天就剪不动指甲了，使大劲也剪不断。”朱镕基总理以小小的指甲钳为例，要求轻工企业努力提高产品质量，开发新产品。梁伯强从这一句话中发现了指甲钳的商机。

梁伯强调查发现，指甲钳每年的产值达到了 60 多亿人民币，韩国只有 5 家工厂，他们居然占了20亿的产值。但在中国，据在册登记摸底也就500多家企业，营业额才在20亿左右。从数量上对比，韩国5家主要企业加上10来家配套企业就可以和中国的500多家企业打个平手，这种反差让梁伯强非常惊讶。

梁伯强心动了，兴致勃勃地开始对全国市场进行考察。考察完毕，梁伯强很意外地发现，很多生产指甲钳的工厂都倒闭了，如果中国真有20亿的市场份额，为什么几个大厂会倒闭呢？一方面，商场零售都被外国品牌占据，国内老厂不断倒闭；另一方面，批发市场群雄逐鹿，热火朝天。抱着试试看的态度，梁伯强生产出第一批指甲钳，没想到，产品还没正式面世，就有几千万的订单找上门，这更坚定了他把指甲钳做下去的决心。

资料来源于《梁伯强："非常小器"造隐冠军》，Joumal:Foreign Business Monthly，2005（12）。

分析：胡润和梁伯强发现的都是创业机会吗？怎样才能发现创业机会？如何评价创业机会的价值？

小结：有些创业者受到外部激励而决定创业，接着搜索并识别机会，然后创建新企业，而另一些创业者却受到内部激励作用，先识别出现实问题或未满足的需求，从而通过创业来填补它。不管创业者以哪种方式创建新企业，机会都很难识别。机会识别一半是艺术，一半是科学。

我们应该并且能够学习的就是机会识别的科学规律！

一、创业机会及其识别

（一）创业机会的含义

创业机会主要有以下几种常见定义：

创业机会是可以为购买者或使用者创造或增加价值的产品或服务，它具有吸引力、持久性和适时性。

创业机会是可以引入新产品、新服务、新原材料和新组织方式，并能以高于成本价出售的情况。

创业机会是一种新的"目的-手段"关系，它能为经济活动引入新产品、新服务、新原材料、新市场或新组织方式。

大多数创业者都把握了商业机会从而成功创业，如贝索斯创建亚马逊网站就是如此。1994年，贝索斯放弃了在纽约市投资公司的优厚工作，怀着寻找有吸引力的机会并创建电子商务企业的梦想前往西雅图。

在现实生活中，这样的例子不胜枚举。蒙牛的牛根生看到了乳业市场的商机，好利来的罗红看到了蛋糕市场的商机。

但是，创业机会都是很难识别的。仅有少数创业者能够把握创业机会从而成功创业，一旦创业成功，不仅会改变人们的生活和休闲方式，甚至能创造出新的产业。随着人们对创业机会价值潜力的探索，一系列的商业机会逐渐衍生出来，从而滋生出更多的创业活动，如互联网创业的例子。

（二）创业机会的分类

1. 根据创业机会的来源进行分类

问题型机会，是指由现实中存在的未被解决的问题所产生的一类机会。

趋势型机会，是指在变化中看到未来的发展方向，预测将来的潜力和机会。

组合型机会，是指将现有的两项以上的技术、产品、服务等因素组合起来，以实现新的用途和价值而获得的创业机会。

2. 根据目的-手段关系的明确程度进行分类

识别型机会，是指市场中的目的-手段关系十分明显时，创业家可通过目的-手段关系的连接来辨识机会。

发现型机会，是指当目的或手段任意一方的状况未知，等待创业者去进行机会发掘的机会。

创造型机会，是指目的和手段皆不明朗，因此创业者要比他人更具先见之明，才能创造出有价值的市场机会。

（三）创业机会的来源

变化是创业机会的重要来源，没有变化，就没有创业机会，如政治和制度变革、社会和人口结构变革、产业结构的变革、技术变革。

思考：我国改革开放以来，创业机会来源和类型是否发生了变化？发生了什么样的变化？

（四）创业机会的识别

创业者最难能可贵的地方就在于他能发现其他人看不到的机会，并迅速采取行动来把握创业机会并实现创业机会的价值。

在很长一段时间，人们认为人群一般不可能看到创业机会，发现机会并成为创业者的个体具有别人所没有的特殊禀赋，识别创业机会难以模仿，更不可学习。

但是，随着学术研究的深入，人们逐渐总结出了一些识别创业机会的规律和技巧。正如物理学教授不可能指望每个人都成为爱因斯坦一样，掌握有关识别创业机会的知识，虽然不能保证能够发现创业机会，但确实能给人们的行动提供思路和指导。

（五）影响创业机会识别的因素

对于哪些因素导致一些人更善于识别出有价值的创业机会，不少学者进行过研究。下面总结出取得共识的 4 类主要因素。

1. 先前经验

在特定产业中的先前经验有助于创业者识别出商业机会，这被称为走廊原理。它是指创业者一旦创建企业，就开始了一段旅程，在这段旅程中，通向创业机会的“走廊”将变得清晰可见。这个原理提供的见解是，某个人一旦投身于某产业创业，这个人将比那些从产业外观察的人，更容易看到产业内的新机会。

2. 认知因素

机会识别可能是一项先天技能或一种认知过程。有人认为，创业者有第六感，因而他们能看到别人错过的机会。多数创业者以这种观点看待自己，认为他们比别人更“警觉”。警觉很大程度上是一种习得性的技能；拥有某个领域更多知识的人，倾向比其他人对该领域内的机会更警觉。

3. 社会关系网络

社会关系网络能带来承载创业机会的有价值信息，个人社会关系网络的深度和广度影响机会识别。研究发现，社会关系网络是个体识别创业机会的主要来源。

4. 创造性

创造性是产生新奇或有用创意的过程。从某种程度上讲，机会识别是一个创造过程，是不断反复的创造性思维过程。在听到更多趣闻轶事的基础上，个人会很容易看到创造性包含于许多产品、服务和业务的形成过程中。对个人来说，创造过程可分为 5 个阶段，分别是准备、孵化、洞察、评价和阐述。（见图 4-1）

（六）创业机会识别的规律

获取别人难以接触到的有价值信息与具备优越的信息处理能力共同构成创业者发现创业机会的前提条件。

获取别人难以接触到的有价值信息：在社会网络中处于更佳的位置的个体、有助于获取信息的工作或生活圈子、具有创业警觉。

具备优越的信息处理能力：智力结构、乐观的心态、敏锐的洞察力。

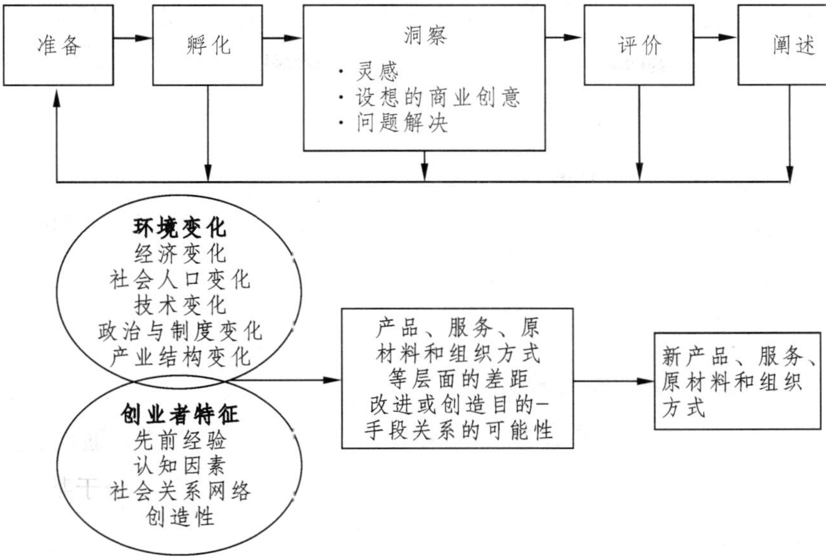

图 4-1　产生创造性创意的 5 个阶段

【案例 4-3】李维斯的例子

大家都知道牛仔裤的发明人是美国的李维斯。当初，他跟着一大批人去西部淘金，途中被一条大河拦住了去路，许多人感到愤怒，但李维斯却说“棒极了！”他设法租了一条船给想过河的人摆渡，结果赚了不少钱。不久，摆渡的生意被人抢走了，李维斯又说“棒极了！”，因为采矿出汗很多，饮用水很紧张，于是别人采矿他卖水，又赚了不少钱。后来卖水的生意又被抢走了，李维斯又说“棒极了”。因为采矿时工人跪在地上，裤子的膝盖部分特别容易磨破，而矿区里却有许多被人抛弃的帆布帐篷，李维斯就把这些旧帐篷收集起来洗干净，做成裤子销售，“牛仔裤”就是这样诞生的。李维斯将问题当作机会，最终实现了致富梦想，这得益于他有一种乐观、开朗的积极心态。

资料来源于 https://wenku.baidu.com/view/e118faf8ff4733687e21af45b307e87101f6f8ef.html。

（七）创业机会识别的常见方法

1. 新眼光调查

注重二级调查：阅读某人的发现和出版的作品、利用互联网搜索数据、浏览寻找包含你所需要信息的报纸文章等都是二级调查的形式。

开展初级调查：通过与顾客、供应商、销售商交谈和采访他们，直接与这个世界互动，了解正在发生什么以及将要发生什么。

记录你的想法：瑞士最大的音像书籍公司的创始人说他就有一本这样的笔记本，当记录到第200个想法时，他就坐下来，回顾所有的想法，然后开办了自己的公司。

2. 通过系统分析发现机会

实际上，绝大多数的机会都可以通过系统分析发现。

人们可以从企业的宏观环境（政治、法律、技术、人口等）和微观环境（顾客、竞争对手、供应商等）的变化中发现机会。借助市场调研，从环境变化中发现机会，是发现机会的一般规律。

3. 通过问题分析和顾客建议发现机会

（1）问题分析。从一开始就要找出个人或组织的需求和他们面临的问题，这些需求和问题可能很明确，也可能很含蓄。对创业者来说一个有效并有回报的解决方法是识别机会的基础。这个分析需要全面了解顾客的需求，以及可能用来满足这些需求的手段。

（2）从顾客那里征求想法。一个新的机会可能会由顾客识别出来，因为他们知道自己究竟需要什么。由此，顾客也会为创业者提供机会。顾客建议多种多样，最简单的情况是，他们会提出一些诸如“如果那样的话不是会很棒吗”这样的非正式建议。留意这些建议，有助于发现创业机会。

4. 通过创造获得机会

这种方法在新技术行业中最为常见，它可能始于明确拟满足的市场需求，从而积极探索相应的新技术和新知识，也可能始于一项新技术发明，进而积极探索新技术的商业价值。

通过创造获得机会比其他任何方式的难度都大，风险也更高。同时，如果能够成功，其回报也更大。这种情况下所产生的创新在人类所具有重大影响的创新中，居于压倒性的主导地位。

索尼公司开发随身听就是一个很好的例子。索尼公司觉察到人们希望随身携带一个听音乐的设备，并利用公司微缩技术的核心能力从事项目研究，最终开发出划时代的产品——随身听，取得了巨大的成功。

（八）创业机会评价及基本框架

1. 创业机会评价

尽管发现了创业机会，但这并不意味着要创业，更不意味着成功就在眼前。创业活动是创业者与创业机会的结合，并非所有的创业机会都有足够大的价值潜力来填补为把握机会所付出的成本，并非所有机会都适合每个人。尽管在整个创业过程中，评价创业机会非常短暂，但它非常重要，是创业者发现创业机会之后做出是否创业决策的重要依据。

有价值的创业机会的特征：有吸引力；持久性；及时性；依附于为买者或终端用户创造或增加价值的产品、服务或业务。

2. 创业机会价值评价的基本框架

对创业者来说，关键在于如何能够从众多机会中找寻出有价值的创业机会，并快速采取行动来把握机会。

（1）蒂蒙斯的创业机会评价框架。

蒂蒙斯的创业机会评价框架，涉及行业和市场、经济因素、收获条件、竞争优势、管理团队、致命缺陷问题、个人标准、理想与现实的战略差异等 8 个方面 53 项指标。（见表 4-1）

表 4-1 蒂蒙斯的创业机会评价框架

框架	具体指标
行业和市场	1.市场容易识别，可以带来持续收入。 2.顾客可以接受产品或服务，愿意为此付费。 3.产品的附加价值高。 4.产品对市场的影响力大。 5.将要开发的产品生命长久。 6.项目所在的行业是新兴行业，竞争不完善。 7.市场规模大，销售潜力为 1 000 万到 10 亿。 8.市场成长率为 30%～50%甚至更高。 9.现有厂商的生产能力几乎完全饱和。 10 在 5 年内能占据市场的领导地位，达到 20%以上。 11.拥有低成本的供货商，具有成本优势
经济因素	1.达到盈亏平衡点所需要的时间在 1.5～2 年。 2.盈亏平衡点不会逐渐提高。 3.投资回报率在 25%以上。 4.项目对资金的要求不是很高，能够获得融资。 5.销售额的年增长率高于 15%。 6.有良好的现金流量，能占到销售额的 20%～30%。 7.能获得持久的毛利，毛利率要达到 40%以上。 8.能获得持久的税后利润，税后利润率要超过 10%。 9.资产集中程度低。 10.运营资金不多，需求量是逐渐增加的。 11.研究开发工作对资金的要求不高

续表

框架	具体指标
收获条件	1.项目带来的附加价值具有较高的战略意义。 2.存在现有的或可预料的退出方式。 3.资本市场环境有利，可以实现资本的流动
竞争优势	1.固定成本和可变成本低。 2.对成本、价格和销售的控制较强。 3.已经获得或可以获得对专利所有权的保护。 4.竞争对手尚未觉醒，竞争较弱。 5.拥有专利或具有某种独占性。 6.拥有发展良好的网络关系，容易获得合同。 7.拥有杰出的关键人员和管理团队
管理团队	1.创业者团队是一个优秀管理者的组合。 2.行业和技术经验达到了本行业内的最高水平。 3.管理团队的正直廉洁程度能达到最高水准。 4.管理团队知道自己缺乏哪方面的知识
致命缺陷问题	不存在任何致命缺陷问题
个人标准	1.个人目标与创业活动相符合。 2.创业家可以做到在有限的风险下实现成功。 3.创业家能接受薪水减少等损失。 4.创业家渴望进行创业这种生活方式，而不只是为了赚大钱。 5.创业家可以承受适当的风险。 6.创业家在压力下状态依然良好
理想与现实的战略差异	1.理想与现实情况相吻合。 2.管理团队已经是最好的。 3.在客户服务管理方面有很好的服务理念。 4.所创办的事业顺应时代潮流。 5.所采取的技术具有突破性，不存在许多替代品或竞争对手。 6.具备灵活的适应能力，能快速进行取舍。 7.始终在寻找新的机会。 8.定价与市场领先者几乎持平。 9.能够获得销售渠道，或已经拥有现成的网络。 10.能够允许失败

（2）刘常勇的创业机会评价框架（见表 4-2）。

表 4-2　刘常勇的创业机会评价框架

框架	具体指标
市场评价	1.是否具有市场定位，专注于具体顾客需求，能为顾客带来新的价值。 2.依据波特的五力模型进行创业机会的市场结构评价。 3.分析创业机会所面临的市场的规模大小。 4.评价创业机会的市场渗透力。 5.预测可能获得的市场占有率。 6.分析产品成本结构
回报评价	1.税后利润至少高于 5%。 2.达到盈亏平衡的时间应该低于 2 年。 3.投资回报率应高于 25%。 4.资本需求量较低。 5.毛利率应该高于 40%。 6.新企业能否在市场上创造战略价值。 7.资本市场的活跃程度。 8.退出和收获回报的难易程度

二、商机与创业项目的选择

（一）商机

商机（含市场因素），就是在创业活动中能给企业和创业者带来营利性的客观存在的市场需求，是一种能够让个人获得利润（赚钱）的合法机遇。商机有现实商机和潜在商机之分。

怎样对待商机：成功的创业者都是寻找商机的高手，善于透过事物现象看到本质。善择良机，当机立断，不失一个好的机会。平庸的人等待商机，聪明的人抓住商机，卓越的人创造商机。

1. 商机涉及的 3 个中心点

（1）商机是创业的关键环节，如何挖掘商机。创业的一般程序：创业准备→寻找商机→选择项目→项目可行性研究→资金筹措、政策、攻关→（团队）组织及人力管理→项目开发→项目实施或开业（生产或服务）→市场营销。

（2）把握商机及谋略。

（3）如何选择、评价创业项目。

2. 挖掘商机

（1）从国家政策和重大热点领域寻找商机，如海南的开发、两型社会①的建设、奥运商机、世博商机、绿色商机等。

（2）从身边的需求和问题寻找商机，如行业需求（化工、机械、电子等配套）、求职商机等。

（3）服务业商机，如电脑使用各类问题、网络服务（网站维护、自动化办公等）、旅游服务、小语种培训服务等。

（4）高科技商机，产品及工艺开发，如中医药、技术服务。

（5）创意商机（点石成金），文化产品创意及知识经济创意，如影视书籍、电脑软件、音乐、表演艺术、图书设计、旅游品设计、艺术品创作交易、影视制作、传媒代理、广告设计、室内设计、平面设计、工业设计、服装设计、游戏设计、饰品设计、手工艺设计、计算机软件设计、程序编写、动漫设计与制作等艺术等。

（6）创意开店 DIY（Do It Yourself）。DIY 是一种新消费理念，其卖点不是产品本身，而是制作产品的过程。对消费者来说，能将自己的创意变为现实，体验创新的快乐，如陶吧、银饰吧、十字绣小屋、纸艺店、手工玩具店、毛线编织吧、水晶花作坊等。

（7）个性化商机。年轻人喜欢标新立异，追求时尚、独特、新颖，与众不同。如个性化店铺、幼儿教育、特色美容、宠物美容、香熏美容等。

3. 把握商机及谋略

（1）把握商机。

① 字里行间抠商机。从报纸、杂志、网络（死的文字，活的商机）中找寻商机。

② 情报收集获商机，如小霸王学习机。

③ 道听途说追商机，如淘金潮中贩卖饮用水。

（2）适应环境。

① 细微处见商机，如温州皮鞋、打火机、眼镜、服装、发廊等。

② 变化中求商机，如日本花王公司化妆护肤、洗涤。

③ 有心人得商机，如江苏好孩子童车。

（2）谋略：审时度势，蓄势而发。

① 积极准备，积蓄力量。

② 择机而行，乘势而下：化问题为机遇。

---

① 两型社会指资源节约型社会、环境友好型社会。

③ 随机应变，因势利导。

④ 逆向思维觅商机：揭短第二、注重冷门。如日本尿布、不雷同的金利来领带。

⑤ 知己知彼谋商机：日本小轿车。

⑥ 胆识过人夺商机。

4. 避免各种误区

（1）避免目标误区。

① 消费群体忘不得；

② 热门需求热不得；

③ 零次信息丢不得。

（2）避免心理误区。

① 习惯思维；

② 盲目乐观；

③ 急于求成。

（3）避免价值误区。

① 投机经营；

② 违法经营；

③ 短视经营。

（二）创业项目的选择

1. 选择创业项目的原则（见图 4-2）

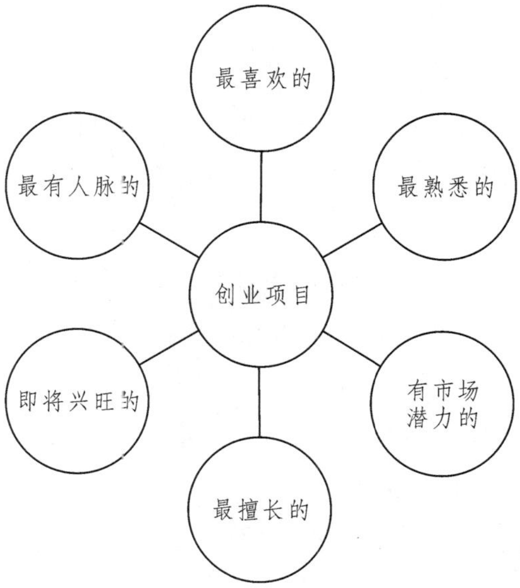

图 4-2　选择创业项目的原则

（1）做自己最擅长的事。

首先需要认真地分析自己的特点，找出自己最擅长的事，扬长避短。

（2）做自己最喜欢的事。

孔子说："学之者不如好之者，好之者不如乐之者。"

做自己喜欢的事，会废寝忘食、不知疲倦、乐在其中。

【案例 4-4】做自己最喜欢的事

吴某在大学毕业后，先后换了 7 个工作，都感觉不是自己要做的事，最后他决定自主创业。他选择的项目是开办一个电子商务网站——全球制造网。虽然这个项目是他喜欢的，但这时的他，一无资金，二无技术，亲戚和朋友也没有可以帮助他的人，何况当时已经有了马云的阿里巴巴网站，最初的困难可想而知。

他开始利用电话黄页上的信息，对上边的登记电话和地址的公司进行地毯式宣传和推销。几个月下来，不仅没有拉到一个 VIP 客户，反而为房租和员工工资发愁，欠了一屁股的债。这时，好多人劝他放弃，但是他坚决要坚持做下去。为了争取 HY 公司这个大客户，他一次次登门，一次次被拒绝。

最后他争取到一个给这家公司的管理层讲课的机会。对方说，如果他的课可以打动在座的管理者，他就可以拿到这个合作的机会。但是，在他讲课的时候，听课的人竟然有的都睡着了。面临这样的挫折，公司里的员工也劝他放弃。但是，吴某再一次分析了失败的原因，又在众人的反对声中，去说服这家公司。最后，吴某锲而不舍的精神，终于打动了 HY 公司的老总，成为 VIP 用户。仅 HY 公司一家，一年的订单就有 480 万元。正是无数次的不放弃，使他最后成为赢家。

（3）做自己最熟悉的事。

做生意的人常说一句话："不熟不做。"意思就是说，如果有 10 个人做同样的生意，如果只有一个人挣钱的话，一定是那个最熟悉的人。

（4）做自己最有人脉的事。

人们说："一个好汉三个帮""孤木不成林"。美国著名成功学大师卡耐基说过："成功依靠的是 15%的专业知识和 85%的人际关系。"

（5）做未来即将兴旺的事。

孔子说："君子应趋吉避凶""识时务者为俊杰"。顺势而为，才是明智的选择。

（6）做目前最有市场潜力的事。

在创业路上，往往是只有 20%的人在做的事，才有机会；而 80%的人都在做的事，往往已经没有市场机会了。

2. 创业项目选择的方法

（1）把握市场需求，细分需求定位。

如：汽车市场的细分，支付宝、淘宝商城等不断细分市场需求。

（2）了解市场空白。

（3）了解人们生活中的困难。

如：爱迪生发明的电灯、电话、留声机，“打工皇帝”唐骏发明的 KTV 自动打分软件。

（4）了解产品的市场生命周期，不要盲目跟风。

如：看到猪肉市场的热销，可以生产猪饲料。

（5）进行市场调查和分析。

（6）关注政策法规。

受政策鼓励的朝阳行业有低碳、环保、网络技术、软件信息、新材料、新能源、机电一体化、生物医药、精细化工、科技型小企业等。

（7）结合大学生资金、经验不足，可供选择的项目包括：投资不多的劳动密集型行业，如服装、食品加工、印刷包装、工艺品等信息、咨询、培训、广告、家政、保健、快递；绿色环保等公益类行业。

（8）立足实际，从小做起。

【案例 4-5】把小生意做成大事业

吴某开始创业时，选择的都是一些大多数人认为可以发大财的项目，但是，他几经坎坷，不仅没有赚到钱，还亏空了十几万的创业资金。但他并没有一蹶不振，而是每天都去沈天智老人的炸臭豆腐的摊位前，一蹲就是半天。原来他发现，这位老人的炸臭豆腐拥有很多的回头客，生意非常兴隆。经过多日的观察之后，他就决定拜沈老先生为师，学习制作臭豆腐的技术。沈老先生拒绝收他为徒，就连沈家的儿子也反对他学这个。现在的年轻人，谁会去学这个？但是，只有吴某本人，坚定地认为这个可行，并且还跟亲戚朋友借了一万元当学费，要沈老先生教他制作臭豆腐。沈老先生被他的真诚打动，就把自己 60 年制作臭豆腐的技术毫无保留地教给了他。

吴某学会制作臭豆腐以后，没有像沈老先生那样，摆摊炸臭豆腐，而是在浙江省上虞市（今上虞区）开了全国第一家臭豆腐专卖店，并起名为“六十年老磨坊”。因为口味地道，价格便宜，仅仅 5 分钱一碗，因此顾客盈门，生意非常火爆。但是，吴某的雄心不仅仅是开一家这样的臭豆腐店，他又从浙江绍兴开始，搞起了特许经营，在全国开起了臭豆腐连锁店。吴某终于实现了自己的梦想，成为一个成功的企业家。吴某用超人的智慧和胆略，把小生意做成了大事业。

【案例 4-6】一美分垒起的大富翁

在 20 世纪 80 年代末，美国斯坦福大学有一名叫默巴克的普通学生，他利用闲暇时间承包了学生公寓的打扫工作。第一次打扫学生公寓时，默巴克在墙角、沙发缝、学生床铺下面扫出了许多沾满灰尘的硬币，这些硬币有 1 美分、2 美分和 5 美分的。默巴克将这些硬币还给同学时，谁都没有表现出丝毫的热情。

此后，默巴克给财政部和央行写信，反映小额硬币经常被人丢掉的事情。财政部很快给默巴克回了信，信上说："每年有 310 亿美元的硬币在全国市场上流通，但其中的 105 亿美元正如你所反映的那样，被人随手扔在墙角和沙发缝中睡大觉。"看到这样的回信，如果换作一般人也许只会发出一声感叹，之后也就不了了之。但默巴克的脑子里却偏偏冒出了这样一个想法：如果能使这些硬币流通起来，利润该多么可观！

两年之后，默巴克从斯坦福毕业了，他很快成立了自己的"硬币之星"公司，推出了自动换币机，与一些连锁超市建立合作关系，共同经营换币业务。这样一来，顾客只要将自己手中的硬币投入换币机，机器就会自动点数，打印收条，顾客可以凭收条到超市服务台领取纸币现金。而自动换币机会收取 9%的手续费，这笔费用由默巴克与超市按比例分成。

只用了短短 5 年时间，默巴克的公司就在美国 8 900 家主要连锁超市中设立了 10 800 台换币机，并成为纳斯达克的上市公司。默巴克也从一个一文不名的穷小子，变成了万人瞩目的大富翁。

资料来源于 https://wenku.baidu.com/view/57ea92de4531b90d6c85ec3a87c24028905f8591.html。

任务二　创业团队建设

谁若认为自己是圣人，是埋没了的天才，谁若与集体脱离，谁的命运就要悲哀。集体什么时候都能提高你，并且使你两脚站得稳。

——奥斯特洛夫斯基

一滴水飘不起纸片，大海上能航行轮船和军舰；一棵孤树不顶用，一片树林挡狂风……这就是团队精神重要性力量的直观表现，是笔者所理解的团队精神，也是团队精神重要之所在。一滴水只有放进大海里才永远不会干涸，一个人只有当他把自己和集体事业融合在一起的时候才能最有力量。

一、团队概述

（一）团队的内涵

团队（Team）是由基层和管理层人员组成的一个共同体，它合理利用每一个成员的知识和技能协同工作，解决问题，达到共同的目标。

团队的构成要素可总结为5P，分别为目标（Purpose）、人（People）、定位（Place）、权限（Power）、计划（Plan）。

目标：团队应该有一个既定的目标，为团队成员导航，知道要向何处去。没有目标，这个团队就没有存在的价值。

人：人是构成团队最核心的力量，2个（包含2个）以上的人就可以构成团队。目标是通过人员具体实现的，所以人员的选择是团队中非常重要的一个部分。

定位：团队的定位包含两层意思，第一，团队的定位。团队在组织中处于什么位置，由谁选择和决定团队的成员，团队最终应对谁负责，团队采取什么方式激励下属？第二，个体的定位。个体成员在团队中扮演什么角色？是制订计划还是具体实施或评估？

权限：团队当中领导人的权力大小跟团队的发展阶段相关，一般来说，团队越成熟领导者所拥有的权力相应越小。在团队发展的初期阶段，领导权相对比较集中。

计划：一方面，目标最终的实现，需要一系列具体的行动方案，可以把计划理解成目标的具体工作的程序；另一方面，提前按计划进行可以保证团队的进度顺利。

（二）优秀团队

1. 选择一个优秀领导的重要性

好的领导懂得知人用人，选择合适的合作伙伴并安排到相应的工作岗位；好领导决定了团队的文化，领导作风会影响团队作风；好领导给员工指明方向，能够明确团队目标，并将团队目标和成员目标很好地结合起来；好领导带领成员共同成长，团队取得成果是每个人共同努力的结果。一个团队能够取得成功，离不开领导人自身的魅力带给每个成员的动力。优秀的领导人就是团队最稳的掌舵人，指挥着团队向正确的目标前进。

2. 共同的志向

团队的每位成员有共同的志向，才能在前进的过程中拧成一股绳。一旦出现了问题，也有人愿意做出让步，利于问题的解决。共同的志向容易形成相同的观念，形成互帮互惠的团队氛围。

团队成员性格各异，差异是绝对存在的，产生意见分歧时是非常正常的事，但是在不同意见中寻找共同之处，从而达成统一，需要所有成员众志成城。而共同的志向是大家努力消除分歧，寻找达成目标的正确方法的最强动力。

3. 才能和性格的互补

要实现团队的目标，需要相应的资源和技能。团队中成员拥有的才能越多，才能找到更多、更高效的解决问题的方法。性格的互补，有利于分工协作，将合适的人放在合适的岗位上，才能发挥出他最大的潜能。

每个成员在团队中都是不可缺少的存在，每个位置需要的人的能力是不同的，性格各异的人在团队中能促进团队的合作，增加沟通，相互结合，才能推动整个团队前进。

4. 资源的共享

每个成员能够最大限度地发挥和利用自己身边的人、财、物的资源，来实现团队的目标。这样团队才能最大限度地集合周围可用的资源，构成团队目标实现和提升的物质基础。

资源共享，并由现有资源衍生出新的资源，将所有资源融合，会有超越期望的效果，从而最大限度地利用可利用的资源，为目标的成功提供最可靠的保障。

二、团队成员的来源

（一）身边的朋友

在大学生创业初期，团队的成员大多来自身边有共同爱好的朋友。朋友的好处是，相处更融洽，更容易沟通，也容易达成一致意见。缺点是，朋友往往都有相似性，在资源和性格上容易重叠，不利于团队的多元化，不能给团队带来更多利益。

在创业之初，这种团队会为了共同的理想努力奋斗，相互协作，常常会为了集体的利益而放弃个人的利益，迸发出超出预期的能量。但是创业的过程并非一帆风顺，在创业中不管是遇到了大的困难，还是取得了成功，当利益这个现实的问题摆在他们面前时，友谊就要受到严峻的考验。当大家的心不往一处使时，团队就会分崩离析。所以在合作创业之初，就应该做好相应的利益分配和责任的承担制度，不管成败与否，都不会影响彼此的友情。所以在和好朋友共同创业时，一定要把握好尺度，共渡难关，共享富贵。

（二）熟人的介绍

大学生创业团队，还有一类是通过朋友的朋友认识新的朋友圈。年轻人好交友，有较大的社交圈，学长学姐、学弟学妹、高中的校友，在大学都是很好的人脉资源，只要愿意交流，一旦达成一致意见，就能成为很好的合伙人。

（三）父母关系

创业之初是最困难的时期，有些大学生创业是受到家庭产业的影响，可以适当地利用自己家庭的人际关系，为创业寻找可利用的资源。这样的资源往往都能带来丰富的管理经验和较丰富的资本，可以让团队少走弯路。

（四）学校老师介绍

在鼓励学生创新创业的这个大环境下，当学生有好的创业项目时，学校会给予全力的支持。创新创业不紧是学生的成长，也是老师和学校的成长。所以有好的创业项目时，在遇到困难的时候，不要害怕，可以向学校和老师求助，获得技术和资金的支持。只要项目做出来，团队能够坚持，学校的老师会尽力利用学校资源帮助学生渡过创业难关，也会通过自己的人脉资源帮团队寻找能对团队提供帮助的人。

（五）投资人介绍

投资人对项目感兴趣，有可能只是提供财物投资，也有投资人在团队薄弱的环节给予一定的人员支持，帮助团队成员的优化。

投资人一般都是一个行业中的成功人士，有一定的经验、资金和人脉，对团队的项目所在的市场环境都比较熟悉，对团队的弱点和不足也有非常独到的见解，所以介绍的合作人都是能给团队提供关键帮助的专业人才，团队可以把握机会让专业人才加入团队，使自己的团队快速成长。

三、团队文化建设

（一）团队文化建设的作用

团队文化是指团队成员在相互合作的过程中，为实现各自的人生价值，并为完成团队共同目标而形成的一种潜意识文化。团队文化是社会文化与团队长期形成的传统文化观念的产物，包含价值观、最高目标、行为准则、管理制度、道德风尚等内容。团队文化对团队有极大的积极作用。

1. 凝聚力

团队以全体员工为工作对象，通过宣传、教育、培训和文化娱乐、交心联谊等方式，以最大限度地统一员工意志，规范员工行为，凝聚员工力量，为团队总目标服务。

2. 明确目标

团队文化是团队总体目标的理念化，促使成员形成一种思想观念，从而知道员工平时的行为动作。通过这样一个过程，员工不管做什么都能以达到团队目标为第一任务。

3. 提升士气

提升团队文化，可以形成团队精神。团队精神就是团队成员共同认可的一种集体意识，是显现的团队成员的工作心理状态和士气，是团队成员共同价值观和理想信念的体现，是凝聚团队、推动团队发展的精神力量，可以极大地鼓舞成员士气，给予成员归属感。

（二）团队文化建设措施

1. 选好优秀的团队领导

团队的领导有两类：先锋型领导和赤字型领导。前者往往会身体力行，试图通过榜样的力量给团队成员灌输同样的品质。后者强调的是领导要善于对薄弱环节进行补差，团队缺乏活力，他就提供活力，团队缺少控制，他就提供控制；前者强调对现有资源进行激发，后者强调为团队成员提供发挥才智的空间；前者突出领导对团队要求些什么，后者突出团队对领导要求些什么。

进入 21 世纪以来，组织结构的扁平化、知识更新的加速化倾向日益凸显，赤字型领导应当成为一种首选模式，注重去培养下属，鼓励和支持下属承担更为艰巨的任务。

2. 满足团队运转所必需的 4 个关联条件

一是团队内必须充满活力。活力可以通过员工的创造性、工作热情、和谐的团队氛围体现出来。二是团队内必须有一套为达到目标而设置的控制系统。三是团队必须拥有完成任务所需的专业知识（包括技术专业知识、关于运作方法的知识以及政治知识）。四是团队必须要有一定的影响力。特别是团队里要有部分不仅在团队内部有影响力，而且对团队以外的更大范围也有足够影响力的成员。

3. 加大团队管理上的授权

团队工作的宗旨就是委托与放权。一个普通的团队领导者必须经常性在权力下放与权力控制、指令式风格与协商式风格之间做出分析、判断、比较、抉择。以团队为基础的管理结构并不是指简单地摆脱权威体系的束缚，领导者的主要任务是学会改变组织内权力的运用方式，改变对员工的评估标准体系。

4. 给予团队管理充分的尊重

一是特定团队内部的每个成员间能够相互尊重、彼此理解，否则，一个团队将因无法运行而解散；二是组织的领袖或团队的管理者能够为团队创造一种相互尊重的氛围，确保团队成员有完成工作的自信心。人们只有相互尊重，尊重彼此的技术和能力，尊重彼此的意见和观点，尊重彼此对组织的全部贡献，团队共同的工作才能比这些人单独工作更有效率。

5. 成立成员间技能互补、角色分工的团队

团队内应该同时有 3 种不同技能的人：一是需要具有技术专长的成员；二是需要具有能够发现问题，提出解决问题的建议，并权衡建议做出比较性选择的决策技能的成员；三是需要若干能够协调解决冲突，处理人际关系的成员。无论缺少何种类型的人员，团队都不能高效运转。因此，要充分注意到个体能够给团队带来最大贡献的个人优势，并使工作分配与成员偏好风格相一致。

6. 培养团队的创新精神

一支具有创新精神的团队具备这样的特点：在团队风气上，能够容忍不同的观点，支持在可接受范围内进行不同的试验；在成员的忠诚程度上，人们愿意留在团队，共同拥有价值观，并愿意为此付出努力；在成员合作方式上，团队成员之间能够坦诚交流，互通信息。这样的团队要有一个长期的培养过程才能形成。

7. 支持和利用团队来实现组织的目标

一个积极的、运转灵活的团队不但非常清楚地了解自己的目标体系，而且还会积极主动地与组织的其他部门保持友好的合作关系。

8. 高度重视企业文化建设

团队赖以运行的组织文化是团队是否成功的关键因素之一。团队一个很大的特点是信任：一是团队成员间相互的高度信任，即团队成员必须彼此相信各自的正直、个性特点、工作能力；二是管理者对团队成员的信任，主要表现为组织过程中的透明度和公开性。

四、团队高效性维持

团队创建的初期，由于有共同目标和创业的热情，往往每个人都能竭尽所能为团队做出自己最大的贡献，保持非常高的工作积极性。过了一段时间后，随着创业工作的推进，各种矛盾爆发，团队很难维持较高的工作效率。所以应该采取一定的管理方法，维持团队运转的高效性，保持团队的工作能力。

（一）目标

目标要明确，适宜。目标不能太低，太低达不到激励作用；目标不能太高，太高容易让成员失去信心。

（二）沟通

沟通是有效传达信息的基础，通过沟通才能达成进一步的协作，消除误会，指导工作。管理层与团队成员之间健康的信息反馈也是良好沟通的重要特征。所以要建立起一个良好的沟通机制，保持信息在团队传递过程中的畅通性。

（三）信任

信任是每个成员对其他人的品行和能力都确信不疑，只有成员、领导之间相互信任，才能提高合作的效率，才能让团队发挥出更大的潜力。

（四）制度

制度一般指要求大家共同遵守的办事规程或行动准则，也指在一定历史条件下形成的法令、礼俗等规范或一定的规格。制度是团队成员行为的基本指导，是团队目标实现的基础保证。

（五）奖惩

制度和奖惩办法结合在一起，才能起到相应的管理作用，才能更好地约束成员的行为，并起到激励作用。

（六）文化

一个团队有了优秀的文化，才能更好地统一成员的思想，形成凝聚力。一个有凝聚力的团队才会有更高的工作效率。

（七）授权

团队目标的实现需要合作，合作需要成员配合。充分的授权才能发挥成员的主观能动性，才能最大限度地发挥员工的潜能。

五、团队组建训练

活动一：扑克分组

目的：分组。

材料：一副扑克牌。

活动程序：

（1）指导者给每一位学员发一张扑克。这张扑克的花色只有他本人知道，不可以让他人看到。

（2）按照座位顺序依次上台用肢体语言来表达出自己的花色，其他学员也不可以提问。整个活动过程中所有人都不能说话。

（3）其他学员要认真观察，用肢体语言表达完自己的花色后，站在认为跟自己是同一花色的学员后面，站成一排。

（4）最后所有人都介绍完之后，看有没有人站错队伍。如果有，要为他的团队做一个贡献，形式和内容由该小组集体决定。

（5）确定好小组后，每个小组给自己的小组取个名字。

分享：（1）站错队的人，为什么会站错？（是自己对别人的理解不够还是别人表达得不够清楚。

（2）如果是表达不清楚的，说明沟通的准确性。

活动二：说出自己的烦恼

材料：A4 报纸若干张，中性笔若干只。

活动程序：

（1）小组成员围坐成一个圈，给每一位学员发一张 A4 的白纸。

（2）每位学员在白纸上写下自己近段时间最烦恼，或者最困难、最有压力的，并且不知道该如何解决的问题（记住白纸上不用写姓名，只需写问题）。

（3）指导者将小组的问题收上来，打乱顺序后，再发给小组成员每人一个问题，记住不能拿自己的问题。

（4）每个人在拿到的问题上面写下针对这个问题的建议和鼓励的话。写完后按顺时针方向传给下一位学员，当拿到自己的问题时，不用写，直接传递下去。

（5）所有学员都写好后，再由指导者将问题收上来，发给提问题的人。

分享：（1）分享大家给他的建议。

（2）分享自己得到大家关心和帮助的感受。

（3）与给他建议的人拥抱以示感谢。

任务三　创业环境分析

一、创业环境概述

创业环境分析是发现创业机会的基础，是进行创业可行性分析的前提。随时变化的环境，能给创业者带来机遇，也能给创业者造成威胁。创业者必须清楚宏观的、微观的及行业的等各种环境因素和发展趋势，以及对具体行业、企业的影响是限制性的还是促进性的。只有这样，创业者才能抓住机遇，成功创业。

（一）创业环境

1. 创业环境的概念

创业环境，是指围绕创业者的创业和发展的变化，并足以影响或制约创业行为的一切外部条件的总称。它一方面，指影响人们开展创业活动的所有政治、经济、社会文化诸要素；另一方面，指获取创业帮助和支持的可能性。

创业环境是这些因素相互交织、相互作用、相互制约而构成的有机整体。创业者的创业过程并不仅依靠某一方面的推动，也不仅是某一种因素作用的结果，它的运作需要环境各方面的支持。

2. 创业环境的特征

（1）整体性。

创业环境是一个由各要素相互作用、相互联系而组成的有机整体，创业环境的各要素也是相互联系、相互影响而存在的。创业环境具有整体性的特征，在研究创业环境的时候，应该运用系统的原则和方法，从整体的角度来考察创业环境，不能割裂各要素之间的联系，要从创业环境的整体角度去研究个体要素的表现。

（2）主导性。

在创业环境的各要素中，总有一个或几个要素在某一阶段的发展中居于主导地位，即在创业环境这个整体中规定和支配着其他要素。因此，对主导要素的研究具有特别重要的意义。

（3）可变性。

区域环境和创业环境都是不断发展变化的，这些变化包括经济结构的调整、政治制度的优化、市场需求的变化、消费水平的提高等。这些都极大地影响着创业环境，使创业环境始终处于不断变化的过程之中，并且逐步趋于完善。

（4）差异性。

差异性是指地区的差异。创业环境是个空间概念，所在的区域不同，内容也不尽相同。区域政治、经济、文化等方面的差异，决定了创业环境的地区差异。

（二）创业环境的分类

创业环境可以从多个角度进行分类，基本的分类如下：

1. 按创业环境的构成要素分类

从宏观层次看，创业环境可以分为经济环境、政治法律环境、科技因素、商务环境、教育环境、社会文化环境以及自然环境等几个方面。

2. 按创业环境的层次分类

创业环境是有层次的，形成一个分级系统。宏观环境指一国或一个经济区域范围内的创业环境；中观环境是指某个区域或城市、乡镇的创业环境等；微观环境是指企业的文化氛围、团队合作精神、创新精神等。

3. 软、硬环境之分

硬环境是指创业环境中有形要素的总和，如有形基础设施、自然区位和经济区位；软环境指无形的环境要素总和，如政治、法律、经济、文化环境等。

硬环境是创业的物质基础，软环境在创业过程中变得越来越重要。而且在一定时期内，硬环境的变化是有限度的，而软环境的改善能够弥补硬环境的缺陷，提高硬环境的效用，最终成倍提高整体环境的竞争力。

二、创业环境分析的意义和方法

创业环境分析的目的在于使创业者能适应市场环境，寻找成功的创业机会。因而，创业者必须利用相应的分析方法对创业所面临的创业环境进行分析和评价。

（一）创业环境分析的意义

创业环境的基本要素对创业活动产生了重要的影响，促进了创业机会的产生和创业能力的增强。创业机会与创业能力相结合，就会产生创业活动，创业总是在一定的政策环境和市场环境中进行的。创业者必须对环境有深刻的了解，并采取相应的对策，才有利于保证创业成功。具体的意义体现在以下 3 个方面。

1. 通过研究创业环境，指导创业

创业活动可以被看成是一个开放的系统，创业活动和其所处的环境是相互作用、相互影响的。创业者获取资源以及在市场上竞争都离不开其所处的环境。通过对创业环境的研究，了解创业环境为什么能影响创业活动，从而为创业者评估自己的创业能力和环境因素提供一定的理论参考。

2. 通过研究创业环境，规避创业风险，提高创业的成功率

创业者创业活动的成功率在整个世界范围内都不高。出现这样的结果，除了创业者自身的能力有限、创业资金不足等因素外，更重要的是创业环境的影响，如政府服务意识不强、法制环境不健全、社会服务化程度低等。所有这些都严重影响创业企业的生存和发展。因此，通过对创业环境的研究，阐明创业环境是如何影响创业活动的，可规避创业风险，提高创业的成功率。

3. 通过研究创业环境，完善社会服务功能，建立有效的创业环境支持体系

创业环境对创业的影响最终表现在创业的成功率上。在创业的过程中，一部分创业者成功了，更多的创业者失败了。分析其深层次的原因，主要是创业环境的各个方面对创业活动的影响程度较大。并且不同的因素对创业的影响程度不同，同一环境因素在创业的不同阶段，也会产生不同的影响。因此，正确评估创业环境的影响程度，可以完善社会服务功能，从而建立有效的创业环境支持体系。

（二）如何正确认识创业环境

1. 融资分析

通常创业启动资金有 6 种来源：个人投资、朋友借款、合伙投资、银行贷款、政府支持、风险投资。基于大学生经济基础薄弱、社会经验少、人际资源小、能力有限等特点，资金来源的多少和获取难易度都因此受到影响。

2. 市场分析

目标市场定位与竞争战略是创业前战略思考的重中之重，创业者首先要弄清商

机在哪里？自己的市场在哪里？自己能从现有的或潜在的竞争对手手里赢得多少市场份额？如何实现？

为避免盲目创业，创业者必须对创业方向以及创业项目进行深入细致、全面、客观的市场调研。只凭创业者自己的主观臆断或片面了解做出决策，往往会导致创业失败。市场调研包括对市场现状、市场进入门槛、客户群体特征、市场规模、市场需求、成长性等各种因素的调查和分析。只有掌握了客观、充分的资料，创业项目的选择、市场定位、明确产品或服务、市场营销决策等才能有据可依。

3. 资源分析

在创办企业前，为了充分利用各种有效资源，还应就人脉资源、产业优惠政策、外部环境资源等方面的资源进行整合，从而思考企业定位。

（1）人脉资源整合是资源整合中的重中之重。整合到大量有效的人脉资源就意味着吸引到更多的人才、资本、技术等。

（2）利用产业优惠政策资源。要对现阶段相关的国家政策、区域政策进行认真的解读和充分的利用，分析其中是否有行政审批、免费资源、资金扶持等方面的优惠政策和资源。

（3）分析外部环境资源。根据企业特点，了解周边环境对创业有哪些有利帮助，当地的基础设施条件、人力资源供应条件、政策环境条件如何？有无政策咨询、融资渠道、技术专家、营销顾问等社会资源可用等。

（三）创业环境分析的方法

SWOT 分析模型即态势分析法，于 20 世纪 80 年代初，由美国旧金山大学的管理学教授韦里克制定，适用于从企业内部和外部收集资讯，分析市场环境、竞争对手，并制定企业战略。（见图 4-3）

图 4-3　SWOT 分析模型

三、影响创业的宏观环境因素

宏观环境对企业的影响作用是间接的，但其影响也是巨大的，因为这些因素是企业无法控制的。因此，创业者必须了解或熟悉相应的宏观环境因素，以适应环境，把握机遇。

（一）政治环境

与创业活动密切相关的政治环境，主要包括政局、国家政策等，它们是企业生存发展的前提条件之一。

1. 政局

政局是指某一国家的政治制度、外交政策、战争、执政党更换、政府更迭、要员更迭、政策巨变、社会治安恶化、罢工、暴乱、压力集团活动、民族矛盾以及社会动乱等情况。

2. 国家政策

国家政策是任何一个企业都必须遵守的准则。当国家在一定范围内调整或改变某项政策时，企业要相应调整经营目标和策略，因为政策分析是制定企业发展规划的基础。

（1）政策持续性分析。

政策持续性包括政策的稳定性和政策变化趋向的一致性两个方面。各种政策总有一定的稳定性，创业者应对各种政策的稳定性做出合理的预期，以便更好地在国家政策允许的范围内从事创业活动。但由于各种条件总在不断地变化，政策的制定者会根据变化的环境重新制定政策或及时调整、修订政策，因而各种政策总有一定的变动性。创业者应对各种政策的变化趋向，做出合理的预期，分析各种政策是否会一直向着有利的方向发展。

（2）信贷政策。

创业往往离不开银行的贷款支持，即使大型跨国公司也需要向银行贷款。任何企业总有资金周转不畅的时候，市场机遇常常需要迅速集中投入，因而国家和银行对待大众创业的信贷政策会直接影响企业创业成功。

（3）税收政策。

税收政策对于吸引投资、鼓励创业、保护创业和促进经济发展有重要作用。为了鼓励大众创业和保护大众创业，发达国家普遍实行优惠的税收政策，以减轻他们的创业风险。

（4）财政补贴。

为了鼓励中小企业发展，政府不仅采取优惠的税收政策——少收税，而且通过财政补贴方式，以税养企业。

（5）技术创新政策。

技术创新政策对于促进科技人才创业、促进中小企业技术创新有着重要的作用。

① 孵化支持。建立企业孵化器是鼓励技术创新的重要措施，也是技术创新政策的体现。所谓企业的孵化器就是协助创建高新技术企业的系统，由政府给予资金、技术、人力、物资等多方面的支持，以求把高新技术企业迅速有效地培育起来。企业孵化器有助于将科研成果尽快转化为生产力。经济发达国家的科技成果转化率达到了 50%左右，美国硅谷的转化率高达 70%以上。

企业孵化器分为以下 4 个级别。

一级孵化：又叫项目孵化，孵化对象是高新技术的研发成果，目的是使科研成果商品化、产业化，创建新的中小型高新技术产业。

二级孵化：又叫企业孵化，孵化对象是培育成功的中小科技型企业和创业者。

三级孵化：又叫大孵化，从二级孵化阶段进入科技园区向大型科技企业发展。

四级孵化：又叫跨国孵化，通过高新技术园区的国际企业孵化器及其海外孵化基地，孵化成外向型高新技术企业，引入在国外尚未产业化的高新技术，实现跨国经营。

企业孵化器与企业是一种有偿服务的关系，企业进驻孵化器后，双方签订孵化协议，互相制约。在创业中心有条件和双方自愿的条件下，创业中心可以参股。创业中心也可以自我孵化，创办企业。

② 法规支持。国家为了支持创办高新技术产业，促进高新技术成果转化，出台了《中华人民共和国科学技术进步法（2007 修订）》和《中华人民共和国促进科技成果转化法（2015 修订）》。鼓励科研机构和科研成员以多种方式转化高新技术成果，可以自办企业，也可以将成果作为资本向其他企业投资，作价可达企业注册资本的35%。

③ 财政支持。为了扶持和促进高新技术企业成长和发展，我国制定了《关于科技型中小企业技术创新基金的暂行规定》。创新基金来自中央财政拨款及其银行存款利息。根据中小企业和项目的不同特点，创新基金采取不同的资助方式：一是贷款贴息；二是无偿资助。

（二）社会环境

社会环境包括人口结构、社会文化环境等。

1. 人口结构

人是市场的主体，是企业经营活动的基础和最终对象，人口的变化意味着市场规模的变化、市场结构的变化。人口总数及其增长速度决定了潜在市场和现实市场的规模，但居住不同地区的人群，由于地理环境、气候条件、自然资源、风俗习惯的不同，消费需求的种类和数量也不尽相同，购买习惯与行为也存在差异。同样，年龄结构不同，对商品和服务也会产生不同的需要，形成各具特色的市场；性别不同，需求也就不同，而且购买习惯与行为也有很大差异。

2. 社会文化环境

任何企业的经营活动都必须处于一定的社会文化环境中。所谓社会文化环境，是指一个国家、地区或民族的传统文化，通常由价值观念、信仰、风俗习惯、行为方式、社会群体及相互关系等内容构成。社会文化环境是影响人们欲望和行为的重要因素。人们在不同的文化背景下生活，建立起不同的观念和信仰，遵循不同的行为规范，因而也具有不同的购买理念，从而导致不同的购买行为。企业只有全面了解社会文化环境，认真、准确地判断和分析消费者所处的社会文化环境，才能较准确地把握消费者的需求，从而正确选择自己的目标市场。

（三）科技环境

科技环境包括社会科技水平、社会科技力量、国家科技体制、国家科技政策和科技立法，它们直接或间接地影响创业活动以及新创企业的生产经营。因为科学技术的发展决定社会生产力水平，一种新科技的出现，必然导致新的产业部门的出现，使消费对象的品种不断增加，范围不断扩大，进而使消费结构发生变化。

（四）自然环境

创业者考察自然环境的目的是要分析周围的环境及资源是否适合创业项目的发展，能否提供该行业所需的资源条件。同时，随着人们环保意识的增强，可持续发展已成为全球关注的战略问题，许多国家或地区已经制定了相关的环境保护法。因此，创业者必须顺应可持续发展战略的要求，在生产经营中保证不破坏自然环境、不浪费资源，以实现企业利益、消费者利益、社会利益及生态环境利益的和谐统一。

（五）法律环境

法律是市场经济条件下规范企业经营行为的准则，国家的法令法规，特别是关系到经济活动的立法，不仅规范企业的行为，而且会使消费需求数量和结构发生变化，能鼓励或限制某些产品的生产和销售。在我国，司法均以法律、法规、规章为依据，判例不是法律，没有普遍的约束力，但具有较强的参考意义，尤其是最高人民法院公布的判例。对于新创企业而言，首先，要了解我国的基本法律环境，如《中华人民共和国公司登记管理条例（2016）》等工商管理法规、规章，了解《中华人民共和国合同法》《中华人民共和国担保法》《中华人民共和国票据法》《中华人民共和国知识产权保护法》等基本民商法律以及行业的管理规章。其次，创业者不仅要熟悉我国的法令法规，而且要了解相关国际贸易规则与惯例，在与外国资本进行生产、经营、投资合作时，要了解所在国的反垄断法、反倾销法、劳动法及有关产品安全等方面的法律规定。

（六）行业环境

不同的行业由于所处的发展阶段不同，行业特征以及经济特性都是不同的。这些特性将直接决定企业所选择进入的行业，以及所要生产的产品能否为企业带来可观的利润，甚至关系到企业的生死存亡。行业分析的目的在于通过了解行业基本竞争情况及潜在的发展机会，以便创业者做出正确的投资决策，尽量避免投资失误和资源浪费。

1. 行业生命周期

每一个行业发展所经历的周期可以分为 4 个阶段：孕育阶段、成长阶段、成熟阶段和衰退阶段。从本质上看，行业的生命周期是由该行业生产所使用的关键技术的成熟程度决定的，而技术同样也具有生命周期，从萌芽、生长、成熟至老化。对创业而言，不同的行业发展阶段所带来的机会和威胁是不同的。

（1）孕育阶段。

此时，行业生产的关键技术尚处于研制过程中，消费群体不明确且规模很小。在这个阶段，存在大量的创业机会，先进入者拥有制定行业、生产、技术标准的优势，但同时也存在很大技术风险、市场风险。

（2）成长阶段。

在该阶段的前期，行业刚刚形成，现有企业的规模小、产品少，但给创业者的机会多。随着关键技术逐渐成熟，企业纷纷进入，行业规模迅速扩大，投放到市场上的产品数量大、品种多。由于这一阶段的市场需求增长较快，所以带给创业者较多的机会。

（3）成熟阶段。

这一阶段是行业稳定发展的阶段，企业间竞争激烈，实力弱的企业或被兼并或被淘汰出局，实力雄厚的大企业拥有较高的市场占有率。由于已趋于稳定需求，因而这一阶段留给创业者的机会十分有限。

（4）衰退阶段。

这一阶段是行业逐渐消亡、衰落的阶段，许多企业纷纷退出，由于市场需求下降，原有产品逐渐被新产品替代。这一阶段的市场机会微乎其微，创业者应尽量回避。

2. 行业壁垒

创业者进入一个行业之前，必须对进入这一行业的障碍有所把握。一个行业的进入壁垒越大，潜在进入者就越难进入。影响或阻碍潜在企业进入的行业壁垒主要有以下方面。

（1）规模经济。

无论进入哪一行业，创业项目都必须具备相应的生产规模，否则难以达到一定的盈利水平。

（2）产品差异。

产品差异是顾客对某产品所形成的消费偏好。如果存在诸如品牌偏好、风俗偏好或口味偏好这样的产品差异，新进入企业要耗费大量的成本费用进行品牌建设、产品定位、广告宣传等工作，以建立新的差异，改变顾客对原有品牌的忠诚度。不然，企业将无法销售其产品，甚至会导致亏损。

（3）顾客品牌转移难度。

顾客品牌转移难度指顾客对老品牌的信任和偏爱的程度。顾客对于熟悉品牌的依赖程度越高，就越难接受新品牌或根本不进行尝试，这样的行业是难以进入的。

（4）所需投资量的大小。

进入某一行业所需的投资量的大小，除由行业最低经济规模和合理经济规模决定之外，还由该行业技术复杂程度决定。一个行业所要求的生产经营技术越复杂、技术难度越大，则进入的企业在开发新产品、试制生产和商品化工作方面需要的费用也就越多。所需投资越大，该行业就越难进入。

（5）转换成本。

转换成本不仅包括进入一个新的行业在固定资产、工艺设备的改造和原材料供应转换以及新员工培训等方面所花费的费用，而且包括心理转换成本。所谓心理转换成本，是指新进入企业往往需要比现有企业提供更好的产品、更低的价格，或者给予顾客更多的免费服务项目，否则难以使顾客接受新产品。心理转换成本越高，该行业就越难进入。

（6）销售渠道限制。

如果进入一个行业不能利用原有的销售渠道，就必须花费一定的费用建立新的销售渠道。这方面的费用越高，该行业越难进入。

（7）资源的稀缺性。

如果某一行业所使用的资源，如原材料、劳动力、设备等供应充足，就比较容易进入，相反，在资源短缺的行业，新企业的加入则意味着该行业的资源更加短缺。这种稀缺性越强，该行业就越难进入。

（8）技术进步速度。

技术进步速度将直接影响产品的生命周期，而企业能否跟上技术进步的速度则直接决定了其产品能否在市场上受到消费者的欢迎。尤其是对于一些技术含量对产品的影响比较大、技术的更新换代比较快的行业，如计算机行业，企业能否跟上技术进步的速度则更是决定了企业的生死存亡。一个行业的技术进步速度越快，新产品替代老产品的时间越短，该行业就越难进入。因为这对创业者的新产品开发工作构成极大的挑战，创业者可能还没有开发出该行业原有的老产品，产品就可能由于技术进步的原因步入了成熟或衰退期，而使企业的获利受到影响，或者是行业内其他企业新开发的产品对现有市场产生冲击。

任务四　财务分析

小米科技创始人、董事长雷军曾说过，在创业过程中其实只有一个风险，所有的公司“死”也只有一个原因：那就是没钱了。要做到开源节流，开源就是融资，而节流则是降低成本。如果公司账上的现金不够付 18 个月的固定成本，“你就真心应该睡不着觉”。

一、财务分析概述

简单来讲，财务分析是指根据企业的财务数据，结合经营信息，对企业的经营状况进行分析，制定经营决策的一种经济管理活动。在大学生创业过程中，财务分析必不可少。财务分析贯穿创业初期的项目预算、资金来源与使用，创业中的成本管理、资金运营，创业后期的利润分配、投资收益分析等所有环节。能否进行详细、准确的财务分析，是大学生能否创业成功的关键因素，也是大学生创业项目能否持续发展壮大的重要一环。

二、大学生创业中存在的财务分析问题

（一）缺乏项目预算和资金使用计划，项目发展困难

大学生在创业初期，可能对创业项目做了充分的市场调研，对产品或服务的发展前景进行了充分的预估，但往往容易忽略创业项目在经济上的不可行风险。或是只关注产品的成本和利润，对投资能否回本、能否达到回报预期等问题并未考虑清楚，难以做出科学的投资决策。

王某是一名物理学专业的大学生，高考物理成绩优异，大学期间一直在做家教。他发现，家教行业、课后培训是一个低成本、高收益的行业，如果能组织一些品学兼优的同学组成课后培训机构，用知识赚取报酬，将是一个非常不错的创业项目。于是王某和同寝室的其他 5 个同学一起，每人出资 1 万元，成立了培训机构。他们在一所小学旁租了两间房，接着装修、买桌椅、买黑板，花光了大家一起筹集的 6 万元后就准备招生营业了。可刚营业王某就发现教室里没有电脑、投影仪，形象生动的视频教学手段很难在教学过程中展现，于是他又召集室友们开会准备再集资，买电脑、投影设备。大家向父母、亲戚、朋友等筹集了几天后，终于凑足了 1 万元，添置了设备。由于收费低，王某等又是重点大学的大学生，学堂生源火爆，第二个月又增加了 2 个班，王某等又赶紧租房、装修、按揭买入教学设备，营业收入（收的学费）不够时在网络贷款平台申请了 3 万元的高息贷款。

可是，2020 年年初新冠肺炎疫情的到来终止了他们的创业计划。疫情形势严峻，主管部门要求所有培训机构一律暂停营业。可房租仍要付，设备款按揭仍要还，学生缴纳的学费因为疫情不能按时上课也要退。王某和他的创业伙伴们陷入了困境，不知何去何从——项目是否还能继续？投资是否能收回？房租租赁费、设备按揭款是否还要继续缴纳？网贷的高息是否继续支付？后续的资金又该从哪里来？

在创业初期，多数大学生创业者资金实力较弱，项目资金多来自股东自筹、家庭帮助、创业政策扶持或者银行小额贷款、网络平台贷款等，资金量有限。而大学生创业群体往往对启动资金缺乏合理的使用规划，在资金使用过程中抱着“勤俭节约、走一步算一步”的想法。在有限的资金难以为继时，由于受到个人资产有限、缺乏担保、用信记录少等因素的影响，融资难、融资量小又成为大学生创业者在融资中面临的新难题。因此在创业初期，大学生创业者应当对启动资金的使用做出明确的使用计划，找准融资渠道，提前做好融资安排。

（二）缺乏财务管理和成本控制能力，项目盈利困难

在项目经营的过程中，大多数大学生创业者往往只简单记录收支情况，对于成

本的控制仅限于压低采购价格，而对于优化流程、控制成本以及合理投入运营资金等方面都有待提高。

张某是一名机械制造专业的高职学生，热爱机械设计、制造，课余的时间大多泡在实验室。大学期间，他设计制造出了一款万能修理工具，集扳手、铁锤、剪刀、钢钎、改刀等多种工具的功能于一身，而且产品轻巧易携带，他将其取名“万能修”，还申请了专利。老师同学们都非常看好这个产品。张某家庭富裕，父母支持他创业，给了他创业资金。于是张某组建团队、成立公司自行生产销售。他的公司分设生产部、销售部和行政部，财务核算由行政部兼任负责，而行政部只有张某一人。

由于前期资金充足，公司很快开始运转，原料采购、设备定制都有序进行起来。但是，张某坚信“酒香不怕巷子深”，忽略了对产品的有效推广和营销，宣传费用投入几乎为零，部分经销商由于对产品的品质、价格、产量、安全性等存在疑虑而不愿意代理产品，而他洽谈的大中型商超、零售终端也因为要求支付高额的商品上架费超出预算未能合作。终于，张某通过父母的介绍与一家销售公司签订了销售合约，订货 5 000 件。接到订单后，张某的问题又来了，产品真正从现有原材料到出厂销售，中间还有锻造、铸模、切割、打磨、组装、包装等多个环节，如果这些生产环节全部在公司进行，在约定的交货时间肯定不能按时足量交货。当然，这还没有排除残次品、工人工艺不成熟等方面的问题。另外，产品原来的定价只是初步预估，经过一番仔细的产品生产成本核算，产品的定价竟然低于成本价 20%。经过团体内部讨论和多方请教业内人士，张某发现采用将部分生产流程外包、降低生产成本，自家工厂掌握铸模、组装等关键技术环节的模式，可以大幅降低生产成本，同时也能缩短产品生产周期。

在创业过程中，由于大学生生产经验有限，对产品或服务的成本控制能力较弱。同样，大学生创业者由于受到营运经验、管理经验的限制，对生产流程的优化控制、产品成本的核算等方面只能抱着尝试的心态，“摸着石头过河”。因此，在成本控制、流程优化、财务核算方面，大学生创业者不仅应该在创业前做足预算，在创业过程中、经营管理过程中更应该积极向业界内企业学习、借鉴，逐步精细、不断提升。

（三）缺乏精细核算和投融资知识，项目壮大困难

创意可以萌发创业项目，资本却能让项目跨越式发展。对于可行性强、发展前景良好的大学生创业项目，将项目建起来、营运起来需要花费巨大的人力、物力，将项目发展壮大、将企业发展壮大需要投入更多的资本，而创业资金有限是大多数大学生创业者的难题。因此，在项目正常运营以后，大学生创业者们需要认真考虑利润分配、企业规模升级的问题。利润分配关乎股东、员工的创业积极性以及企业

的长久发展。企业的规模升级涉及对外的投融资、股权的优化等方面的问题。

李某是一名电子商务专业的大学生，自上大学以来一直在勤工俭学，积极参与各种课余兼职。通过观察，他发现学校处于大学城中，而城中的瑞光广场，年轻人来往络绎不绝，对奶茶、咖啡的消费量非常大。周末下午他在广场蹲点调查 4 小时，发现来往的年轻人中 70%以上的人人手一杯饮品。因此，他决定发动社团的同学，一起筹资开一家时尚饮品店，所有筹资、上班的同学均为股东，配置不同的股份。饮品店的经营模式也非常简单，营业人员由社团的同学排班轮流兼职，原材料采用定点品牌采购，装修后固定成本折旧计算，工资按月结算，净利润年终结算后部分分配给股东，部分留作发展经费。

经过 1 年多的发展，李某的时尚饮品店年盈利超过 10 万元，店铺在瑞光广场小有名气，成了瑞光广场的网红打卡地，李某和同学们经营起来也得心应手。某天还在上课的时候，一个陌生电话打破了原本顺利的经营——一位投资人看好时尚饮品店的经营模式——用工成本低、产品利润高且市场成熟、网络流量可观，于是提出了投资意见，帮助李某在其他大学周边开分店。

面对这样的提议，李某意识到机会的降临却又手足无措。将来，新的店铺资金的投入全部由投资人投资还是由自己投资？店铺的利润怎么算？股权怎么分？其他店铺怎样管理？

创业项目有了新发展这是一项值得庆贺的事，而李某却因为缺乏精细核算和投融资知识陷入了困境。大学生创业的初衷都是为了能获得价值，无论是经济价值还是社会价值，但是当跨越式发展机会来临、企业价值面临数量级增长时，大学生创业者往往陷入泥潭，一方面，惧怕风险，担心企业规模过大、财务核算能力有限；另一方面，投融资理念薄弱，对贷款、债券、股权融资等方面知之甚少，错过了发展良机。

二、大学生创业中应做的基本财务分析

（一）创业初期

1. 提前做好财务预测

要把好的创意转化为创业项目，首先要做好财务预测。预测的内容至少包括以下 3 个方面：

（1）分析整个市场容量。做好市场调研，详细准确地分析目前的市场容量，未来 3 年、5 年、10 年的增长量，本项目进驻后能否产生收益。

（2）分析市场份额。对自身的产品准确定位，分析如果产品进入市场，初期市

场渗透率可以达到的百分比，产品收益可望达到多少万元，未来几年产品数量、产品收益的预期增长情况。

（3）估算未来成本增减。由于受到经济环境、国家政策、社会发展等多方面因素的影响，产品生产、服务提供的成本都是在不断变化的。假定成本（包括劳动力）随着通货膨胀率而增长，应在预测中加以评说并注明其理由；假定成本也随着总量折扣和与供应商的成功谈判而降低，也应加以评说并注明其理由。

2. 明确创业资金来源与使用

大学生的创业资金来源渠道主要包括 3 个：私人资本融资、机构资金融资和其他社会融资。其中，私人资本融资包括自有资金投入、向亲友融资、天使投资等；机构资金融资包括银行贷款、商业信用融资、创业投资等；其他社会融资包括大学生创业优惠政策、众筹平台融资、科技型中小企业技术创新基金等。大学生的创业启动资金大多数目较小，因此对资金的来源与使用一定要做好规划，对创业资金中的现金如实建立使用台账。

例如，创立培训机构的王其在企业成立时，创业启动资金为 6 万元，他需要将启动资金按照用途分为投资和流动资金两大类，并将购买的东西和支付的费用分类列表，再具体核算。其中，投资费用包括：购买桌椅教具、装修费、办公家具及其他开办费；流动资金包括：房屋租金、工资、购买教材、购买文具、电费、水费及其他杂费。（见表 4-3）

表 4-3　资金明细

资金使用类型	项目	金额/元
投资费用	桌椅教具	5 000
	装修费	15 000
	办公家具	1 500
	开办费（前期市场调查、咨询费、技术资料费等）	1 500
流动资金	房屋租金	22 000
	工资	12 000
	购买教材	1 250
	购买文具	380
	水电费	1 000
	其他杂费	370
创业资金使用合计	60 000	

（二）创业中期

创业项目启动后，大学生创业者应该做好财务分析，在销售收入、成本、损益、经营现金流等方面尤其要做好核算工作。

1.销售收入分析

销售收入又称营业收入，一般可分为主营业务收入和其他业务收入，包含企业商品产品销售和其他销售所取得的收入。大学生在创业过程中，计算销售收入时不仅要注意本企业生产的产成品、代制品、自制半成品以及工业性劳务等销售收入，还应该注意计入除商品产品销售收入以外的其他销售和其他业务收入，如材料销售收入、包装物出租收入以及运输等非工业性劳务收入。

在进行销售收入分析时，大学生创业者应按照本企业生产的商品种类，逐一进行销售收入分析，建立收入分析表，从数据分析中找到对现金流贡献最大的产品、找到盈利点，优化自身产品结构，增加销售收入，逐渐扩大企业规模。另外，从长远来看，大学生创业者一旦将产品或服务推向市场，除了按月建立短期的销售收入分析表，还应该建立两种长期的销售收入分析报表：第一种报表按月反映第一年的收入；第二种报表反映 3 ~ 5 年中的逐年收入。透过收入分析报表，可以看到每一个产品的销售收入曲线。产品的市场供应是否需要调整、是否需要迭代升级，都可以从中长期的收入分析表中得出结论，从而调整企业的生产销售策略。

例如，张某发明的“万能修”，经过成本计算和市场需求调查，将产品定位为简易版、经济版和全能版。3 种产品 1—4 月的销售收入情况分析如表 4-4 所示。

表 4-4　销售收入情况分析

产品型号	项目	1 月	2 月	3 月	4 月	合计
简易版	销售数量/件	200	350	410	320	1 280
	平均单价/元	22	21	22	20	21.25
	销售收入/元	4 400	7 350	9 020	6 400	27 200
经济版	销售数量/件	300	180	220	310	1 010
	平均单价/元	35	35	33	32	33.75
	销售收入/元	10 500	6 300	7 260	9 920	34 087.5
全能版	销售数量/件	120	101	135	136	492
	平均单价/元	42	42	40	40	41
	销售收入/元	5 040	4 242	5 400	5 440	20 172
合计	销售收入/元	19 940	17 892	21 680	21 760	81 459.5

2. 成本分析

成本是生产和销售产品或提供服务所耗费的资源并用货币计量的经济价值。简单来讲，成本包含主营业务成本和费用，其中主营成本包括生产产品或提供服务所需要的直接成本、人工成本等，费用包括销售费用、管理费用、财务费用等。大学生在创业过程中，应列出发生的全部成本。

对于一般大学生创业者而言，对于产品或服务的生产成本的计算都能清楚核算，但对于费用的列支却不能准确把握。在项目的经营过程中，要将产品迅速推向市场，列支适当的营销费用、宣传费用是必不可少的。部分大学生创业初期经费紧张，往往依托于自身或是朋友、家人的宣传平台，在小范围内推广自己的项目，而缺乏借助大平台进行项目推广的意识，这也是项目无法迅速成长的重要原因。因此，在成本分析的过程中，除了要准确计算生产的直接成本、人工成本，还要按照企业的资金计划和资金实力，有计划、有步骤地列支适当的营销费用，选择适合的宣传渠道和宣传方式，让创业项目迅速融入市场，在市场中壮大发展。

例如，张某的“万能修”系列产品共有 3 个型号，在成本分析时应分别计算。1 月份简易版“万能修”销售 200 件，总成本合计 2 803 元，单个产品成本则为：2 803/200=14.015 元。具体分析如表 4-5 所示。

表 4-5　成本分析

产品型号	项目	金额/元
简易版	原材料	350
	包装费	180
	员工工资	355
	管理人员工资	251
	厂房租金	500
	水电费	252
	机器折旧	25
	促销费	185
	办公用品购置	18
	宣传费	358
	促销费	254
	其他费用	75
合计	成本合计	2 803

3. 损益分析

损益表反映公司在一段时间内，通常是一年、半年、一季度或一个月内，使用资产从事经营活动所产生的净利润或净亏损。净利润增加了投资者的价值，净亏损减少了投资者的价值，这对创业初期的大学生来说至关重要，是影响创业团队积极性的关键因素。同时，损益情况也能反映出公司的经营实力、盈利能力、经营成长性及发展趋势。大学生创业者在创业过程中需要关注企业损益情况，及时调整企业发展规划。是否继续投资创业项目、如果持续投资是否能继续承担经营风险、资本能否按期足额收回等都是大学生创业者应思考的问题。

例如，李某的时尚饮品店 2019 年开业一年，营收总计 18.5 万元，净利润 10.87 万元，经营情况良好。一年的时间内创业资金全部回笼，损益分析如表 4-6 所示。

表 4-6　损益分析

项目	金额/元
一、营业收入	185 000
减：营业成本	24 865
营业税金及附加	2 350
销售费用	13 588
管理费用	25 387
财务费用	350
二、营业利润（损失以“−”号填列）	118 460
加：营业外收入	300
减：营业外支出	2 530
三、利润总额（损失以“−”号填列）	116 230
减：所得税费用	7 536
四、净利润（损失以“−”号填列）	108 694

4. 现金流量分析

现金流是指企业一定时期内现金和现金等价物流入和流出的数量。现金流量表可以反映公司现金流入流出的结构、公司真实的收益能力、净现金流的趋势以及企业的成长性。对于大学生创业者而言，建立现金流量表，准确记录创业投入、创业产出，梳理资金的来龙去脉，有助于完善企业的财务管理制度。大学生创业者至少应建立两种现金流量表，一种是反映第一年状况的逐月报表；另一种是反映 3 ~ 5 年中资金流动情况的逐年年度报表。

例如，李某的时尚饮品店在销售过程中不存在赊销，经营情况良好，净现金流为正。2019 年的现金流分析如表 4-7 所示。

表 4-7　现金流量分析

项目		金额/元
现金流入	销售收入	185 000
	营业外收入	300
	服务收入	0
	合计	185 300
现金流出	经营成本	24 865
	管理费用	25 387
	销售费用	13 588
	财务费用	350
	营业外支出	2 530
	税金	9 886
	合计	76 606
净现金流		108 694

任务五　商业模式

商业模式是创业者的创意。商业创意来自机会的丰富和逻辑化，并有可能最终演变为商业模式。有一个好的商业模式，成功就有了一半的保证。

一、商业模式的定义

商业模式是企业与企业之间、企业内部门之间，甚至企业与顾客之间、与渠道之间都存在各种各样的交易关系和联结方式，通俗来讲就是公司通过什么途径或方式来赚钱。简言之，饮料公司通过卖饮料来赚钱；快递公司通过送快递来赚钱；网络公司通过点击率来赚钱；通信公司通过收取话费来赚钱；超市通过平台和仓储来赚钱；等等。只要有赚钱的地方，就有商业模式存在。

二、商业模式的本质

（1）谁是企业的顾客？

（2）企业能为顾客提供什么（独特）价值和服务？

（3）企业的产品与服务应该何时投入市场？
（4）企业的产品与服务应该投放在哪个市场？
（5）企业的产品与服务为什么能赢得客户？
（6）企业如何以合理的价格为顾客提供这些价值，并从中获得合理利润？
（7）企业能多大程度为顾客提供（独特）价值和服务？

三、商业模式的功能

商业模式的核心功能在于创造价值和获取价值（见图 4-4）。

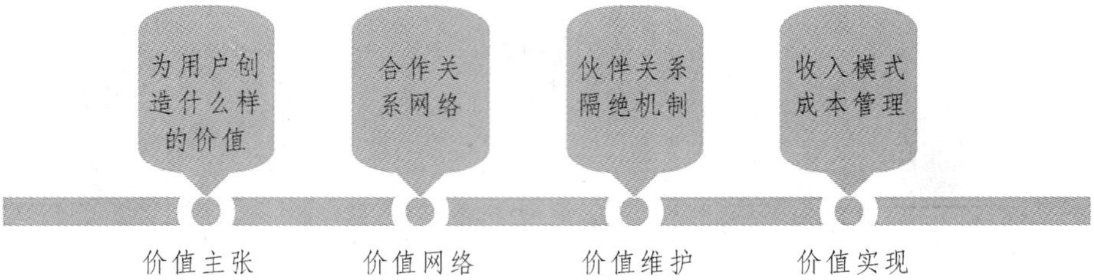

图 4-4　商业模式的功能

四、商业模式分析

商业模式分析如图 4-5 所示。

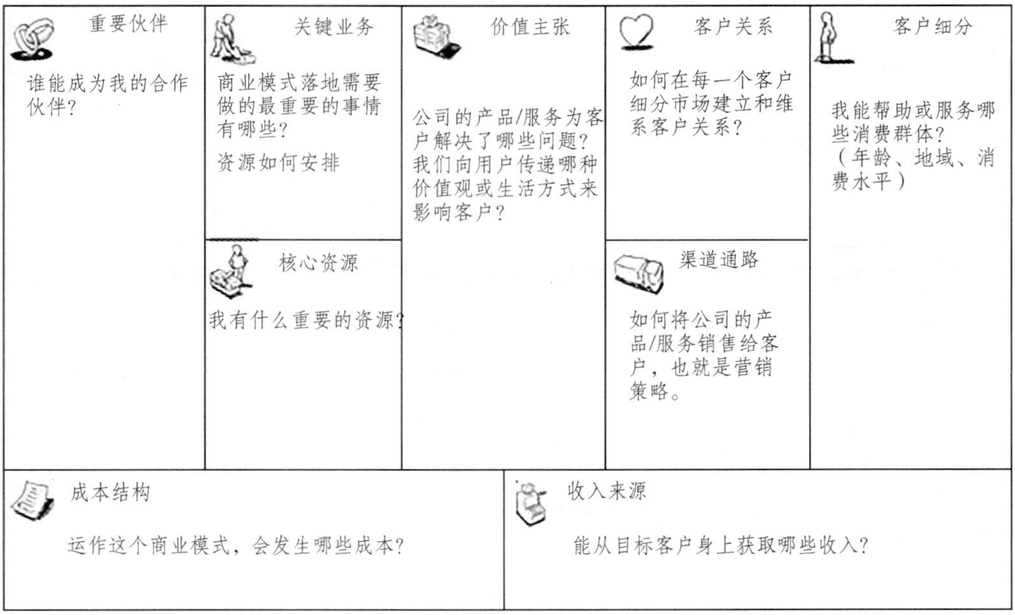

图 4-5　商业模式分析

五、如何设计商业模式

商业模式描述了企业如何创造价值、传递价值，以及获取价值的基本原理。商业模式设计的 4 个视角如图 4-6 所示，商业模式设计的框架及细分如图 4-7 ~ 图 4-16 所示。

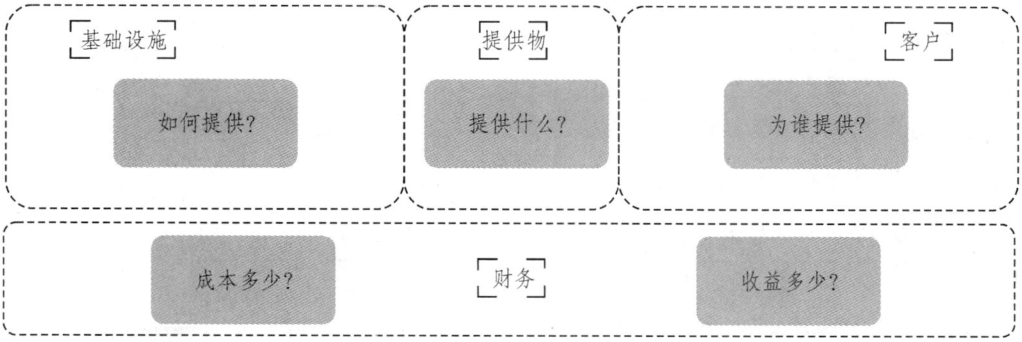

图 4-6　商业模式设计的 4 个视角

图 4-7　商业模式设计的框架

我们在为谁创造价值？ 谁是我们最重要的客户？				
年龄	性别	地域	收入	场景

图 4-8　客户细分要素

我们向客户传递了什么样的价值？ 我们正在帮助我们的客户解决哪一类的问题？ 我们正在满足客户的哪些需求？ 我们正在为客户细分群体提供哪些系列产品和服务？	
标准化	个性化

图 4-9　价值主张范例

通过哪些渠道可以接触到我们的客户细分群体？ 我们现在如何接触他们？如何整合渠道？ 哪些渠道最有效？哪些渠道成本效益最好？ 如何把我们的渠道与客户的日常行为进行整合？			
直销	分销	线上	线下

图 4-10　渠道通路要素

我们每个客户细分群体希望我们与之建立和保持何种关系？ 哪些关系我们已经建立了？ 这些关系成本如何？ 如何把这些关系与商业模式的其他部分进行整合？		
买卖关系	黏性关系	情感关系

图 4-11　客户关系要素

什么样的价值能让客户愿意付费？ 他们现在付费买什么？ 他们是如何支付费用的？ 他们更愿意如何支付费用？ 每项收入来源占总收入的比例是多少？						
产品销售	使用收费	订阅收费	租赁收费	授权收费	平台收费	广告收费

图 4-12　收入来源要素

我们的价值主张需要什么样的核心资源？ 我们的渠道通路需要什么样的核心资源？ 我们的客户关系需要什么样的核心资源？ 我们的收入来源需要什么样的核心资源？			
实体资源	知识资源	人脉资源	渠道资源

图 4-13　核心资源要素

我们的价值主张需要什么样的关键业务？ 我们的渠道通路需要什么样的关键业务？ 我们的客户关系需要什么样的关键业务？ 我们的收入来源需要什么样的关键业务？		
团队组建	产品研发/制造	推广/销售/运营

图 4-14　关键业务要素

谁是我们的重要伙伴？ 谁是我们的重要供应商？ 我们正在从伙伴那里获取哪些核心资源？ 合作伙伴都执行哪些关键业务？		
上下游伙伴	业务互补伙伴	联盟伙伴

图 4-15　重要伙伴要素

<table>
<tr><td colspan="4">什么是商业模式中最重要的固有成本？
哪些核心资源花费最多？
哪些关键业务花费最多？</td></tr>
<tr><td>人力成本</td><td>生产成本</td><td>运营成本</td><td>租赁成本</td></tr>
<tr><td></td><td></td><td></td><td></td></tr>
</table>

图 4-16　成本结构要素

六、好的商业模式的特点

好的商业模式的特点如图 4-17 所示。

以坚实的商业逻辑为基础

业务是否以清晰、坚实的商业逻辑为根本

敏锐洞察业务前景的能力

对于未来业务趋势前景是否有深刻的洞察

把握目标用户

对于目标用户群的需求是不是有真切的把握

管理企业成长的不同阶段

对于企业在不同阶段的发展，能够进行有序的、策略性的调整

图 4-17　好的商业模式的特点

（一）成功的商业模式必须具备的特征

1. 成功的商业模式要能提供独特的价值

有时候这个独特的价值可能是新的思想，而更多的时候，它往往是产品和服务独特性的组合。这种组合要么可以向客户提供额外的价值，要么使客户能用更低的价格获得同样的利益，或者用同样的价格获得更多的利益。

2. 商业模式是难以模仿的

企业通过确立自己的与众不同，如对客户的悉心照顾、无与伦比的实施能力等，来提高行业的进入门槛，从而保证利润来源不受影响。比如直销模式（仅凭“直销”

这一点，还不能将其称为商业模式），人人都知道其如何运作，也都知道戴尔公司是直销的标杆，但很难复制戴尔的模式。原因在于“直销”的背后，是一整套完整的、极难复制的资源和生产流程。

3. 成功的商业模式是脚踏实地

企业要做到量入为出、收支平衡。这个看似简单的道理，要想年复一年、日复一日地做到，却并不容易。现实当中的很多企业，不管是传统企业还是新型企业，对于自己的钱从何处赚来，为什么客户看中自己企业的产品和服务，乃至有多少客户实际上不能为企业带来利润反而在侵蚀企业的收入等关键问题，都不甚了解。

（二）创新注意事项

（1）产品和服务，是商业机构生存的基础条件。

（2）目标市场，是商业机构运作空间的价值表现。

（3）将产品和服务准确交给目标消费者的过程，是商业机构运营系统价值创造的环节。

（4）与相关利益者的关系，包括商业性利益者，如供应商、客户、竞争对手等，也包括社会性利益者，如国家、社会、文化等。

【案例 4-7】戴尔公司商业模式的成功

迈克尔·戴尔在读高中时，购买了一台苹果Ⅱ型电脑，并把它拆卸并改装，以适应自己的需要。

大学时，戴尔开始在寝室出售电脑。他意识到，电脑产业的效率极端低下：他发现在电脑的销售方式方面，电脑经过制造商、分销商和零售商的手后，一台价值约 600 美元零部件的机器到顾客手中时就变成了 2 000 美元；人们想要购买到最新技术的电脑是不可能的，因为一项技术要花大约一年的时间才能整合进商店出售的电脑中。想起这些问题，他后来写道：“看到英特尔公司已有了新的超高速处理器，但我在商店中买到的最好处理器的运算速度只有它的一半。库存和供应链中存在明显的无效率。”

1984 年 5 月，戴尔从得克萨斯大学退学，并建立了一个 1 000 平方英尺（约 92.903 平方米）的工厂。当时个人电脑还没有硬盘驱动器，戴尔公司的最初业务是向个人电脑用户出售工具箱。戴尔公司接受顾客订单，购买并装配零部件，然后将产品直接运送到顾客家中，而不像其他企业那样，预测市场需求，生产计算机并送给零售商，然后寄希望于产品售出。戴尔公司不需要生产零件的工厂和设备，也不必投资于大量研发活动，最为重要的是，顾客确实得到了他想要的具备最新技术的计算机。

通过按订单生产产品，戴尔公司消减了产品库存导致的大量成本与风险。与它的竞争对手不同，戴尔公司不必担心有没有人购买它的PC机（它的PC机在出售后才生产）。在评论戴尔电脑公司的早期发展和它的直销方式时，迈克尔·戴尔写道："我弄糟过各种各样的事情，但我们所从事工作的内在价值如此之大，以至于弥补了我们所犯的所有错误。不过，我们没有一再犯许多同样的错误，我们从错误中吸取教训，并且构思出如何前进的方法。"

资料来源于 https://wenku.baidu.com/view/b646de0079563c1ec4da7102.html。

分析：（1）戴尔公司所具有的核心竞争力和形成的竞争优势。

（2）试描述戴尔公司的商业模式。

任务六　创业风险评估与管理

一、风险的内涵

通俗地讲，风险是发生不幸事件的概率，也可表述为一个事件产生我们所不希望的后果的可能性。对风险的认识与解读，有广义与狭义两种，前者凸显结果非确定性，后者凸显损失非确定性。它具备以下特点：第一，客观性。这一特性体现为风险的存在实际上是独立于个人意志之外的。第二，非确定性。这一特性指的是风险大小，发生时间、地点等都难以确定，风险如果出现，将会导致风险主体损失乃至挫败。第三，不利性。这一特点需要我们正确认知风险，科学决策，将风险的负面影响尽可能最小化。第四，可变性。这一特性指当处于特殊条件之下时，风险会出现转变。

二、大学生常见的创业风险

近几年，伴随着国家政策鼓励以及就业压力的逐年增大，相当一部分大学生选择了自主创业。初创企业如同刚出生的婴孩，刚刚诞生时只具备先天性人的特征，还有待后天发展。发展是一个长期而漫长的过程，大学生刚刚创业时虽然有冲动和激情，但同时面临着人力资源不足、外部竞争环境恶劣、资金不足、缺乏管理经验、没有足够的市场经营管理经验、缺乏灵活的管理机制、企业规模小获取资源能力薄弱等一系列问题，这些问题的存在对初创企业而言就是巨大的压力。

（一）缺乏经验技能

高校毕业生离开学校步入社会创业，这一阶段正是其从学校人转化为社会人的过程。此时，无论个人阅历、社会经验以及心理能力都不够成熟，虽然拥有远大抱负，但能力跟不上。

创业是一个艰难而烦琐的过程，而大学生大多缺乏创业所需的基本知识与能力，对于有关法律规范等掌握不够，对于问题的考虑过于理想化，同时缺乏相关企业工作、实践的经验。这种经验的缺失不仅表现在企业运营管理、个人能力等方面，还包括个人的人生阅历、社会经验以及心理承受能力等。

大学生舒某 2015 年从西安某工程大学毕业，一直很自信的他，在工作几个月后，开始变得很抑郁，换了几份工作都没做多久。直到毕业第二年的年初，他在去女朋友家做客的途中，在火车上看到有人在销售一种不用电池的环保手电。舒某如获至宝，回到西安后就跟厂家联系，希望代理这个产品。但对方要求到他的公司考察，他便借了同学父亲的公司，被对方察觉后拒绝了。在他再三恳求下，对方答应如果一次性进 3 万元的货，就授权他做陕西总代理。他的提议得到了很多同学和朋友的支持，很快有人表示愿意和他合伙干，其中有的即将大学毕业，有的还正在上大学。舒某东拼西凑了 4 万多元，其他 7 人共拿出 2 万多元，8 名大学生用 7 万多元租房、买设备，开始创办自己的公司。租办公室时，“所有的朋友都反对，认为设计网站只要有台电脑就可以了”，但舒某还是把它租了下来，并花了 2 000 多元买了原房客的一些工艺品，又花了不少钱添置会议桌、办公桌以及二手的传真机、打印机等一大堆办公用品。结合自己的特长，公司主营域名注册、网站建设开发等项目，并取得了一种环保防水手电陕西总代理的业务，开始了他们的尝试经营。

他说那段时间是他毕业以后最充实、最快乐的时光。白天做网站设计，晚上就去摆小摊卖环保手电，“我不可能永远摆小摊，我也想成就一番事业，我认为只要努力将来会好的。即使努力了不成功，我也无怨无悔”。真正促使他注册公司的是，陕西某市一个政府网站项目招标，要求招标对象注册资本在 100 万元以上。做这个网站可以得到 1.3 万元，舒某太想得到这个项目了，便去工商局咨询，出门时碰到有人在发宣传卡，说只要出 1 万元即可代办注册公司，想要多少注册资本都行。于是舒某给了对方 5 000 元，另外 5 000 元约定注册成功以后再支付。几天以后对方的电话就打不通了，舒某这才意识到遇到了骗子。

舒某办公司用的 7 万多元中，除了 1 000 多元是他自己的积蓄外，其余都是借的。他给记者看了一个笔记本，上面记录着从当年 3 月以来借的每一笔钱。其中有不少还许以高利息，比如一笔 2.5 万元的款项许诺一个月以后要归还 4 万元。舒某说，他现在之所以宣布“破产”，是因为借款人提前催款，而他连吃饭的钱都没有了。借款人还搬走了他的传真机、打印机、笔记本电脑和手机，要他拿钱去赎。被逼债的舒某跑到多家银行去贷款，但都被拒绝了，就这样舒某的公司还没开始正式经营，就宣布破产了。

很多大学生创业者眼高手低，当创业计划转变为实际操作时，才发现自己根本不具备解决问题的能力，这样的创业无异于纸上谈兵。案例中的舒某，因社会经验不足被骗 5 000 元，对资金本来就不充裕的他而言无疑是雪上加霜。一方面，大学生可去企业打工或实习，积累相关的管理和营销经验；另一方面，应积极参加创业培训，积累创业知识，接受专业指导，以提高创业成功率。

（二）盲目选择项目

23 岁的王某大学毕业后，看好杂粮窝窝头市场，凭一腔热情，在完全没有做市场调查的情况下，就在家人的资助下投资近 20 万元，在家乡修建了一家食品厂，专门生产、销售杂粮窝窝头。

王某曾满怀信心，“我要向三全思念一样做品牌！将来在北方百万人口以上的城市包括北京在内都要建分厂……”带着这样的憧憬，王某注册创业商标、改造厂房、做宣传、雇人员，颇有当“老板”的气势。但是，由于一没经验、二没人脉，加上给销售商的返点不高，王某的窝窝头每天只能卖 300 袋左右，而维持工厂运转的基本销售数量就得 1 000 袋。“现在已经坚持不下去了，创业所有的资金都用完了，我有点想放弃了。”王某说。

大学生最初在选择项目时会出现项目选择风险，该风险可能会造成公司无法盈利或者无法适应市场而被淘汰。现在，大学生在选择创业项目时基本上是聚集在高新科技行业以及智力服务行业，如现在较火的家教中介、普高教育、软件开发等。另外，零售、餐饮等连锁企业同样属于高校毕业生创业的重要方向。如果缺乏充分的前期市场调研和论证，只凭自己的兴趣和想象来决定投资方向，在不了解市场的情况下就贸然选择项目进行创业，甚至凭借个人直觉、主观臆测就决定，不能联系实际有效调配资源，在实际创业当中一定会碰得头破血流。像案例中的王某，主要就是因未考察顾客的需求而盲目经营而失败的。通常来讲，高校毕业生创业资金匮乏，启动资金不足、人员不足，选择启动资金不多、人手配备要求不高的项目，从小本经营做起比较适宜。

（三）资金风险

小张大学毕业后便决定和宿舍的几位同学自己开公司，自主创业。他们经过简单的市场分析后，一致认为家政行业利润空间很大，就决定代理上海某环保科技有限责任公司销售的主打产品“木质油精”，主要用于家具、石材、皮革和汽车的保养。他们接受了上海方面的建议，做起了公司的“二级代理”。但是，公司开业不久，上海某环保科技有限责任公司并没有兑现当初的承诺，广告宣传支持、技术人员支持、工作人员业务培训等都没到位。小张还发现，公司成立之时购买了10万元的“木质油精”是郑州市地板保养两年的使用量，但自己拥有的“授权期限”仅有5个月。他和股东们想尽办法挽回经营收入，最终却因收效甚微而不得不注销公司。其余合伙人见公司并没有想象中的发展前途，先后提出撤资。在内忧外患中，小张的老板梦破灭了。

资金风险在创业起步阶段始终困扰着创业者。能不能拥有充分的资金去开办企业是创业者遭遇的首要问题。企业创建以后，一定要考量是不是具备充足的资金支撑企业运转。就创业初期企业而言，假如连着数月处于亏损或是由于别的原因使资金链断裂，都将使企业遭遇巨大的危机。很多企业在初创阶段由于资金匮乏极大地阻碍了业务开展，甚至丧失极佳的发展时机最终濒临破产。案例中的小张在公司成立之时就购买了10万元的“木质油精”，这可是郑州市地板保养两年的使用量，导致资金占用量大，后期因经营不畅，股东纷纷提出撤资，被迫关门。除了银行贷款、自筹资金、民间借贷等传统方式外，创业者还可以充分利用风险投资、创业基金等融资渠道。

（四）缺乏社会资源

社会资源的多寡会影响企业在社会是否成功，社会资源越多的企业就越容易经营成功，企业是为整个社会服务，需要与社会的各个阶层建立联系，企业创建、市场开拓、产品推介等工作都需要调动社会资源。大学生初出茅庐，社会资源自然少，虽然有老师和同学的帮助，而且还有政府的政策扶持，但是这些政策只是作为创业前期的帮助，在企业运营中主要依靠社会资源。所以，大学生创业会遇到很多困难，一些大学生在遇到这些困难后就变得颓废、沮丧，以致虽耗费了大量财力、精力后，创业仍以失败告终。所以在校生平时应多参加各种社会实践活动，扩大自己人际交往的范围。创业前，可以先到相关行业工作一段时间，通过这个平台，为自己日后的创业积累人脉。

（五）管理风险

长春市某网络科技有限公司前期筹备的时候存在缺乏启动资金，没有过硬的技术人才作为支持，招聘困难等一系列问题。网络教育平台勉强上线后由于没有更多的广告投入和资金支持很快便下线。“刚开始创业那会虽然有学校的扶持和帮助，但是总体而言做互联网教育还是很费钱，我们没有办法，只能 1 分钱当 2 分钱用。网站建设找了学校计算机学院的研究生帮忙。当然，因为花费巨大，我们就私底下协商能不能以技术入股的形式参与，因为我们毕竟没有那么多钱，后来人家勉强答应。我们当时只知道技术入股这个词，具体采用什么形式什么比例我们真的不太懂，这就为后来的经济纠纷埋下了隐患。记得当时谈的技术入股是按照每天网络访问点击量分成，后来由于项目做得好，之前的技术支持入股拿走的利润分成要远远高于制作网站和网络维护的成本，我们就在这个问题上出现了分歧，甚至最终对簿公堂。想来如果当初创业资金充裕的话也不会出现这个问题。当时缺钱，也太年轻了！”

“我记得刚刚开始创业那会我们虽然注册了培训学校，但是为了省钱，其实是一人身兼多职，我自己是企业法人，作为校长，学校的方方面面我都得管，财务、招生、设计等一系列的事情。说来可笑，就连管理财务的都不是科班出身。当时招聘时我们也不管是什么专业，就招聘录用了。虽然招聘的是财务，结果那个小姑娘还做了行政文员的工作。其实在创业初期我们对财务管理的理解只是停留在记账方面，仅此而已，对于内部账我们当时没有一个明确的管理制度，就是收钱记账，花钱还是记账，账目做得极其简单。后来慢慢地把学校做好后，才从外面聘用了专业的代账公司帮我们做账和报税。”

要想创业成功，大学生创业者必须技术、经营两手抓。创业失败者，很大一部分是管理方面出了问题，其中包括决策随意、信息不通、理念不清、患得患失、用人不当、忽视创新、急功近利、盲目跟风、意志薄弱等。特别是大学生知识单一、经验不足、资金实力和心理素质明显不足，也会增加管理上的风险。

（六）竞争风险

如何面对竞争是每个企业随时都要考虑的事，而新创企业更是如此。如果创业者选择的行业是一个竞争非常激烈的领域，那么在创业之初极有可能受到同行的强烈排挤。一些大企业为了吞并或挤垮小企业，常会采用低价销售的手段。对于大企业来说，由于规模效益或实力雄厚，短时间的降价并不会对它造成致命的伤害，而对初创企业则可能意味着有彻底毁灭的风险。因此，考虑好如何应对来自同行的残酷竞争是创业企业生存的必要准备。

（七）团队分歧

一个优秀的团队能使创业企业迅速地发展起来，但与此同时，风险也就蕴含在其中，团队的力量越大，产生的风险也就越大。一旦创业团队的核心成员在某些问题上产生分歧不能达到统一意见时，极有可能对企业造成强烈的冲击。事实上，做好团队协作并非易事，特别是与股权、利益相关联时，很多很好的伙伴在经历创业团队分歧后，很可能不欢而散。

（八）缺乏核心竞争力

对具有长远发展目标的创业者来说，他们的目标是不断地发展壮大企业，因此，企业是否具有自己的核心竞争力就是最主要的风险。一个依赖别人的产品或市场来打天下的企业永远不会成长为优秀的企业。核心竞争力在创业之初可能不是最重要的问题，但要谋求长远的发展，就是最不可忽视的问题。没有核心竞争力的企业终究会被淘汰出局。

（九）人力资源流失风险

一些研发、生产或经营性企业需要面向市场，大量的高素质专业人才或业务队伍是这类企业成长的重要基础。防止专业人才及业务骨干流失是创业者应时刻注意的问题，在那些依靠某种技术或专利创业的企业中，拥有或掌握这一关键技术的业务骨干的流失是创业失败最主要的风险源。

（十）意识上的风险

意识上的风险是创业团队最内在的风险。这种风险来自无形，却有强大的毁灭性。风险性较大的意识有投机的心态、侥幸心理、试试看的心态、过分依赖他人、回本的心理等。创业如同炒股，自身存在一定的风险，初创企业到经营企业到企业成功需要漫长的过程，创业路程充满荆棘但也充满无限魅力。一个成功的企业在享受着巨大利益的同时也承担着无可预知的巨大风险。

三、增强风险防范意识

大学生在创业过程中会遇到许许多多的问题，这些问题层出不穷，具体涵盖国家政策、法律、经济等多个方面。大学生在创业之初应当不断加强自身的风险意识，通过不断学习降低创业过程中的各种风险。

首先，在创业之初应当了解国家的大政方针。从事某个行业一定要了解本行业的相关国家制度政策。比如从事教育行业，在公司合法化之前，先得清楚从事的教育行业应该注册教育咨询公司还是培训学校。从两者的经营范围看，教育咨询公司只能从事教育咨询、会议展示、教育用品咨询等相关事务，而不能从事针对某个领域和方向的教育培训事务。而教育培训学校的经营范围也有限制，如在注册的时候明确了只能从事英语、数学、语文中小学课外培训内容就不能跨界去培训计算机、企业管理等课程。这些都是国家的相关政策，如果不去学习和了解肯定不会知晓，甚至还会触犯法律。所以，创业初期必须要学习和了解相关行业的国家政策。

其次，要正当合理地经营，不能触犯法律法规。大学生创业应当提高自身的法律意识，不能不知法，更不能知法犯法，不能与同行之间产生不正当的竞争关系。之前大学生创业就有过很多案例，如：都是教育行业，在进行招生宣传的时候用自己海报覆盖别家的海报，在招生宣传会上诋毁别家机构，甚至大打出手，对簿公堂。这个情况还不算最恶劣的情形，有的大学生创业者为了谋取利益，不惜做违法乱纪的事情。创业虽然是为了理想和实现更多的社会财富，但是一定要在法律允许的情况下进行，不能违法乱纪，一失足成千古恨。

最后，大学生创业要加强对资金的风险管理意识。大学生创业很多时候都是因为资金链断裂而最终导致公司破产的。无论是创业公司的创始人或者是财务管理者都应当加强对财务管理知识的学习和研究，并且制定一个长期稳定可靠的企业财务管理制度。创业不是儿戏，把好财务关，企业的发展才能长远持久。

大学生创业者常用的风险控制方法有风险保留和风险转移。这主要取决于创业者能否准确判断风险的等级和损失程度。如果风险较小，可以选择风险保留，利用企业自身资源抵抗风险，就不必通过保险的方式将风险转移出去。大型企业具有较雄厚的资源，所以可以选择风险保留的方式，创业型小公司一般不会由企业自身承担风险。所以，大学生创业初期要特别注意谨慎使用该方法。大学生创业项目风险管理的应对措施具体如下：

（一）环境风险管理方面

大学生创业项目的环境风险管理措施包括 3 个方面：

一是国家风险管控政策。我国相继出台了多项关于大学生创业项目风险管理的政策，并且给予大学生多方面的支持，给予大学生创业公司税收优惠、资金支持以及法律保护等。大学生创业项目的管理人要及时关注国家出台的风险管理政策，并且能有效预测国家接下来相关政策的动态以及政策风险，以便管理现有的项目风险。

二是行业内部的风险管理措施。大学生创业项目的管理者一定要了解行业情况，认清这个领域内的行业风险，在经营和管理中尽量规避风险。管理者应具有清醒的行业认知，了解行业内部的运作规则，能够根据环境的变化及时调整创业项目。

三是市场风险管理措施。大学生创业项目会遇到很多市场风险，主要包括：市场供求关系的转变、生产成本的增加以及贷款利息的增加等。大学生创业项目最开始的启动资金会直接决定该项目的规模和成本，资金少的创业项目，其抵抗风险的能力也低。融资风险是大学生创业项目所需重视的主要风险，项目管理者必须明确了解项目所需融资的时间、规模，避免遇到风险时没有抵抗能力，从而不利于项目的扩充和发展。

（二）过程风险管理方面

大学生创业项目的过程风险管理措施主要考虑企业管理过程中的风险，具体包括 3 个方面：

第一，营运风险管理措施。营运主要包括企业员工所存在的风险及市场营销风险。企业应积极主动为员工购买五险一金，为员工的健康负责，既能避免不必要的麻烦，又能调动员工的积极性，有利于企业留住人才和长期发展。同时，降低市场营销风险和技术创新风险，主动参与市场调研，精准投放广告，增加品牌的影响力和知名度，着重提高产品的质量，积极拓展营销渠道，降低营销成本并提高营销效果。

第二，金融风险管理措施。金融风险主要包括筹资风险和资金流动性风险，应该加强对这两类风险的管理。筹资风险主要体现在筹资渠道、筹资方式以及后期维护上。企业尽可能降低筹资成本，最大限度地发挥筹集资金的作用；合理进行资金的调配使用，提高资金利用效率；管理好企业的流动资金，将资金的使用及流通保持在可控范围内。例如企业办公室可以租赁，在前期不必消耗大量资金购买，即使房产会增值也不要占用企业运营资金。

第三，道德风险管理。大学生创业项目主要存在的道德风险有社会道德风险和个人道德风险，应该加强对这两类风险的管理。大学生在孵化项目时，需要承担不对社会造成危害、不危害群众利益的责任。大学生创业项目的参与者要有自我约束能力，不能在参与项目内做出一些侵害他人利益的行为，避免因为个人不道德的行为损害了整个项目的发展。

（三）决策风险管理方面

大学生创业项目决策风险管理措施具体包括以下几方面：一是战略性决策风险管理措施。决策主要体现在方案决策和执行决策上。创业者在最初创业时，应综合多方面因素进行考虑，包括国家环境、市场环境以及个人因素等，从而制订出全面、切实可行的方案，避免方案风险的发生。孵化项目具体施行后，创业公司员工的专业能力、工作态度以及执行效率等，会导致执行风险的发生；决策落实过程中，项目管理人对执行情况的监管也会影响执行风险的概率和发生的影响。

二是经营性决策风险管理措施。该风险主要体现在制定内容和程度阶段。内容决策是指应该如何利用孵化器的孵化效果，来满足大学生创业项目的孵化和发展，以及孵化器如何利用现有的资源，最大化地满足孵化项目的发展需求，促进孵化项目的发展。程序风险主要体现在项目方案中制订过程的程序存在弊端，不能满足正常的程序需要。

三是财务性决策风险管理措施。该风险主要包括大学生在创业过程中需要融资，对融得的资金进行分配，并且在运营中存在的成本风险。如何在现有条件下，保证资金效益最大化，在保证现有资金合理运行下，加快资金的运转速度，提高资金的利用率，快速促进项目发展。

任务七　创业计划书的撰写

创业计划书是创业者计划创立的业务的书面摘要。一份好的创业计划书，是一个“敲门金砖”，能够吸引投资者的注意，得到投资者的青睐。那么，如何高效地撰写创业计划书？如何让创业计划书吸引投资者的目光？本章的主要目的就是帮助学生理解什么是创业计划书，以及如何撰写出一份有助于获得投资者支持的创业计划书。

一、创业计划书概述

（一）创业计划书的含义

创业计划书是全面介绍公司和项目运作情况，阐述产品市场及竞争、风险等未来发展前景和融资要求的书面材料。

创业计划书是创业的行动导向和路线图，是创业计划的书面呈现。创业计划书描述了创业意图达成的目标，以及如何实现这些目标，既为创业者行动提供指导和规划，也为创业者与外界沟通、寻求帮助提供基本依据，因而对于创业成功具有重要的作用。

（二）创业策划书的用途

当创业者开始想把自己的创业想法或者技术通过创业的方式实现后，就会开始撰写创业计划书。创业计划书的撰写是一件意义非凡的工作。具体来说，创业计划书具有以下用途。

1. 最重要的作用就是寻求融资机会

一份全方位的创业计划书，能清晰准确地表达潜在的市场机会，对创业项目进行可行性分析具有重要的作用。创业计划书是外部投资者了解创业计划的首要途径。通过创业计划书，外部投资者可以迅速地了解项目的背景、项目的潜在市场等信息。创业者可以利用创业计划书，有效寻求融资的机会。

2. 对创业者而言，可以理清创业思路

创业者通过撰写创业计划书，可以理清创业思路，对创业的情况做出分析。通过撰写创业计划书，创业者可以对现有的资源、目前的市场竞争情况等有进一步的认识，做到心中有数。在分析项目的过程中，创业者还能对将面临的风险等有一定的清晰认识，进而让创业者做好相关的风险防范准备。

3. 帮助创业团队分享组织目标，有效管理

一份好的创业计划书，能够让创业团队的成员清晰地了解项目现状以及未来发展方向，了解产品或者技术转换为可行性市场项目的过程，包括产品、营销、企业发展战略等各个环节。通过创业计划书，创业团队能明确组织目标，明确未来发展方向，能够凝聚团队力量，进而依照创业计划书有效执行，为进一步有效管理好创业团队奠定基础。

创业计划书是一份书面的文件，它有效地分析了创业项目的可行性。创业计划书不仅仅是说服投资者进行投资，也能让创业者对自身的项目有一个清晰认识。

二、创业计划书的基本格式

创业计划书应当如何撰写？在创业计划书中，如何有效地对创业项目进行描述？这里提供一个具有较强的逻辑性的基本框架。

（1）创业计划书执行摘要：对创业项目的总体情况进行简明扼要，具有说服力的概括。

（2）业务描述：简述创业项目的宗旨，通过实例与数字论证商机并进行行业分析。

（3）产品与服务：对产品与服务进行描述。

（4）市场营销：对目标客户、竞争者、竞争优势以及应采取的市场营销策略进行描述、分析。

（5）创业团队：描述创业团队的构成、经验、知识与技能。

（6）财务分析：提出投资计划以及融资需求，对资本结构进行分析。

（7）退出策略：如果项目获得成功，投资者将如何取得收益。

（8）风险分析：分析项目将面临的各种风险，以及团队为防范风险应采取的措施。

（9）其他说明：对需要补充说明的情况以及相关资料进行说明。

三、如何撰写创业计划书

（一）凝练执行概要

执行概要是对整个创业计划高度精练的概括，是整份计划书的精华和亮点，也是整份计划书的灵魂。

通过执行概要，投资者可以迅速了解项目，激发兴趣。执行概要说明，创业项目解决了什么问题，项目的机会优势在哪里，以及项目为什么可能成功。简言之，执行概要需要简洁说明项目的价值。

1. 执行概要应该明确的问题

（1）项目要做什么？

（2）为什么是我做（或为什么我能做好）？

（3）怎么做？

（4）做的过程中可能遇到哪些困难？有哪些风险？如何解决？如何应对？

（5）如果做不成怎么办？

2. 执行概要需要写明的内容

（1）创业项目的概念与概貌。

（2）市场机遇与市场谋略。

（3）目标市场及发展前景。

（4）创业项目的竞争优势。

（5）创业项目的营收与盈利。

（6）创业项目的核心团队。

（7）创业项目的股权与融资。

（8）其他需要着重说明的情况或数据。

（二）业务描述

业务描述主要描述创业项目的宗旨，通过实例与数字论证商机并进行行业分析。业务描述主要包括以下内容：

1. 创业项目的宗旨

写明创业项目是做什么的；解释创业项目提供了什么，描述创业项目的独特性以及价值；阐明项目到底是做什么的。

2. 商机分析

对商机进行描述，阐明创业项目面对的商机是什么样的。运用实例与数字进行论证，对项目的商机进行说明。

3. 行业分析

在这一部分的分析中，应当说明以下问题：

（1）该行业发展程度如何？

（2）目前的发展动态如何？

（3）该行业的总销售额有多少？总收入是多少？发展趋势怎样？

（4）经济发展对该行业的影响程度如何？

（5）政府是如何影响该行业的？

（6）是什么因素决定它的发展的？

行业分析可以有效地说明创业项目所属行业的发展情况，说明行业的痛点是什么，而创业项目是如何填补行业这一块的空白，有效解决行业痛点的，以突出项目的优势。

（三）介绍产品或服务

对产品或服务进行介绍，重点介绍产品或服务的名称、特征及性能用途；介绍企业的产品或服务及对客户的价值；介绍产品的前景以及竞争力。

介绍产品或服务，能明确创业项目的产品或服务到底是什么，解决了行业的哪些痛点，解决了人们哪方面的需求，能够给人们带来什么价值。

同时，在这一部分中需要说明，创业项目的产品或服务处于哪个阶段，产品或服务的开发过程，同样的产品在市场上是否出现，并分析原因。

（四）市场营销

这一部分需要阐述创业项目的市场营销策略。

1. 目标市场分析

（1）对创业项目的目标市场进行分析，说明创业项目选择的目标市场是什么样的；对目标市场进行描述，说明目标市场的规模大小，目标市场的潜力，目标市场的购买力。

（2）对目标客户进行分析，描述目标群体，描述目标客户群体的需求，描述创业项目是如何有效地解决目标群体的需求的，说明目标客户群体有多大可能花钱购买创业项目的产品或服务。

2. 竞争分析

（1）识别当前的竞争者、潜在竞争者，评价目前竞争的强度；分析主要的竞争对手，分析竞争对手目前采取的策略，在市场中具有的优势和劣势。

（2）分析在目前的竞争状态下，创业项目与目前市场动态的匹配性，分析创业项目在目前竞争状态下，具有的优势，说明新创项目如何有效地竞争，竞争的核心优势；在竞争中，所采取的策略是什么，在行业竞争过程中，产品或服务的价格、质量、性能所具有的竞争优势。

3. 市场营销分析

对目标市场、竞争进行分析之后，接下来就要进行市场营销分析。对产品或服务进行市场营销分析，主要是分析 4P 策略等。

产品策略：分析产品或服务的独特之处，指明产品或服务给消费者带来的利益，指明产品或服务解决了消费者哪些具体的问题，能够解决消费者的哪些需求。

价格策略：以产品或服务的价值为基础进行定价，分析产品或服务的价格策略、如何定价、定价思路等。

在定价时，要同时考虑市场对价格的接受程度，考虑市场类似产品或者竞争分析中，竞争者所采取的定价策略。在充分分析市场的基础上，对产品进行定价。

渠道策略：分析产品或服务采取的渠道是什么，重点分析产品或服务如何覆盖到市场中、如何渗透到市场中，分析营销网络如何进行建设。

随着“互联网”技术的不断深入应用，很多创业项目都首选线上渠道作为自身的营销渠道。在创业项目初期，可以采取线上营销的方式进行营销网络的建设。

在市场开拓中，创业者就需要思考，如何将线上销售与线下销售进行有机整合，从而使渠道能够更好地覆盖市场。

促销策略：促销策略的实质是实现与消费者或者潜在消费者的信息沟通。通过促销策略，可以更加了解创业项目带来的产品或者服务。

需要认真分析创业项目，在提供产品或服务的时候，采取怎样的促销组合，让市场了解产品或者服务，通过促销激发消费者的购买欲望，让产品或服务被更多的消费者接受。

创业项目可以将线上与线下两种方式结合起来，进行促销组合，将广告、营业推广、人员推销以及公共关系有机结合起来，进行促销活动，分析最适合创业项目的促销组合方式。

（五）创业团队

全面展示创业团队，展示公司的管理机构，展示团队的凝聚力、团结力，展示团队的独特性以及关键人物。

通过创业团队的展示，投资者对团队更有信心。只有当投资者对团队有信心时，才能有效吸引投资者的目光。

团队展示，可以从以下几个方面进行：

（1）展示团队的核心竞争点，展示团队的核心竞争力、技术核心能力，展示团队成员的构成、相关人员的简要经历及知识背景等。团队成员能力的展示，能够凸显出团队的风貌，体现出团队的核心竞争力，重点突出团队的能力与创业项目的契合点，从而增强投资者的信心。另外，要展示管理团队的战斗力及独特性，以及与众不同的凝聚力和团结战斗精神。

（2）识别出团队能力的不足之处，表示团队是否愿意增加新成员来弥补团队的不足之处。

（3）展示团队的过程中，要表明团队是一个积极发展的团队，团队成员各司其职，各尽其责。通过专业背景、技术能力的展示，投资者能看到团队是一个具备创业基础的团队、能够实现创业项目的团队，从而增加投资者对团队的信心。

（六）财务分析

（1）分析创业项目财务相关内容，分析如何使用已经拥有的、持续经营所得的以及投资者所能提供的资源，向财务目标迈进。

（2）分析融资需求，创业所需要的资金额，团队出资情况，资金需求计划，为实现公司发展计划所需要的资金额，资金需求的时间性，资金用途（详细说明资金用途，并列表说明），融资方案；公司所希望的投资人及所占股份的说明，资金其他来源，如银行贷款等。

（3）分析资本基本结构，对拥有的资产和负债情况进行评估。

（4）分析预期运营成果：考虑销售收入预测、生产成本、运营成本、管理费用等，编制合理的规划。

（5）分析投资回报：分析运营多少时间后，创业项目能够达到盈亏平衡；分析未来 5 年的财务数据，投资实现回报的时间。

（七）退出策略

退出策略主要介绍投资者退出方式，如果项目获得成功，投资者将如何取得收益。

（1）股票上市：依照本创业计划的分析，对公司上市的可能性做出分析，对上市的前提条件做出说明。

（2）股权转让：投资商可以通过股权转让的方式收回投资。

（3）股权回购：依照本创业计划的分析，公司应向投资者说明实施股权回购计划。

（4）利润分红：投资商可以通过公司利润分红达到收回投资的目的。依照本创业计划的分析，公司应向投资者说明实施股权利润分红计划。

（八）风险分析

分析项目实施过程中，遇到的风险以及相关的应对措施。

创业计划书除了预测良好发展的一面，还要充分考虑发展的不利因素，分析项目可能面临的风险。只有将风险分析出来，并针对风险提出应对措施，才能在真正遇到风险的时候，及时有效地解决。

创业风险的来源主要有以下几点：

（1）资金风险；是否有足够的资金创办企业，是否有广阔的融资渠道。

（2）竞争风险：竞争是必然的，确定自身的竞争优势，尤为重要的是确定这种优势的持续期。市场壁垒过低的项目很难在市场竞争中长期处于优势地位。

（3）信息和信任风险；技术专家与管理者（投资者）之间的关系。

（4）团队分歧风险；团队内部之间意见分歧导致创业项目无法正常实施。

（5）业务骨干风险：创业是否单纯依靠业务骨干，业务骨干有没有被挖走的可能性。

（6）资源风险；创业者是否有能力弥补相应的资源缺口。

（7）管理风险：创业者并不一定是出色的企业家，不一定具备出色的管理才能。

创业计划书需要对创业项目面对的风险进行分析，并能提出有效的风险控制和防范手段。只有分析风险，并找出相应的对策，才能提高创业计划的可行性。

四、撰写创业计划书的技巧

一份好的创业计划书，才能有效吸引投资者的目光，引起投资兴趣。那么，如何高效地撰写创业计划书？撰写计划书的技巧是什么呢？

1. 重点突出，注重时效

每一份创业计划都应有自己的特点，要突出创业项目的独特优势及竞争力。另外，还应注意创业计划书中所使用资料的时效性。制订周期长的创业计划应及时更新有关资料。

2. 语言要规范、专业、清晰

创业计划书的语言要简练、规范、专业；财务分析要形象直观，尽可能采用图表描述。创业计划书要有索引和目录，使投资者可以很容易地查阅各个章节。

3. 计划摘要应引人入胜

创业计划书中的计划摘要非常重要，相当于封面，投资者首先会看它，因而计划摘要应写得引人入胜。

4. 注意分工协作

创业计划书中包含的内容多，涉及面广，因此，创业小组要分工协作。最后由小组负责人统一协调定稿，以免出现创业计划零散、不连贯、风格不一致等问题。

五、商业计划书常见问题总结

（一）市场情况阐述模糊

在创业计划书中，对市场的分析不到位，对市场情况阐述很模糊就容易出现问题。一方面，对创业者自身进行市场分析不利。创业者自身都不能阐述清楚市场情况，就不能对市场进行准确的分析，不能有效地发现市场的痛点，不能为进一步分析清楚创业机会打下基础。另一方面，如果不能对市场进行有效的分析，投资者在看创业计划书时就会困扰，不能有效吸引投资者的目光。

（二）缺少对竞争者和竞争形势的详细分析

俗话说“知己知彼，百战不殆”，在商业上，更是如此。在撰写创业计划书时，创业者要对竞争者以及竞争形势进行详细的分析。认真分析竞争者以及竞争形势，才能帮助创业者发现市场目前的状态，有效发现现有竞争者的优缺点，发现竞争现状。这样才能及时了解竞争情况，为创业产品找寻更好的市场定位。

（三）缺少对不确定因素的分析和应对措施的分析

在创业过程中，会遇到很多不确定因素，各种风险伴随着整个创业过程。创业者需要理性分析这些不确定因素，并预先做好相关应对措施。这样才能有效地减少不确定因素的产生，增强创业项目的抗风险性。

（四）预估的财务数据缺乏依据

在创业计划书中，有关财务数据预估方面，很多创业者凭借“直觉”产生出财务数据。财务数据的产生，需要创业者分析相关的数据，找出数据产生的依据，这样的财务数据才是比较准确的。准确的财务数据，才能帮助创业者做好财务管理工作，做好创业项目的发展规划工作。

（五）创业团队描述及定位不清晰

在创业计划书中，团队的描述是不可或缺的重要部分。通过创业团队的准确描述，投资者才能看到创业项目的可行性。如果团队描述不清晰，没有将创业项目与创业团队的优势相结合，创业项目的效果会大打折扣。因此，在创业计划书中，需要将创业团队进行有效的展示。

以上就是创业计划书在撰写过程中出现的问题。在撰写创业计划书的过程中，需要避免以上情况出现，从而将创业项目有效地展示出来，真正有效地发挥出创业计划书的作用。

任务八　大学生创业办理流程和优惠政策

一、创办市场主体的基本流程

大学生自主创业可采用的市场主体类型主要有：个体工商户、个人独资企业、合伙企业、农民专业合作社和有限责任公司等。创办不同类型的市场主体，需要准备的材料和办理流程不同。

（一）个体工商户

1. 需准备的材料

（1）经营者签署的个体工商户注册登记申请书。

（2）委托代理人办理的，还应当提交经营者签署的《委托代理人证明》及委托代理人身份证明。

（3）经营者身份证明。

（4）经营场所证明。

（5）《个体工商户名称预先核准通知书》（设立申请前已经办理名称预先核准的

须提交）。

（6）申请登记的经营范围中有法律、行政法规和国务院决定规定必须在登记前报经批准的项目，应当提交有关许可证书或者批准文件。

（7）申请登记为家庭经营的，以主持经营者作为经营者登记，由全体参加经营家庭成员在《个体工商户开业登记申请书》经营者签名栏中签字予以确认。提交居民户口簿或者结婚证复印件作为家庭成员亲属关系证明，同时提交其他参加经营家庭成员的身份证复印件。

（8）国家工商行政管理总局[①]规定提交的其他文件。

2. 办理流程

（1）申请：

① 申请人或者委托的代理人可以直接到经营场所所在地登记机关登记。

② 登记机关委托其下属工商所办理个体工商户登记的，到经营场所所在地工商所登记。

③ 申请人或者其委托的代理人可以通过邮寄、传真、电子数据交换、电子邮件等方式向经营场所所在地登记机关提交申请。通过传真、电子数据交换、电子邮件等方式提交申请的，应当提供申请人或者其代理人的联络方式及通信地址。对登记机关予以受理的申请，申请人应当自收到受理通知书之日起 5 日内，提交与传真、电子数据交换、电子邮件内容一致的申请材料原件。

（2）受理：

① 对于申请材料齐全、符合法定形式的，登记机关应当受理。

申请材料不齐全或者不符合法定形式的，登记机关应当当场告知申请人需要补正的全部内容。申请人按照要求提交全部补正申请材料的，登记机关应当受理。

申请材料存在可以当场更正的错误的，登记机关应当允许申请人当场更正。

② 登记机关受理登记申请，除当场予以登记的外，应当发给申请人受理通知书。

对于不符合受理条件的登记申请，登记机关不予受理，并发给申请人不予受理通知书。

申请事项依法不属于个体工商户登记范畴的，登记机关应当即时决定不予受理，并向申请人说明理由。

（3）审查和决定：

登记机关对决定予以受理的登记申请，根据下列情况分别作出是否准予登记的

① 2018 年 3 月，组建中华人民共和国国家市场监督管理总局，重新组建中华人民共和国国家知识产权局，不再保留工商行政管理总局。

决定：

① 申请人提交的申请材料齐全、符合法定形式的，登记机关应当当场予以登记，并发给申请人准予登记通知书。

根据法定条件和程序，需要对申请材料的实质性内容进行核实的，登记机关应当指派两名以上工作人员进行核查，并填写申请材料核查情况报告书。登记机关应当自受理登记申请之日起 15 日内作出是否准予登记的决定。

② 对于以邮寄、传真、电子数据交换、电子邮件等方式提出申请并经登记机关受理的，登记机关应当自受理登记申请之日起 15 日内作出是否准予登记的决定。

③ 登记机关作出准予登记决定的，应当发给申请人准予个体工商户登记通知书，并在 10 日内发给申请人营业执照。

不予登记的，应当发给申请人个体工商户登记驳回通知书。

（二）个人独资企业

1. 需准备的材料

（1）投资人签署的《个人独资企业登记（备案）申请书》。

（2）投资人身份证明。

（3）投资人委托代理人的，应当提交投资人的委托书原件和代理人的身份证明或资格证明复印件（核对原件）。

（4）企业住所证明。

（5）《名称预先核准通知书》（设立申请前已经办理名称预先核准的须提交）。

（6）从事法律、行政法规规定须报经有关部门审批的业务的，应当提交有关部门的批准文件。

（7）国家工商行政管理总局规定提交的其他文件。

2. 办理流程

（1）申请：由投资人或者其委托的代理人向个人独资企业所在地登记机关申请设立登记。

（2）受理、审查和决定：登记机关应当在收到全部文件之日起 15 日内，作出核准登记或者不予登记的决定。予以核准的发给营业执照；不予核准的，发给企业登记驳回通知书。

（三）合伙企业

1. 需准备的材料

（1）全体合伙人签署的《合伙企业登记（备案）申请书》。

（2）全体合伙人的主体资格证明或者自然人的身份证明。

（3）全体合伙人指定代表或者共同委托代理人的委托书。

（4）全体合伙人签署的合伙协议。

（5）全体合伙人签署的对各合伙人缴付出资的确认书。

（6）主要经营场所证明。

（7）《名称预先核准通知书》（设立申请前已经办理名称预先核准的须提交）。

（8）全体合伙人签署的委托执行事务合伙人的委托书；执行事务合伙人是法人或其他组织的，还应当提交其委派代表的委托书和身份证明复印件（核对原件）。

（9）以非货币形式出资的，提交全体合伙人签署的协商作价确认书或者经全体合伙人委托的法定评估机构出具的评估作价证明。

（10）法律、行政法规或者国务院规定设立合伙企业须经批准的，或者从事法律、行政法规或者国务院决定规定在登记前须经批准的经营项目，须提交有关批准文件。

（11）法律、行政法规规定设立特殊的普通合伙企业需要提交合伙人的职业资格证明的，提交相应证明。

（12）国家工商行政管理总局规定提交的其他文件。

2. 办理流程

（1）申请：由全体合伙人指定的代表或者共同委托的代理人向企业登记机关申请设立登记。

（2）受理、审查和决定：申请人提交的登记申请材料齐全、符合法定形式，企业登记机关能够当场登记的，应予当场登记，发给合伙企业营业执照。

除前款规定情形外，企业登记机关应当自受理申请之日起 20 日内，作出是否登记的决定。予以登记的，发给合伙企业营业执照；不予登记的，应当给予书面答复，并说明理由。

（四）农民专业合作社

1. 需准备的材料

（1）《农民专业合作社登记（备案）申请书》。

（2）全体设立人签名、盖章的设立大会纪要。

（3）全体设立人签名、盖章的章程。

（4）法定代表人、理事的任职文件和身份证明。

（5）载明成员的姓名或者名称、出资方式、出资额以及成员出资总额，并经全体出资成员签名、盖章予以确认的出资清单。

（6）载明成员的姓名或者名称、居民身份证号码或者登记证书号码和住所的成员名册，以及成员身份证明。

（7）能够证明农民专业合作社对其住所享有使用权的住所使用证明。

（8）全体设立人指定代表或者委托代理人的证明。

（9）《名称预先核准通知书》（设立申请前已经办理名称预先核准的须提交）。

（10）农民专业合作社的业务范围有属于法律、行政法规或者国务院规定在登记前须经批准的项目的，应当提交有关批准文件。

（11）法律、行政法规规定的其他文件。

2. 办理流程

（1）申请：由全体设立人指定的代表或者委托的代理人向登记机关申请设立登记。

（2）受理、审查和决定：申请人提交的登记申请材料齐全、符合法定形式，登记机关能够当场登记的，应予当场登记，发给营业执照。

除前款规定情形外，登记机关应当自受理申请之日起20日内，作出是否登记的决定。予以登记的，发给营业执照；不予登记的，应当给予书面答复，并说明理由。

（五）有限责任公司

1. 需准备的材料

（1）公司法定代表人签署的设立登记申请书。

（2）全体股东指定代表或者共同委托代理人的证明。

（3）公司章程。

（4）股东的主体资格证明或者自然人身份证明。

（5）载明公司董事、监事、经理的姓名、住所的文件以及有关委派、选举或者聘用的证明。

（6）公司法定代表人任职文件和身份证明。

（7）企业名称预先核准通知书。

（8）公司住所证明。

（9）国家工商行政管理总局规定要求提交的其他文件。

法律、行政法规或者国务院决定规定设立有限责任公司必须报经批准的，还应当提交批准文件。

2. 办理流程

（1）申请：由全体股东指定的代表或者共同委托的代理人向公司登记机关申请设立登记。

（2）受理：

公司登记机关根据下列情况分别作出是否受理的决定：

① 申请文件、材料齐全，符合法定形式的，或者申请人按照公司登记机关的要求提交全部补正申请文件、材料的，决定予以受理。

② 申请文件、材料齐全，符合法定形式，但公司登记机关认为申请文件、材料需要核实的，决定予以受理，同时书面告知申请人需要核实的事项、理由以及时间。

③ 申请文件、材料存在可以当场更正的错误的，允许申请人当场予以更正，由申请人在更正处签名或者盖章，注明更正日期；经确认申请文件、材料齐全，符合法定形式的，决定予以受理。

④ 申请文件、材料不齐全或者不符合法定形式的，当场或者在 5 日内一次告知申请人需要补正的全部内容；当场告知时，将申请文件、材料退回申请人；属于 5 日内告知的，收取申请文件、材料并出具收到申请文件、材料的凭据，逾期不告知的，自收到申请文件、材料之日起即为受理。

⑤ 不属于公司登记范畴或者不属于本机关登记管辖范围的事项，即时决定不予受理，并告知申请人向有关行政机关申请。

公司登记机关对通过信函、电报、电传、传真、电子数据交换和电子邮件等方式提出申请的，自收到申请文件、材料之日起 5 日内作出是否受理的决定。

3. 审查和决定

公司登记机关对决定予以受理的登记申请，分情况在规定的期限内作出是否准予登记的决定。

（1）对申请人到公司登记机关提出的申请予以受理的，当场作出准予登记的决定。

（2）对申请人通过信函方式提交的申请予以受理的，自受理之日起 15 日内作出准予登记的决定。

（3）通过电报、电传、传真、电子数据交换和电子邮件等方式提交申请的，申请人应当自收到《受理通知书》之日起 15 日内，提交与电报、电传、传真、电子数据交换和电子邮件等内容一致并符合法定形式的申请文件、材料原件；申请人到公司登记机关提交申请文件、材料原件的，当场作出准予登记的决定；申请人通过信函方式提交申请文件、材料原件的，自受理之日起 15 日内作出准予登记的决定。

（4）公司登记机关自发出《受理通知书》之日起 60 日内，未收到申请文件、材料原件，或者申请文件、材料原件与公司登记机关所受理的申请文件、材料不一致的，作出不予登记的决定。

公司登记机关需要对申请文件、材料核实的，自受理之日起 15 日内作出是否准予登记的决定。

（5）发照：公司登记机关作出准予公司设立登记决定的，出具《准予设立登记通知书》，告知申请人自决定之日起 10 日内，领取营业执照。

公司登记机关作出不予登记决定的，出具《登记驳回通知书》，说明不予登记的理由，并告知申请人享有依法申请行政复议或者提起行政诉讼的权利。

二、创业优惠政策

（一）税收优惠

持人力资源和社会保障部门核发就业创业证（注明“毕业年度内自主创业税收政策”）的高校毕业生在毕业年度内（指毕业所在自然年，即 1 月 1 日至 12 月 31 日）创办个体工商户、个人独资企业的，3 年内按每户每年 8 000 元为限额依次扣减其当年实际应缴纳的营业税、城市维护建设税、教育费附加和个人所得税。对高校毕业生创办的小型微利企业，按国家规定享受相关税收支持政策。

（二）创业担保贷款和贴息

对符合条件的大学生自主创业的，可在创业地按规定申请创业担保贷款，贷款额度为 10 万元。鼓励金融机构参照贷款基础利率，结合风险分担情况，合理确定贷款利率水平。对个人发放的创业担保贷款，在贷款基础利率基础上上浮 3 个百分点以内的，由财政给予贴息。

（三）免收有关行政事业性收费

毕业 2 年以内的普通高校学生从事个体经营（除国家限制的行业外）的，自其在工商部门首次注册登记之日起 3 年内，免收管理类、登记类和证照类等有关行政事业性收费。

（四）享受培训补贴

对大学生创办的小微企业新招用毕业年度高校毕业生，签订 1 年以上劳动合同并缴纳社会保险费的，给予 1 年社会保险补贴。对大学生在毕业学年（即从毕业前一年 7 月 1 日起的 12 个月）内参加创业培训的，根据其获得创业培训合格证书或就业、创业情况，按规定给予培训补贴。

（五）免费创业服务

有创业意愿的大学生，可免费获得公共就业和人才服务机构提供的创业指导服务，具体包括政策咨询、信息服务、项目开发、风险评估、开业指导、融资服务、跟踪扶持等“一条龙”创业服务。

（六）取消高校毕业生落户限制

高校毕业生可在创业地办理落户手续（直辖市按有关规定执行）。

（七）创新人才培养

自主创业的大学生可享受各地各高校实施的系列“卓越计划”、科教结合协同育人行动计划等，同时享受跨学科专业开设的交叉课程、创新创业教育实验班等，以及探索建立的跨院系、跨学科、跨专业交叉培养创新创业人才的新机制。

（八）开设创新创业教育课程

自主创业的大学生可享受各高校挖掘和充实的各类专业课程和创新创业教育资源，以及面向全体学生开发开设的研究方法、学科前沿、创业基础、就业创业指导等方面的必修课和选修课，享受各地区、各高校资源共享的慕课、视频公开课等在线开放课程，以及在线开放课程学习认证和学分认定制度。

（九）强化创新创业实践

自主创业的大学生可共享学校面向全体学生开放的大学科技园、创业园、创业孵化基地、教育部工程研究中心、各类实验室、教学仪器设备等科技创新资源和实验教学平台。可参加全国大学生创新创业大赛、全国高职院校技能大赛，各类科技创新、创意设计、创业计划等专题竞赛，以及高校学生成立的创新创业协会、创业俱乐部等社团，提升创新创业实践能力。

（十）改革教学制度

自主创业的大学生可享受各高校建立的自主创业大学生创新创业学分累计与转换制度，学生开展的创新实验、发表论文、获得专利和自主创业等可折算为学分，学生参与的课题研究、项目实验等活动可认定为课堂学习的新探索。同时，也享受为有意愿有潜质的学生制定的创新创业能力培养计划。客观记录创新创业档案和成绩单等，并量化评价学生开展创新创业活动情况的教学实践活动；优先支持参与创业的学生转入相关专业学习。

（十一）完善学籍管理规定

有自主创业意愿的大学生，可享受高校实施的弹性学制，放宽学生修业年限，允许调整学业进程、保留学籍休学创新创业等管理规定。

（十二）大学生创业指导服务

自主创业的大学生可享受各地各高校对自主创业学生实行的持续帮扶、全程指导、一站式服务，以及地方、高校两级信息服务平台，为学生实时提供的国家政策、市场动向等信息，与创业项目对接的知识产权交易等服务；可享受各地在充分发挥各类创业孵化基地作用的基础上，因地制宜建设的大学生创业孵化基地，相关培训、指导服务等扶持政策。

大学生创业实务基础教程

实践篇

- 模块五　项目实践
- 模块六　赛制分析
- 模块七　平台实践

模块五 项目实践

任务一　智行·车管家 APP
——智能制造与信息工程学院

一、项目简介

智行·车管家 APP 是一款让车主能够在移动设备上进行洗车预约、加油预约、停车查询、功能支付、车险理赔等功能的强大的综合型一站式服务 APP。该 APP 支持安卓操作系统，未来也将支持 IOS 操作系统，拥有安全便捷的 APP 后台管理系统、稳定的 APP 运行环境及定期的产品升级。

智行·车管家是一款容易上手、方便车主的一款手机 APP，主要有以下界面和功能：先登录注册，通过微博（新浪微博）注册后，可以看到以下选项，分别为用户登入首页、养车护车贴士、洗车预约、加油预约、停车查询、功能支付、车险理赔等主要功能。

智行·车管家 APP 的具体功能说明如图 5-1 所示。

二、项目推进情况

围绕互联网+大学生创业创新大赛，指导老师经过与“梦想第一步团队”的沟通，确定以“互联网+汽车”行业为项目制作发展方向。首先，导师和团队队员们在成都市做了为期一周的汽车市场调研，发展汽车后市场的相关服务主要还是依赖人工打电话的方式进行客户邀约。另外对于 4S 客户来说，依旧需要通过打电话的方式进行预约洗车/保养/车险理赔等业务，流程十分烦琐且复杂。

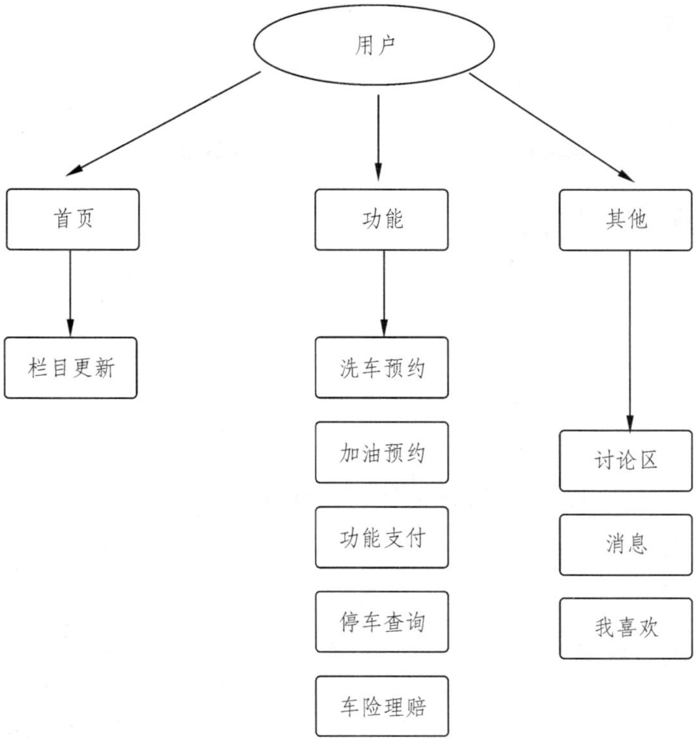

图 5-1　智行·车管家 APP 具体功能说明

为了提高 4S 店和客户双方的效率，导师同“梦想第一步团队”做了初步的设计，设计一种 APP，能够起到链接客户与企业之间的沟通桥梁，帮助企业完成对客户车辆保养/维修邀约的通知，同时又能协助客户安排好保养/维修/车险理赔的预约安排，从而节省双方的时间。经过查询，目前市场上没有形成独立品牌的 APP 来解决这些问题。于是智行·车管家 APP 的模型方案诞生了。

进行 APP 模型制作的时候，导师和“梦想第一步团队”做了相应的安排，为了实现专创结合，卫生信息管理专业和汽车营销与服务专业的同学走在了一起。两个专业的同学将自己专业上的相关知识进行分享，汽车营销与服务专业的同学将自己市场营销的相关知识运用在了 APP 服务使用和服务推广上，而卫生信息管理专业根据汽车营销与服务专业的同学对用户使用的便捷性完成了 APP 模型的设计与框架的搭建。

导师也联系了相关专家，对该 APP 项目的可行性进行了相关的论证。为了让 APP 更方便服务于有车一族（停车/加油/费用显示），导师联系到了百度地图产品顾问，获得了一个月的百度地图接入权限，从此智行·车管家 APP 拥有了地图软件因而可以实现实时定位功能。导师在百度地图的基础上，规划出实时停车功能和加油功能，能够做到让有车一族获悉附近加油站是否有车辆拥堵排队加油情况和停车场车位是否被占满的情况，避免在加油和停车浪费太多的时间。同时也实现了在 APP 上显示商家对洗车/保养相关服务费用的透明化。

经过一个月的反复测试，智行·车管家 APP beta5 版本终于实现了功能上的顺利使用和操作。而导师和“梦想第一步”团队还在为产品能够获得融资不断寻找赞助商和投资人。

三、项目实践效果

智行·车管家 APP 在一定程度上解决了汽车后市场同客户联系的痛点，同时也方便了有车一族停车和加油方面的需求。该项目 APP 在 2015 年四川省大学生互联网+大赛中获得银奖。但是，该项目和团队的风险一直存在，比如，未来汽车服务行业的发展方式会不会变革，未来汽车经济是“叫好”还是“叫座”，等等，这些问题是学生团队完全没有想过的。比赛结束后，相继有一些投资人联系了团队和导师，愿意进行相关的投资，愿意把 APP 及衍生产品做到全省覆盖。导师经过衡量产品的可持续性和汽车行业的周期性经济属性选择了放弃接受投资。4 年后，从 OFO 共享单车的可持续性和项目创始人戴威今时的处境来看也发现了一个道理：大学生创业需要找准市场，同时也要做好风险评估。

任务二　益智·健康管理 APP
——智能制造与信息工程学院

智行·车管家 APP 是一款让车主能够在移动设备上进行洗车预约、加油预约、停车查询、功能支付、车险理赔等功能的强大的综合型一站式服务 APP。该 APP 支持安卓操作系统，未来也将支持 IOS 操作系统，拥有安全便捷的 APP 后台管理系统、稳定的 APP 运行环境及定期的产品升级。

智行·车管家是一款容易上手、方便车主的一款手机 APP，主要有以下界面和功能：先登录注册，通过微博（新浪微博）注册后，可以看到以下选项，分别为用户登入首页、养车护车贴士、洗车预约、加油预约、停车查询、功能支付、车险理赔等主要功能。

一、项目简介

“益智·健康管理 APP”基于“健康云”服务概念，将信息技术融入居民健康自我管理体系与社区公共卫生服务体系，采用基于物联网技术的健康信息采集等网络化、远程化的技术手段，为城乡居民、家庭医生（或社区全科医生）提供远程健康管理信息化服务工具。实现以“慢病管理”为主，“居民预检、平台预警、养生服务”为辅的整体服务流程，同时与区域卫生信息平台对接，以充实完善居民的电子健康档案。

益智·健康管理APP具体功能说明如图5-2所示。

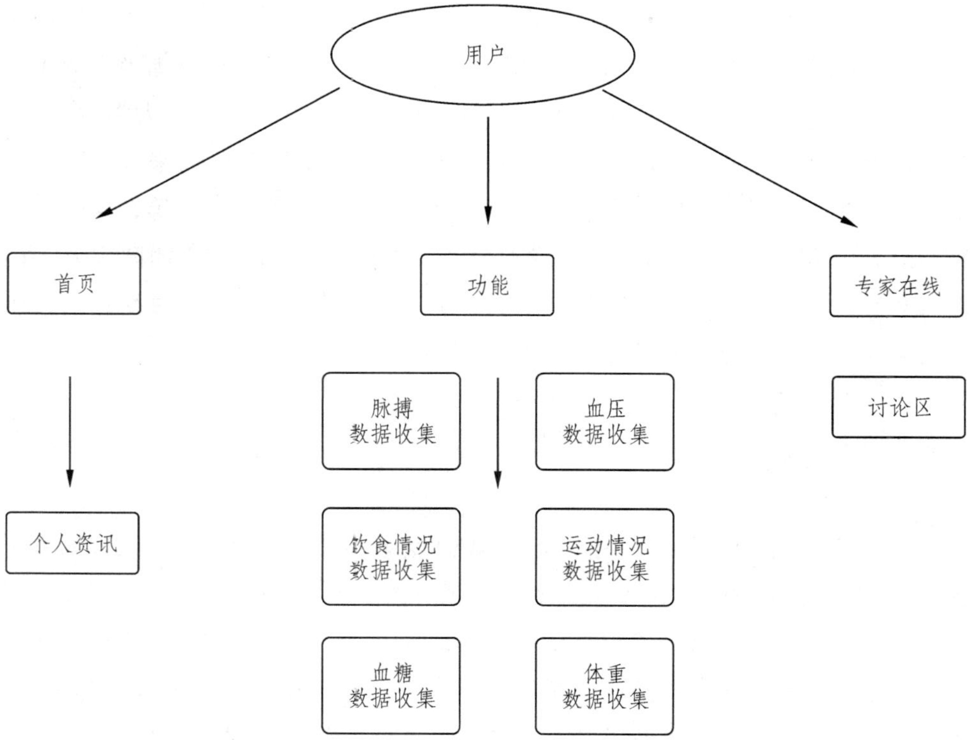

图5-2　益智·健康管理APP具体功能说明

二、项目推进情况

在经过第一次的项目策划后，团队有了相关的项目指导和团队合作的经验。导师和“梦想第一步团队”将市场定位在“大健康”领域。由于学校本身属于医护类院校，所以将社会公益项目作为首要考虑的方向。

在团队的组建上，导师安排了临床专业和卫生信息管理专业的学生一起完成。APP模型很快搭建完成了，APP主要是为慢性病的患者提供日常体征数据的反馈，为医师每天能够掌握患者的正常数据指标提供相关的医嘱指导。

在项目的进行过程中，形成了一个完善的合作链，卫生信息管理专业的学生完成患者数据的日常收集，临床专业的学生针对患者日常数据的变化提供科学合理的用药、饮食、运动等健康指导。为了保障APP使用，避免出现医疗风险，导师及团队针对患者日常使用APP情况向相关专家进行了使用演练。经过专家分析和评判，部分患者和医师在信息沟通中存在的使用风险解决了，改善和提高了APP的使用质量。随后导师安排了APP的路演准备，因为当时作为一个比较创新的构想——走一条社会公益类项目发展道路，那么如何把握住投资人的认可度成为主要难题。如果按照一般的商业项目进行规划，那么势必要讲清楚项目的商业模式，商业模式最核心的部分就是盈利模式，需要为投资人带来“赚钱”的希望。而社会公益类项目主要是为了解决小到一个社区，大到一个地区的部分问题，在“盈利”方面少考虑或者不考虑。“盈利”显然成为导师和团队们棘手的问题，如果把握好创造社会公益价值，又要符合投资人的需求，始终成为该项目无法找到定位的难题。

当时，根据市场主流媒体对社会公益项目的调查，主要还是停留在民间资助和少量政府补贴方面。从大环境来看，社会公益类项目要成熟稳健的发展相当不容易，没有政策扶持，没有相关的机构帮扶，很难实现团队“活下去”的希望。公益医疗服务将来的方向在哪里，似乎这一切又要回到项目最初的定位。

三、项目实践效果

益智·健康管理APP在一定程度上实现了患者不需来医院，在家就能获得医嘱控制病情的需求。该APP项目在2016年四川省大学生互联网+大赛中获得铜奖。正如项目定位的问题似乎成为该项目没有受到投资人青睐的重要原因，不过现在这种情况正在改变，一方面，得益于国家对于医疗行业和慢病行业实现的政府补贴；另一方面，大赛的赛道上也拥有了“红色之旅”赛道，专门解决地方社会公益类项目的问题。简单谈一点感受，大学生创业创新项目具有前瞻性，但是前瞻性还是要根据社会发展的政策循序渐进地考虑，正如4G技术的成熟，催生了网络直播等一系列行业的迅速发展。当某个行业或某个政策有了重大突破，之前的“不可能”才有机会成为“可能”。

任务三　“让爱回家”项目——护理学院

一、项目情况简介

“让爱回家”项目，是护理学院2016年的创新创业项目，是由护理专业的学生打造的。该项目的创业灵感来自目前中国老年人的生活现状。在一些城市，由于子女在外地工作，就产生了“空巢老人”。而老年人的生活、健康都是子女关心的问题。如何让子女在外及时了解老人的健康情况，如何让老人在家能够得到基本的健康护理，这就是该项目的初宗。该项目将养老护理“居家化”，让老人在家就可以得到基本的医疗护理。该项目将学院的护理专业与创新创业进行了结合，特别是将老年护理与创新创业进行了结合；借助护理学院的师资、专业优势，旨在为“空巢”老人提供居家养老护理，解决老年人去医院的不便环节，使之在家就可以享受到相应的护理服务。

同时，该项目充分利用互联网不断发展的优势，借助互联网，建立老人的基本医疗档案，借助开发的相关 APP，方便在远方的子女网上查阅，及时了解老年人基本的身体状况，包括血脂、血糖、血压等。

二、项目推进情况

项目最早是在 2015 年由学生团队提出构想的。构想提出以后，护理学院高度重视，组建了创业团队，由专业教师同学生团队一道，进行创业项目的推进。

第一步，团队进行论证，探讨项目的可行性。在项目可行性研究中，查阅大量资料，了解目前“空巢”老人的数量，这是项目实施的基础。接下来，了解客户的需求，因此，制作了调查问卷，来调查客户的相关需求情况。调查的方向分为两大类：一类是老人目前在就医方面的一些困难，以及他们希望在家就可以进行相关护理的需求度；另一类是针对子女，调查子女对知晓父母健康情况的需求度。

通过对基础资料以及调查问卷进行调查之后，论证了项目的可行性，为进一步打造项目奠定了基础。

第二步，开始打造项目。在了解了客户的需求后，开始着手打造项目。首先，了解市场行情，看市场上是否有类似的服务。通过了解获知，雅安地区目前缺少这样的服务，因此有市场空间。其次，对具体的服务项目进行思考。由于是新创项目，做不到面面俱到，如何去占领市场，需要打造核心竞争力。因此，结合项目初衷，结合护理学院的师资、专业优势，重点选择以居家养老护理为主要特色，重点解决“空巢”老人就医过程中，比较难的问题，将市场痛点的解决途径作为项目的核心竞争力。最后，结合互联网优势，设想开发 APP，以便解决子女知晓父母健康情况的问题。

第三步，打磨项目。学生团队着手开始撰写创业计划书，并在指导老师的指导下，不断修改，从而使计划书尽量完善。在打磨项目的过程中，也在不断完善项目，修改项目不合理的地方，尽量突出项目的创新特色。

三、项目实践结果

该项目参加第二届四川省“互联网+”大学生创新创业大赛，并获得了铜奖；另外，获得第三届“创青春”四川青年创新创业大赛暨第七届高校毕业生创业大赛铜奖。

任务四　省级大学生创新创业训练重点立项项目

一、茶 young，含着吃的茶——药学与检验学院

“茶 young”团队采用现代化提取和复合酶萃取技术，结合复配技术和调制工艺，打造出系列营养健康、口味多元、便携小巧的新型茶含片产品。本项目以服务及带动雅安地方茶产业深化发展转型和带动上下游产业链为宗旨，力争通过创新茶叶食用方式和营运模式、营造轻松愉快的饮茶体验来缩短年轻人与茶的距离，让“含茶”成为年轻人的一种新时尚。

二、智能医用烤灯——基于自动控温的防烤伤产品——智能制造与机械学院

本项目旨在于研究医院在烤灯使用过程中因温度过高等因素给患者皮肤带来的二次伤害的问题，通过研发智能控温系统从根本上避免患者皮肤烤伤情况的发生，在提升理疗效果、缩短康复周期方面具有显著效果，同时兼具智能化、安全化。项目具有广泛的社会效益和经济价值，必将给康复治疗仪行业带来新的变革。

三、汉源花椒油复合加工技术的研发——药学与检验学院

当前，市面上的各类花椒油加工技术都有难以解决的壁垒，为了提升花椒产业深加工的工艺和科技含量，必须探索全新的花椒油技术和工艺。因此，项目组提出了花椒油复合加工技术来解决上述问题。复合提取法是以新鲜花椒为试材，将冷压榨法与植物油浸泡法（溶剂萃取法）相结合，并对相应的关键控制点进行响应并优化，得到最适的工厂化加工技术。此法提取的花椒油具有香气浓郁、味道纯正等优点。

模块六 赛制分析

任务一 “挑战杯”全国大学生系列科技学术竞赛

“挑战杯”全国大学生系列科技学术竞赛（官方网站 http://www.tiaozhanbei.net），是由共青团中央、中国科协、教育部和全国学联共同主办的全国性的大学生课外学术实践竞赛。“挑战杯”竞赛在中国共有 2 个并列项目：一个是“挑战杯”中国大学生创业计划竞赛；另一个是“挑战杯”全国大学生课外学术科技作品竞赛。这 2 个项目的全国竞赛交叉轮流开展，每个项目每 2 年举办一届。

一、“挑战杯”中国大学生创业计划竞赛

创业计划竞赛起源于美国，又称商业计划竞赛，是风靡全球高校的重要赛事。它借用风险投资的运作模式，要求参赛者组成优势互补的竞赛小组，提出一项具有市场前景的技术、产品或者服务，并围绕这一技术、产品或服务，以获得风险投资为目的，完成一份完整、具体、深入的创业计划。竞赛采取学校、省（自治区、直辖市）和全国三级赛制，分预赛、复赛、决赛 3 个赛段进行。

二、“挑战杯”全国大学生课外学术科技作品竞赛

“挑战杯”全国大学生课外学术科技作品竞赛（以下简称“‘挑战杯’竞赛”）是由共青团中央、中国科协、教育部、全国学联和地方政府共同主办的。自 1989 年首届竞赛举办以来，大赛在促进青年创新人才成长、深化高校素质教育、推动经济社会发展等方面发挥了积极作用，被誉为当代大学生科技创新的“奥林匹克”盛会。

（一）竞赛的基本方式

高等学校在校学生申报自然科学类学术论文、哲学社会科学类社会调查报告和

学术论文、科技发明制作 3 类作品参赛；聘请专家评定出具有较高学术理论水平、实际应用价值和创新意义的优秀作品，给予奖励；组织学术交流和科技成果的展览、转让活动。竞赛的工作时间安排为：3 月，明确竞赛方案以及相关承办方案；4 月，召开全国培训会和全国竞赛组委会；5 月，各高校组织开展校赛，各省组织开展省级比赛，分层次开展项目选拔工作；6 月，开始各高校国赛作品的申报工作；7 月，进入国赛网评阶段；8 月，进行国赛复评；9 月，发布终审决赛通知和相关安排；10 月，各省各高校确认参赛人员信息；11 月，举办终审决赛，终审决赛 7 天；12 月，竞赛总结。

（二）竞赛的作品申报

1. 自然科学类和科技发明类作品申报

标准申报书包括：申报者情况、申报作品情况，当前国内外同类课题研究水平概述，推荐者情况及对作品的说明。

（1）在填写申报者情况时，分为个人项目和集体项目。个人项目申报条件有以下几个要点需要注意：首先，申报者必须承担申报作品 60%以上的研究工作；其次，作品鉴定证书、专利证书及发表的有关作品上的署名，申报者均应为第一作者，合作者必须是学生且不得超过 2 人。集体项目申报时，超过 3 人或不超过 3 人，但无法区分第一作者的项目，均须申报集体作品，集体作者必须均为学生。

（2）申报作品情况：在作品分类上，按照学科专业领域区分为机械与控制、信息技术、数理、生命科学、能源化工 5 个大方向。作品情况表格需要注意作品分类，在填写自然科学类学术论文时，申报者按作品的学术方向或所涉及的主要学科领域据实选定；填写科技发明制作类时按照作品的发明点和创新点所在的类别据实选定。在填写具体的内容时，内容表达要简洁明了，按照科研文本或者论文填写上述内容。

（3）当前国内外同类课题研究水平概述：申报者可以根据作品类别和情况填写。

（4）推荐者情况及对作品的说明：每个项目均需要有 2 位具有高级专业技术职称的指导老师或者教研组的推荐。推荐者对推荐作品的真实性、技术水平、意义、推广前景等进行评价和阐述，推荐者可以是本校的也是外单位的。校主管领导或校主管部门确认并签章，此页须签章齐全才可以通过资格审查。

（5）一些项目需要提供证明材料的情况，包括动植物新品种的发现和培育，对国家保护动植物的研究，新药物的研究，医疗卫生的研究，涉及燃气用具等与人们生命财产安全有关的用具的研究。对于这些方面的研究，需要提供相关证明材料。

（6）要依据大赛章程认真填写：申报者填写时要研究章程，重视规则，申报书是资格与形式审查的重要依据，避免信息遗漏，特别是基本信息如毕业论文、学号等内容。围绕要求，注意细节，如作品设计、发明的目的和基本思路、创新点、技术关键和主要技术指标等。电子版申报材料和纸质版申报材料保持一致。

2. 哲学社会科学类作品申报

哲学社会科学类作品参考选题主要有 6 大类。第一类是哲学类：哲学类参考选题，既有纯学术的哲学研究，更有马克思主义中国化的实际运用。第二和第三类是经济学和社会学参考选题。后面 3 类依次是法律、教育、管理类。管理类涉及面比较广，既有企业管理类，也有政府管理的内容，在选题时一定要注意。对哲学社会科学类选题更加突出选题的政治性、时代性、针对性。突出政治性，主要是突出强调了习近平新时代中国特色社会主义思想的指导地位，增加了对党的十九大报告中提出的重大理论、重大论断、重要观点开展研究阐释的内容。

（1）与党中央的最新表述保持一致。与党中央的最新表述保持一致，也是我们写作论文时应该注意的重要事项。

（2）突出时代性，就是紧跟新时代社会经济发展提出的重大课题，如乡村振兴战略、新发展理念、建设现代化经济体系等内容，我们进行了适当微调。

（3）突出针对性，主要是指议题的设置更容易把握，更容易找到合适的角度。如法律类题目，议题的设置都是方向性、指导性的。

（4）申报的注意事项。在实际申报过程中，选题过于集中社会类、经济类，这两类的申报作品非常多，对哲学类的选题相对偏少。但是哲学类的作品凸显的是当代大学生应有的政治站位、政治高度。在选题申报中，做到以下 3 点：第一，紧扣时代主题，提高政治站位。选题就应该围绕党中央关注的重大理论和现实问题展开，这是当代大学生应该有的政治站位，应认真研读党的十九大报告，梳理里面的重大观点、重大论断进行选题切入，进行整个作品的构思。第二，凸显学科特色，彰显专业能力。选题必须一眼让人看出来是什么专业的，运用的是专业领域的哪个理论，阐述的是什么重大问题。在选题上，一定要亮明自己的观点，亮明自己的身份，彰显学科特色和专业能力。第三，做好选题切入，凸显精妙构思。一定要认认真真做好作品的选题、调研、撰写工作。

三、在线比赛流程

（一）参赛申报流程

参赛申报流程如图 6-1 所示。

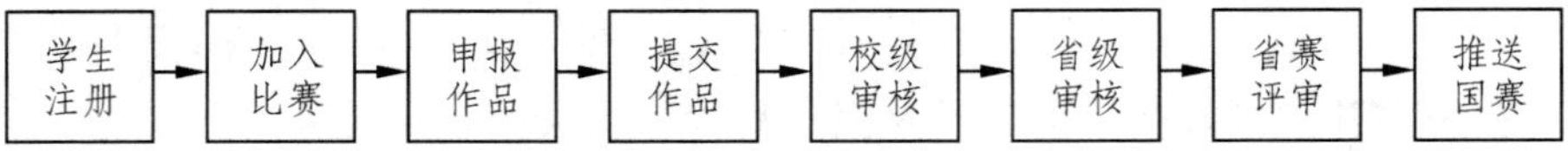

图 6-1　参赛申报流程

（二）省赛审核流程

省赛审核流程如图 6-2 所示。

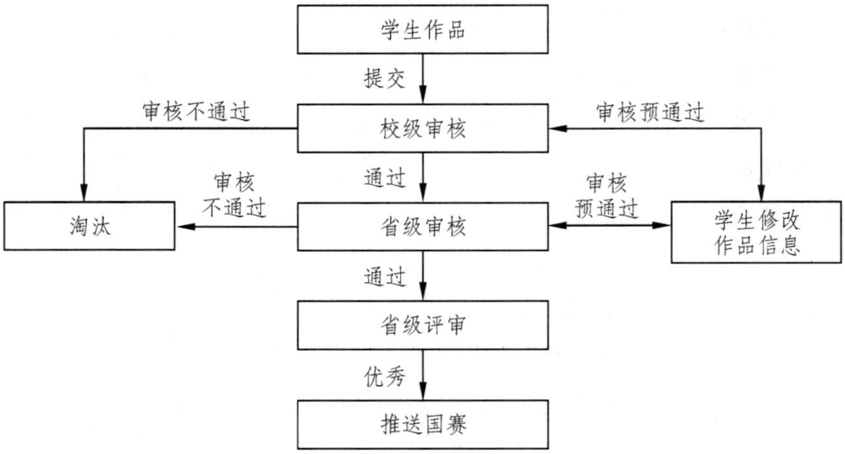

图 6-2　省赛审核流程

（三）在线评审流程

在线评审流程如图 6-3 所示。

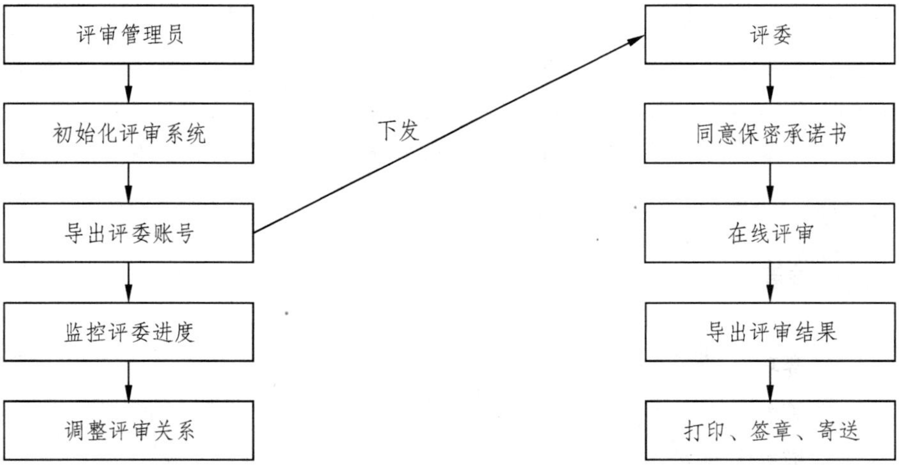

图 6-3　在线评审流程

任务二　中国“互联网+”大学生创新创业大赛

中国“互联网+”大学生创新创业大赛（官方网站：全国大学生创业服务网 https://cy.ncss.org.cn/），由教育部、中央统战部、中央网络安全和信息化委员会办公室、国家发展和改革委员会、工业和信息化部、人力资源和社会保障部、农业农村部、国家知识产权局、中国科学院、中国工程院、国务院扶贫开发领导小组办公室、共青团中央共同主办。截至2019年，大赛已连续举办五届，2019年赛道增至5个，包括：高教主赛道、“青年红色筑梦之旅”赛道、职教赛道、国际赛道、萌芽版块。其中，高职院校参加“青年红色筑梦之旅”赛道、职教赛道。第五届“互联网+”大学生创新创业大赛由浙江大学和杭州市人民政府承办。

一、大赛目的与任务

大赛旨在激发学生的创造力，培养造就“大众创业、万众创新”生力军；鼓励广大青年扎根中国大地了解国情民情，在创新创业中增长智慧才干，在艰苦奋斗中锤炼意志品质，把激昂的青春梦融入伟大的中国梦，努力成长为德才兼备的有为人才。国家把大赛作为深化创新创业教育改革的重要抓手，引导各地各高校主动服务国家战略和区域发展，开展课程体系、教学方法、教师能力、管理制度等方面的综合改革。以大赛为牵引，带动职业教育、基础教育深化教学改革，全面推进素质教育，切实提高学生的创新精神、创业意识和创新创业能力。赛事组委会积极推动赛事成果转化和产学研用紧密结合，促进“互联网+”新业态形成，服务经济高质量发展。以创新引领创业、以创业带动就业，努力形成高校毕业生更高质量创业就业的新局面。

二、参赛项目要求

（1）参赛项目能够将移动互联网、云计算、大数据、人工智能、物联网、下一代通信技术等新一代信息技术与经济社会各领域紧密结合，培育新产品、新服务、新业态、新模式；发挥互联网在促进产业升级以及信息化和工业化深度融合中的作用，促进制造业、农业、能源、环保等产业转型升级；发挥互联网在社会服务中的作用，创新网络化服务模式，促进互联网与教育、医疗、交通、金融、消费生活等深度融合。

（2）参赛项目须真实、健康、合法，无任何不良信息，项目立意应弘扬正能量，践行社会主义核心价值观。参赛项目不得侵犯他人的知识产权；所涉及的发明创造、专利技术、资源等必须拥有清晰合法的知识产权或物权；抄袭、盗用、提供虚假材料或违反相关法律法规一经发现即刻丧失参赛相关权利并自负一切法律责任。

（3）参赛项目涉及他人知识产权的，报名时需提交完整的具有法律效力的所有人书面授权许可书、专利证书等；已完成工商登记注册的创业项目，报名时需提交营业执照及统一社会信用代码等相关复印件、单位概况、法定代表人情况、股权结构等。参赛项目可提供当前财务数据、已获投资情况、带动就业情况等相关证明材料。已获投资（或收入）1 000 万元以上的参赛项目，在全国总决赛时需提供相应佐证材料。

三、比赛赛制

大赛采用校级初赛、省级复赛、全国总决赛三级赛制（不含萌芽版块）。校级初赛由各院校负责组织，省级复赛由各省（区、市）负责组织，全国总决赛由各省（区、市）按照大赛组委会确定的配额择优遴选推荐项目。

四、参赛组别和对象

（一）职教赛道

职教赛道仅限职业院校（含高职高专、中职中专）院校学生报名参赛，分为创意组与创业组。具体参赛条件如下：

1. 创意组

参赛项目具有较好的创意和较为成型的产品原型或服务模式，在 2019 年 5 月 31 日（以下时间均包含当日）前尚未完成工商登记注册。参赛申报人须为团队负责人，须为职业院校的在校学生。

2. 创业组

参赛项目在 2019 年 5 月 31 日前已完成工商登记注册，且公司注册年限不超过 5 年（2014 年 3 月 1 日后注册）。参赛申报人须为企业法人代表，须为职业院校在校学生或毕业 5 年以内的毕业生（2014 年之后毕业）。企业法人在大赛通知发布之日后进行变更的不予认可。创业组已完成工商登记注册参赛项目的股权结构中，企业法人代表的股权不得少于 10%，参赛成员合计不得少于 1/3。

教师科技成果转化的项目可以参加创业组（不能参加创意组，科技成果的完成人、所有人中有参赛申报人的除外），允许将拥有科研成果的教师的股权与学生所持股权合并计算，合并计算的股权不得少于 51%（学生团队所持股权比例不得低于 26%）。教师持股比例大于学生团队持股比例的项目，只能参加高教主赛道师生共创组，不能报名参加职教赛道。

（二）“青年红色筑梦之旅”赛道

参加“青年红色筑梦之旅”活动的项目，符合大赛参赛要求的，可自主选择参加大赛“青年红色筑梦之旅”赛道或其他赛道比赛（只能选择参加一个赛道）。“青年红色筑梦之旅”赛道单列奖项、单独设置评审指标，突出项目的社会贡献和公益价值。参加“青年红色筑梦之旅”赛道的项目要在推进革命老区、贫困地区、城乡社区经济社会发展等方面有创新性、实效性和可持续性。参加大赛“青年红色筑梦之旅”赛道的项目须为参加“青年红色筑梦之旅”活动的项目。根据项目性质和特点，分为公益组、商业组。

1. 公益组

参赛项目以社会价值为导向，在公益服务领域具有较好的创意、产品或服务模式的创业计划和实践，并符合以下条件：

（1）参赛申报主体为独立的公益项目或者社会组织，注册或未注册成立公益机构（或社会组织）的项目均可参赛。

（2）参赛申报人须为项目实际负责人，须为普通高等学校在校生（可为本专科生、研究生，不含在职生），或毕业 5 年以内的毕业生（2014 年之后毕业的本专科生、研究生，不含在职生）。

（3）师生共创的公益项目，若符合“青年红色筑梦之旅”赛道要求，可以参加该组。

2. 商业组

参赛项目以商业手段解决农业农村和城乡社区发展的痛点问题，助力精准扶贫和乡村振兴，实现经济价值和社会价值的融合，并符合以下条件：

（1）参赛申报人须为项目实际负责人，须为普通高等学校在校生（可为本专科生、研究生，不含在职生），或毕业 5 年以内的毕业生（2014 年之后毕业的本专科生、研究生，不含在职生）。

（2）注册或未注册成立公司的项目均可参赛。已完成工商登记注册参赛项目的股权结构中，企业法人代表的股权不得少于 10%，参赛成员股权合计不得少于 1/3。如已注册成立机构或公司，学生须为法人代表。

（3）师生共创的商业组项目只能参加高教主赛道，不能报名参加“青年红色筑梦之旅”赛道。

五、第五届中国“互联网+”大学生创新创业大赛职教赛道评审规则

（一）职教赛道创意组项目评审要点（见表 6-1）

表 6-1　职教赛道创意组项目评审要点

评审要点	评审内容	分数
创新性	鼓励原始创意、创造；鼓励面向培养“大国工匠”与能工巧匠的创意与创新；项目体现产教融合模式创新、校企合作模式创新、工学一体模式创新；鼓励面向职业和岗位的创意及创新，侧重于加工工艺创新、实用技术创新、产品（技术）改良、应用性优化、民生类创意等	40
团队情况	团队成员的教育和工作背景、创新思想、价值观念、分工协作和能力互补情况。项目拟成立公司的组织构架、股权结构与人员配置安排合理。创业顾问、潜在投资人以及战略合作伙伴等外部资源的使用计划和有关情况	30
商业性	商业模式设计完整、可行，项目盈利能力推导过程合理。在商业机会识别与利用、竞争与合作、技术基础、产品或服务设计、资金及人员需求、现行法律法规限制等方面具有可行性。行业调查研究深入翔实，项目市场、技术等调查工作形成一手资料，强调田野调查和实际操作检验	20
社会效益	项目发展战略和规模扩张策略的合理性和可行性，预判项目可能带动社会就业的能力	10

（二）职教赛道创业组项目评审要点（见表 6-2）

表 6-2　职教赛道创业组项目评审要点

评审要点	评审内容	分数
商业性	商业模式设计完整、可行，产品或者服务成熟度及市场认可度，已获外部投资情况。经营绩效方面，重点考察项目存续时间、营业收入、企业利润、持续盈利能力、市场份额、客户（用户）情况、税收上缴、投入与产出比等情况。成长性方面，重点考察项目目标市场容量大小及可扩展性，是否有合适的计划和可靠资源（人力资源、资金、技术等方面）支持其未来持续快速成长。现金流及融资方面，关注维持企业正常经营的现金流情况，以及企业融资需求及资金使用规划是否合理	40

续表

评审要点	评审内容	分数
团队情况	团队成员的教育和工作背景、创新思想、价值观念、分工协作和能力互补情况，重点考察成员的投入程度。公司的组织构架、股权结构、人员配置以及激励制度合理。项目对创业顾问、投资人以及战略合作伙伴等外部资源的整合能力	30
创新性	鼓励原始创意、创造；鼓励面向培养“大国工匠”与能工巧匠的创意与创新；项目体现产教融合模式创新、校企合作模式创新、工学一体模式创新；鼓励面向职业和岗位的创意及创新，侧重于加工工艺创新、实用技术创新、产品（技术）改良、应用性优化、民生类创意等	20
社会效益	项目实际带动的直接就业人数，考察项目未来持续带动就业的能力	10

六、第五届中国“互联网+”大学生创新创业大赛“青年红色筑梦之旅”赛道评审规则

（一）“青年红色筑梦之旅”赛道公益组项目评审要点（见表6-3）

表6-3 “青年红色筑梦之旅”赛道公益组项目评审要点

评审要点	评审内容	分值
公益性	项目以社会价值为导向，以解决社会问题为使命，不以盈利为目的，有可预见的公益成果，公益受众的覆盖面广。在公益服务领域有良好产品或服务模式	20
项目团队	团队成员的基本素质、业务能力、奉献意愿和价值观与项目需求相匹配；团队或公司组织架构与分工协作合理；团队权益结构或公司股权结构合理；团队的延续性或接替性	20
实效性	项目对精准扶贫、乡村振兴和社区治理等社会问题的贡献度；在引入社会资源方面对农村组织和农民增收、地方产业结构优化的效果；项目对促进就业、教育、医疗、养老、环境保护与生态建设等方面的效果	20
创新性	鼓励技术或服务创新、引入或运用新技术，鼓励高校科研成果转化；鼓励组织模式创新或进行资源整合	20
可持续性	项目的持续生存能力；创新研发、生产销售、资源整合等持续运营能力；项目模式可复制、可推广，具有示范效应等	20
必要条件	参加由学校、省市或全国组织的“青年红色筑梦之旅”活动，符合公益性要求	

（二）“青年红色筑梦之旅”赛道商业组项目评审要点（见表 6-4）

表 6-4　“青年红色筑梦之旅”赛道商业组项目评审要点

评审要点	评审内容	分值
项目团队	团队成员的基本素质、业务能力、奉献意愿和价值观与项目需求相匹配；团队或公司组织架构与分工协作合理；团队权益结构或公司股权结构合理	20
实效性	项目对精准扶贫、乡村振兴和社区治理等社会问题的贡献度；在引入社会资源方面对农村组织和农民增收、地方产业结构优化的效果；项目对促进就业、教育、医疗、养老、环境保护与生态建设等方面的效果	20
创新性	鼓励技术或服务创新、引入或运用新技术，鼓励高校科研成果转化；鼓励在生产、服务、营销等商业模式要素上创新；鼓励组织模式创新或进行资源整合	20
可持续性	项目的持续生存能力；经济价值和社会价值适度融合；创新研发、生产销售、资源整合等持续运营能力；项目模式可复制、可推广等	20
社会效益	项目发展战略和规模扩张策略的合理性和可行性，项目实际带动的直接就业人数，考察项目未来持续带动就业的能力	20
必要条件	参加由学校、省市或全国组织的“青年红色筑梦之旅”活动	

任务三　“创青春”全国大学生创业大赛

“创青春”全国大学生创业大赛（官方网站 http://www.chuangqingchun.net），是“挑战杯”中国大学生创业计划竞赛的改革提升。大赛是由共青团中央、教育部、人力资源和社会保障部、中国科协、全国学联和地方省级人民政府主办，工业和信息化部、国务院国有资产监督管理委员会、中华全国工商业联合会支持的一项具有导向性、示范性和群众性的创业竞赛活动，每两年举办一届。

大赛的宗旨为培养创新意识、启迪创意思维、提升创造能力、造就创业人才。深入学习贯彻习近平新时代中国特色社会主义思想和党的十九大精神，引导和激励高校学生弘扬时代精神，把握时代脉搏，将所学知识与经济社会发展紧密结合，培养和提高创新、创意、创造、创业的意识和能力，促进高校学生就业创业教育、创业实践活动的蓬勃开展，发现和培养一批具有创新思维和创业潜力的优秀人才，帮助更多高校学生通过创业创新的实际行动，推动大众创业、万众创新，为决胜全面建成小康社会、建成社会主义现代化强国、实现中华民族伟大复兴的中国梦贡献青春力量。

一、大赛的基本方式

大赛下设大学生创业计划竞赛（即“挑战杯”中国大学生创业计划竞赛）、创业实践挑战赛、公益创业赛等 3 项主体赛事。大学生创业计划竞赛面向高等学校在校学生，以商业计划书评审、现场答辩等作为参赛项目的主要评价内容；创业实践挑战赛面向高等学校在校学生或毕业未满 3 年的高校毕业生，且应已投入实际创业 3 个月以上，以盈利状况、发展前景等作为参赛项目的主要评价内容；公益创业赛面向高等学校在校学生，以创办非营利性质社会组织的计划和实践等作为参赛项目的主要评价内容。全国组织委员会聘请专家评定出具备一定操作性、应用性以及良好市场潜力、社会价值和发展前景的优秀项目，给予奖励；组织参赛项目和成果的交流、展览、转让活动。

二、参赛资格与项目申报

凡在举办大赛终审决赛的当年 7 月 1 日以前正式注册的全日制非成人教育的各类高等院校在校专科生、本科生、硕士研究生和博士研究生（均不含在职研究生）可参加全部 3 项主体赛事；毕业 3 年以内（时间截至举办大赛终审决赛的当年 7 月 1 日）的专科生、本科生、硕士研究生和博士研究生可代表原所在高校参加创业实践挑战赛（需提供毕业证证明，仅可代表最终学历颁发高校参赛）。

三、参赛项目的申报条件

（一）大学生创业计划竞赛

参加竞赛项目分为已创业与未创业两类；分为农林、畜牧、食品及相关产业，生物医药，化工技术和环境科学，信息技术和电子商务，材料、机械能源，文化创意和服务咨询等 7 个组别，实行分类、分组申报。

拥有或授权拥有产品或服务，并已在工商、民政等政府部门注册登记为企业、个体工商户、民办非企业单位等组织形式，且法人代表或经营者为符合创业大赛章程第十七条规定的在校学生、运营时间在 3 个月以上（以预赛网络报备时间为截止日期）的项目，可申报已创业类。

拥有或授权拥有产品或服务，具有核心团队，具备实施创业的基本条件，但尚未在工商、民政等政府部门注册登记或注册登记时间在 3 个月以下的项目，可申报未创业类。

（二）创业实践挑战赛

拥有或授权拥有产品或服务，并已在工商、民政等政府部门注册登记为企业、个体工商户、民办非企业单位等组织形式，且法人代表或经营者符合第十七条规定、运营时间在 3 个月以上（以预赛网络报备时间为截止日期）的项目，可申报该赛事。申报不区分具体类别、组别。

（三）公益创业赛

拥有较强的公益特征（有效解决社会问题，项目收益主要用于进一步扩大项目的范围、规模或水平）、创业特征（通过商业运作的方式，运用前期的少量资源撬动外界更广大的资源来解决社会问题，并形成可自身维持的商业模式）、实践特征（团队须实践其公益创业计划，形成可衡量的项目成果，部分或完全实现其计划的目标成果）的项目，且参赛学生符合创业大赛章程第十七条规定，可申报该赛事。申报不区分具体类别、组别。

四、参赛形式

以学校为单位统一申报，以创业团队形式参赛，原则上每个团队人数不超过 10 人。网络初评开始后，只可进行人员删减，不可进行人员顺序调整及人员添加。对于跨校组队参赛的项目，各成员须事先协商明确项目的申报单位。

对于经授权的发明创造或专利技术，在报名时需提交具有法律效力的发明创造或专利技术所有人的书面授权许可、项目鉴定证书、专利证书等。对于已注册运营项目的，在报名时需提交相关证明材料（含单位概况、法定代表人情况、营业执照复印件、税务登记证复印件、组织机构代码复印件等材料）。

参赛项目涉及下列内容时，必须由申报者提供有关部门的证明材料，否则不予评审。动植物新品种的发现或培育，须有省级以上农科部门或科研院所开具证明；对国家保护动植物的研究，须有省级以上林业部门开具证明，证明该项研究的过程中未产生对所研究的动植物繁衍、生长不利的影响；新药物的研究须有卫生行政部门授权机构或具有同等资质机构的鉴定证明；医疗卫生研究须通过专家鉴定，并最好附有在公开发行的专业性杂志上发表过的文章；涉及燃气用具等与人民生命财产安全有关用具的研究，须有国家相应行政部门授权机构的认定证明。

每个学校选送参加全国大赛的项目总数不超过 6 件。其中，参加大学生创业计划竞赛的项目总数不超过 3 件，参加创业实践挑战赛的项目总数不超过 2 件，参加公益创业赛的项目总数不超过 1 件，每人（每个团队）限报 1 件；每个参赛项目只可选择参加一项主体赛事，不得兼报。参赛项目须经过本省（自治区、直辖市）组织协调委员会进行资格及形式审查和本省（自治区、直辖市）评审委员会初步评定，方可上报全国组织委员会办公室。各省（自治区、直辖市）选送全国大赛的项目数额由主办单位统一确定。

模块七
平台实践

任务一　赛教一体实践平台

一、系统操作指导

1. 系统登录及注册

（1）打开谷歌浏览器，输入服务器地址，显示用户登录界面，输入用户名、密码，点击登录。（见图 7-1）

（2）在用户登录页面，点击“注册”，进入注册账号页面，填写完信息，点击“注册”按钮。注册成功后即可登录。（见图 7-2）

图 7-1　登录界面

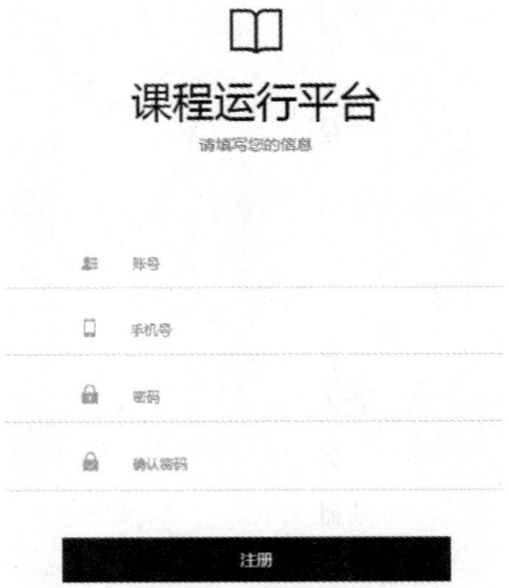

图 7-2　注册界面

2. 加入班级

（1）登录自己的账号，在邀请码的文本框中输入老师公布的班级邀请码，点击“加入”按钮，即可申请加入班级。

（2）申请加入班级后，系统根据创建班级时的设置，自动审核通过学生的申请或者等待由老师手工审核通过。申请通过以后，在“我的教学班”会显示出所申请的班级，点击右下角的进入图标或上半部分的班级图片进入班级。（见图 7-3）

图 7-3 “我的教学班”界面

（3）学生点击进入实训班级后，进入教学班首页。如果班级未开始上课，则不显示上方的导航栏，并且点击“进入课程”，提示当前班级未开始上课，不能进入班级。当前班级开始上课以后，即可进入班级。（见图 7-4）

图 7-4 “进入课程”界面

3. 功能介绍

首页：课程特色介绍，滑动滚动条可查看更多信息。

学习中心：学生学习课程的入口。课程任务由老师进行推送，未推送的课程不能进行学习。

项目中心：包含自己和同学产出的所有项目，可在其中进行查看和评价等操作。

实习成果：可上传课程总结、查看学习成绩、实习报告。实习报告是系统根据学生的实际学习情况生成的针对每个人的一份能力报告。

我的团队：在我的团队中，可进行团队成员的查询、团队管理和团队空间的操作。

财富榜：为学生和团队获得系统内财富奖励的排行榜，财富值会影响成绩。

大赛：提供参加创新创业大赛的支持。

工具：参与老师发起的课堂投票，使用系统提供的画板工具进行绘画。

帮助：查看系统帮助。

4. 学习中心简介

个人中心：可以进行个人信息的设置、修改密码、重新选择教学班、退出账号的操作。

进入学习中心，可看到课程的任务列表，左侧是章，右侧是对应章的任务。（见图 7-5）

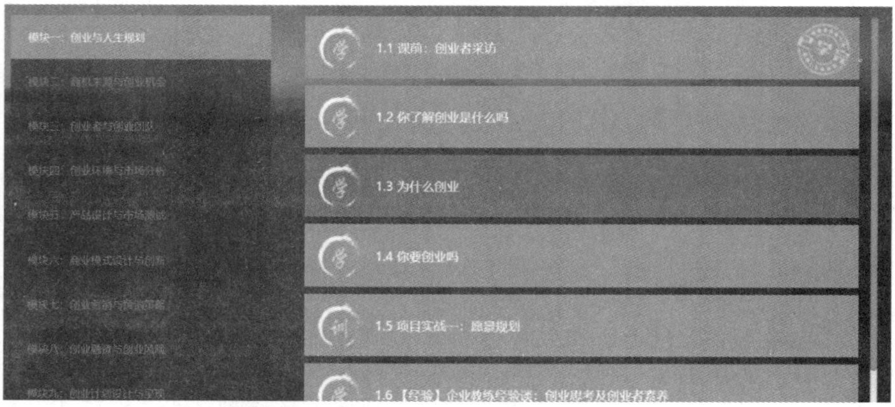

图 7-5　课程任务列表

任务状态：分为未推送、进行中、已完成。

任务类型：分为学、看、练、训、投、测、拓 7 种任务类型。

（1）学，即线下知识学习任务，学生进行自主学习，分为视频和 PPT 2 种学习方式，本类任务有必修和选修。必修任务任选一种学习方式，学完全部内容即可结束任务，选修任务可不进行学习直接结束任务。（见图 7-6）

图 7-6　“学”界面

（2）看，即线上知识学习任务，根据任务描述，通过学习线上资源，完成课程任务。（见图 7-7）

图 7-7　“看”界面

（3）练，即团队学习任务，通过团队讨论、学习，由团队组长提交此类任务。（见图 7-8）

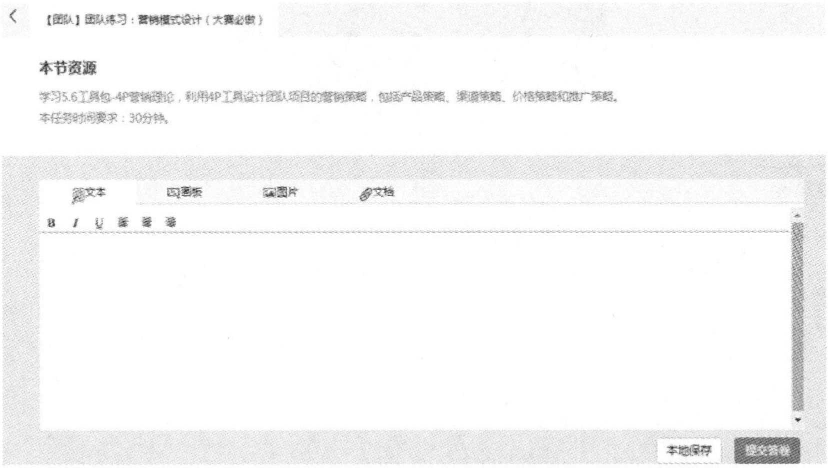

图 7-8　“练”界面

（4）训，即项目实战任务，通过实战工具完成此类任务。项目实战任务可使用协同功能，进行组内分工。

组长通过“分工”功能对工具中的内容进行分工，其他成员可以按照分工权限各自编写自己所负责的模块，由组长负责最后完成任务。（见图 7-9）

（5）投，即公投任务，对他人项目进行公投。每人最多允许投 3 个项目，但不能投自己的项目。（见图 7-10）

图 7-9 “训”界面

图 7-10 “投”界面

（6）测，即测评任务，在系统中进行测评，测评成绩会影响个人的综合成绩。（见图 7-11）

（7）拓，即拓展任务，由老师自定义设置的任务，可附加在系统任务上，或设置一个单独的任务。（见图 7-12）

图 7-11 “测”界面

图 7-12 “拓”界面

5. 我的团队

组员：可以进行团队成员的查询，个人信息的编辑。

组长：可以进行团队成员的查询，个人信息的编辑，有他人申请加入团队时，进行审核。

无组人员：可申请加入现有的团队。（见图 7-13）

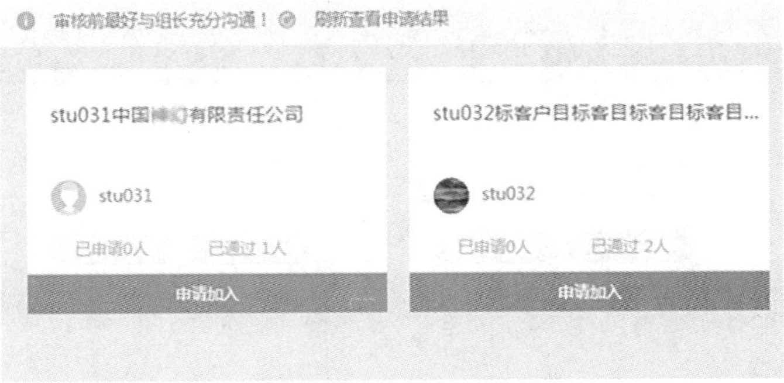

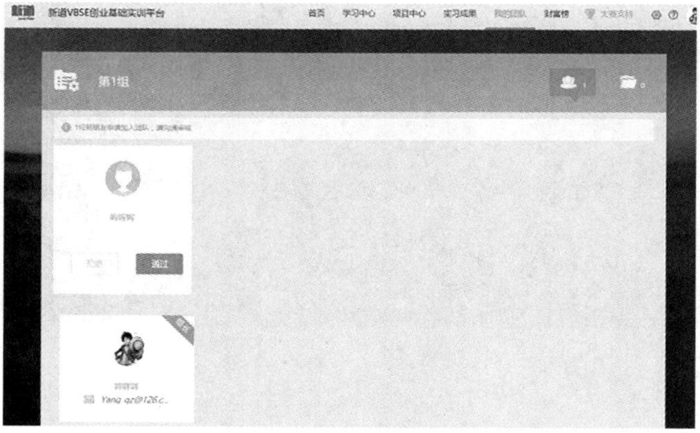

图 7-13　“申请加入团队”界面

团队空间：用于团队成员之间文件共享。组长和组员都能进行上传，组长可以预览、下载、删除所有文件，组员可预览、下载所有文件，但只能删除自己上传的文件。（见图 7-14）

图 7-14　“团队空间”界面

6. 项目中心

项目中心中包含课程中产生的所有项目，可以点击查看项目内容，并对项目进行盖章和评价。项目组长可以在项目中心上传自己项目的路演视频。（见图 7-15）

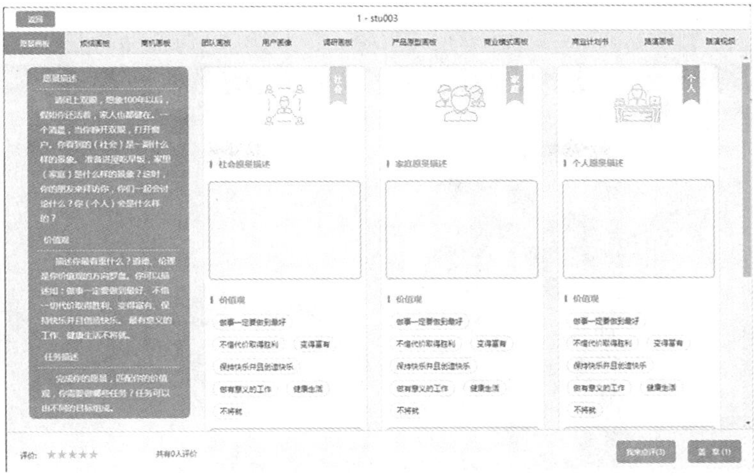

图 7-15 “项目中心”界面

7. 财富榜

财富榜分为“个人财富榜”和“团队财富榜”。(见图 7-16)

个人财富榜：记录个人在课程中获得的财富值。

团队财富榜：记录团队在课程中获得的财富值。

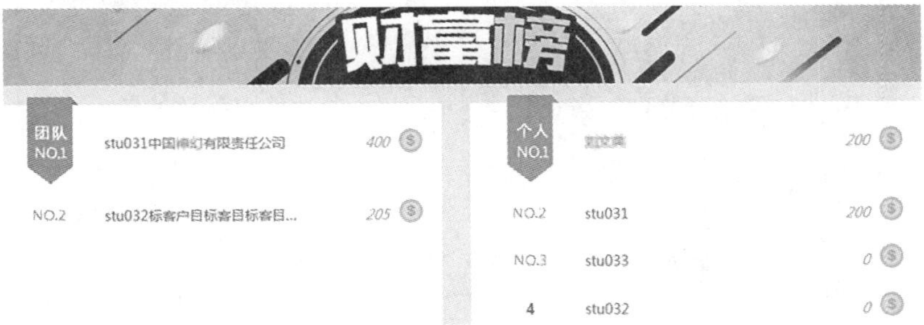

图 7-16 “财富榜”界面

8. 大赛支持

大赛支持中提供商业计划书在线编辑工具、路演辅助工具、BP（PPT）编辑器（仅在有外网情况下使用，未连接外网情况，提供 PPT 下载模板）和项目管理工具。（见图 7-17）

图 7-17 “大赛支持”界面

（1）BP 编辑器：进入在线编辑商业计划书系统。（见图 7-18）

图 7-18 “BP 编辑器”界面

（2）选择 PPT 模板。（见图 7-19）

图 7-19 “选择 PPT 模板”界面

（3）查看在线帮助文档。（见图 7-20）

图 7-20 “查看在线帮助文档”界面

（4）导出 PPT。（见图 7-21）

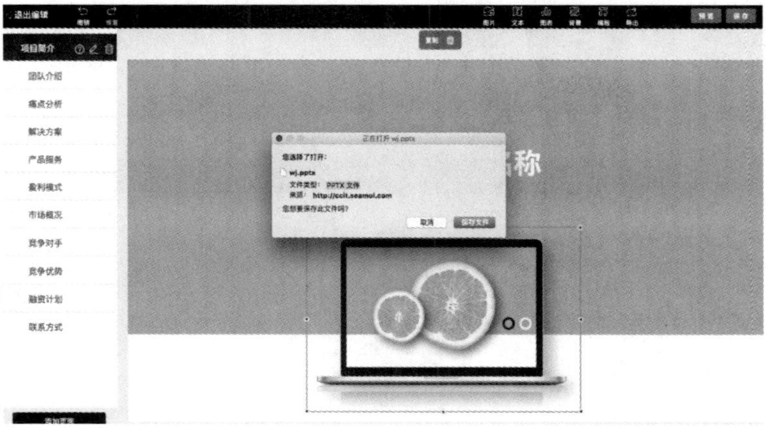

图 7-21 导出 PPT 界面

（5）商业计划书。（见图 7-22）

图 7-22 “商业计划书”界面

（6）路演辅助工具。（见图 7-23）

图 7-23 “路演辅助工具”界面

9. 实习成果（见图 7-24）

实训总结：组长下载实训总结模板，由团队共同完成一份实训总结后，再由组长在系统中上传。

实习报告：可查看个人成绩单和并生成实习报告。

图 7-24 “实习成果”界面

二、创业与人生规划

（一）实验目的

（1）认知创业的内涵和创业的意义。

（2）了解创业者需要具备的素质，认知自我与创业的适配度。

（二）实验内容

（1）创业采访。

（2）认识创新创业。

（3）感知创业的内涵。

（4）创业人生的自我实现。

（5）项目实战：愿景规划。

（6）课外：创业经验学习。

（7）拓展：创业知识。

（三）实验准备

（1）登录课程实训系统，以学生身份注册账号。

（2）通过教师下发的课程邀请码进入指定的班级当中。

（四）实验要求

（1）以学生身份进入系统，点击学习中心进行线上知识点学习。

（2）每一位学生需要独立完成愿景画板。

（五）操作指导

1. 线上知识学习

（1）以学生身份进入系统，执行“学习中心”→在页面左侧选择相应的章节→选择右侧的任务列表→点击“打开任务”→点击“学习”。（见图 7-25）

图 7-25 “学习中心”界面

（2）学习完成后关闭弹出页面，点击“结束任务”完成该项任务的学习。（见图 7-26）

注意：如果该项任务中有拓展任务的，也需要完成学习，每一笔任务学习时间不低于 1 分钟，否则不能结束任务。

图 7-26 “结束任务”界面

2. 愿景规划（以任务 1.5 为例）

（1）请学习“任务 1.5”课程资源，思考并完善愿景画板，分别从个人、家庭、社会 3 个维度进行愿景描述。（参考示例：一个“创新创业培训导师”的愿景规划）（见图 7-27）

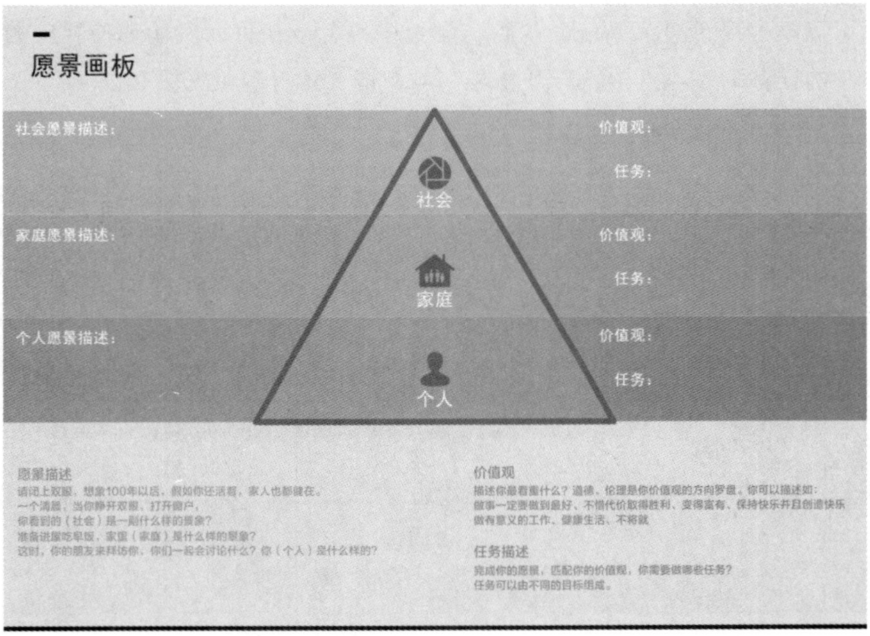

图 7-27 “愿景画框”界面

（2）打开任务 1.5→将结果以文本形式录入系统中→点击“保存到本地”。（见图 7-28）

图 7-28 “实训任务”界面

3. 线上知识拓展（以任务 1.7 为例）

（1）打开任务 1.7，学习线上双创文章、政策法规。

（2）根据学习的知识，总结国家扶持双创项目的各类政策对大学生创业有什么帮助？以文档的形式进行成果提交。（见图 7-29）

图 7-29 “线上知识拓展”界面

4. 单元测试（以任务 1.8 为例）

打开任务 1.8，进行第一章创业与人生规划的学习单元测试。教师开始发布测试，学生点击“开始测试”即可进入界面答题，回答完成点击“交卷”，显示成绩、答案解析。

三、商机来源与创业机会

（一）实验目的

（1）了解商机的来源及创业三要素。
（2）掌握发现、识别、创造创业机会的方法。
（3）熟悉创业资源的概念。

（二）实验内容

（1）课前项目搜集。
（2）创业机会的来源。
（3）项目实战：烦恼画板。
（4）发现创业机会。
（5）商机评估方法。
（6）项目实战：商机画板。
（7）创业三要素及资源整合。
（8）创业项目评估：调色板。
（9）创业价值识别。
（10）拓展：项目库知识拓展。

（三）实验准备

以学生身份进入系统，点击学习中心进行线上知识点学习。

（四）实验要求

（1）完成模块一的实训内容。
（2）进行学习中心学习，独立完成烦恼画板、商机画板内容。

（五）操作指导

1. 烦恼画板（以任务 2.3 为例）

请学习“任务 2.3”课程资源，思考并完善烦恼画板。根据寻找烦恼、收集问题、挖掘需求 3 个方面描述当前烦恼。（通过创业机会的 10 大来源，进行商机探索）（见图 7-30）

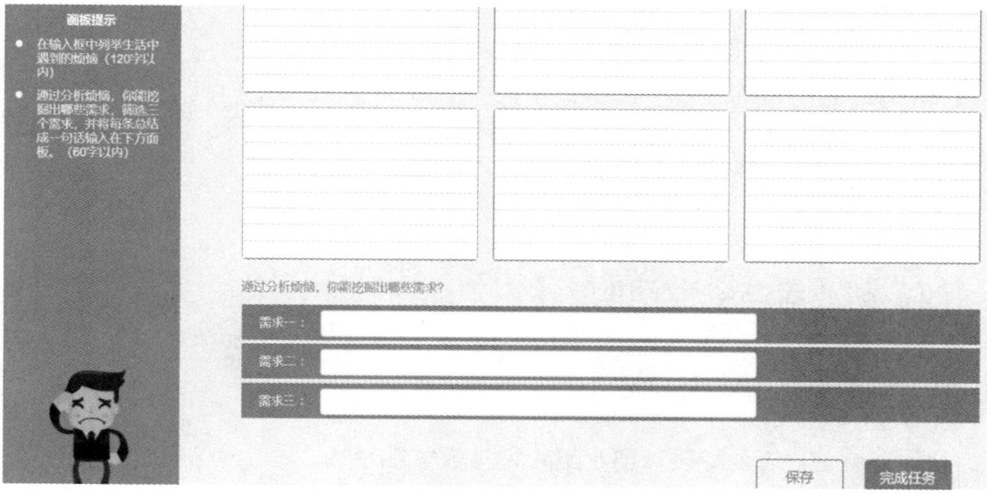

图 7-30 “烦恼画板”界面

2. 商机画板（以任务 2.6 为例）

请学习“任务 2.6”课程资源，思考并完善商机画板。从相关方、需求、商机 3 个方面描述商机规划，并完善商机画板。（见图 7-31）

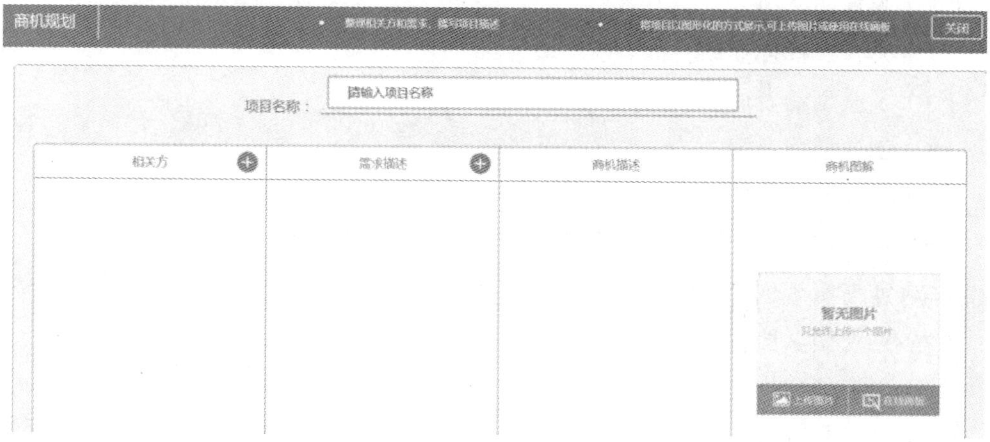

图 7-31 “商机画板”界面

3. 知识拓展（以任务 2.10 为例）

（1）查看项目库线上资源，分析“太容易解决的问题不值钱”以及在识别创新方向的过程中，应该注意什么问题。

（2）以文本输入、画板描绘、上传图片、上传附件形式提交成果。（见图 7-32）

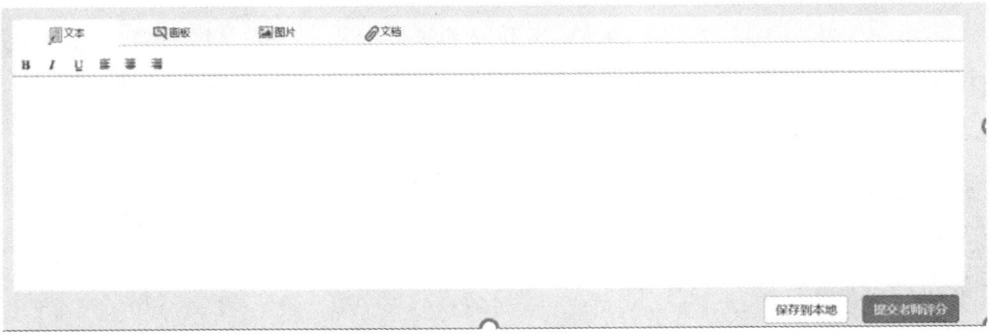

图 7-32 “提交成果”界面

四、创业者与创业团队

（一）实验目的

（1）了解创业者的特质、创业团队的内涵与分工。

（2）熟悉组建创业团队。

（3）掌握管理创业团队的方法。

（二）实验内容

（1）收集团队组合。

（2）公投选择创业项目。

（3）了解创业者的特质。

（4）创业职能自测。

（5）寻找创业伙伴。

（6）项目实战：团队组建（团队画板）。

（7）如何管理创业团队。

（8）创业团队股权分配。

（9）创业能力构建经验学习。

（10）拓展：团队画布设计。

（三）实验准备

用学生身份进入学习中心第三模块章节。

（四）实验要求

（1）完成章节三的学习内容。

（2）投选出创业项目，组建创业团队，完成团队基本信息。

（五）操作指导

1. 项目公投（以任务 3.2 为例）

请根据他人创业项目，进行公投，投票选出你认为最好的项目。（见图 7-33）

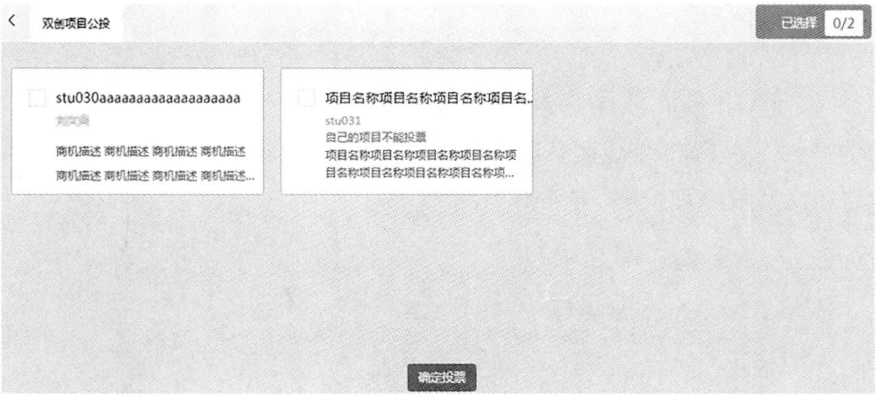

图 7-33 “项目公投”界面

2. 团队画板（以任务 3.6 为例）

请学习“任务 3.6”课程资源，思考并完善团队画板。从设计团队分工、共同目标 2 个方向着手，描述并完成团队画板。

（1）组长填写团队画板中 LEADER 画像、团队分工以及团队共同目标。（见图 7-34）

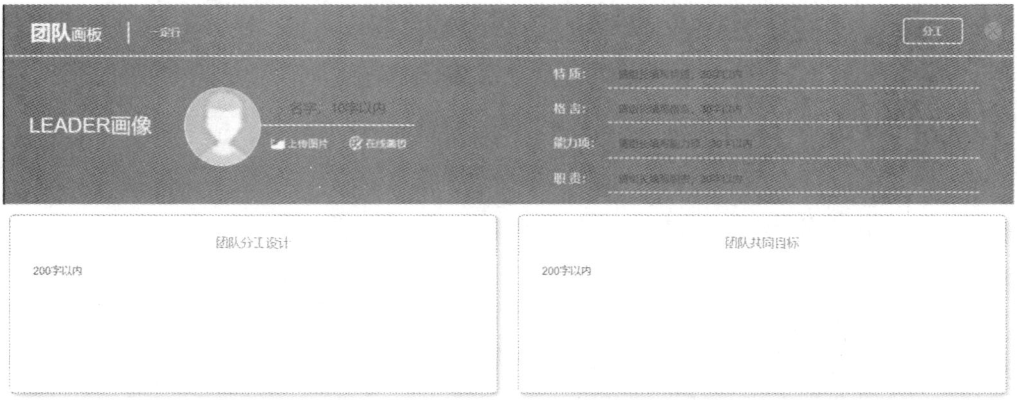

图 7-34 填写团队画板

（2）由各组员填写个人基本信息。（见图 7-35）

图 7-35　填写个人基本信息

3. 团队股权分配（以任务 3.8 为例）

请学习“任务 3.8”创业团队股权分配学习资料，以文本、画板、图片、文档等方式上传团队股权分配措施。（见图 7-36）

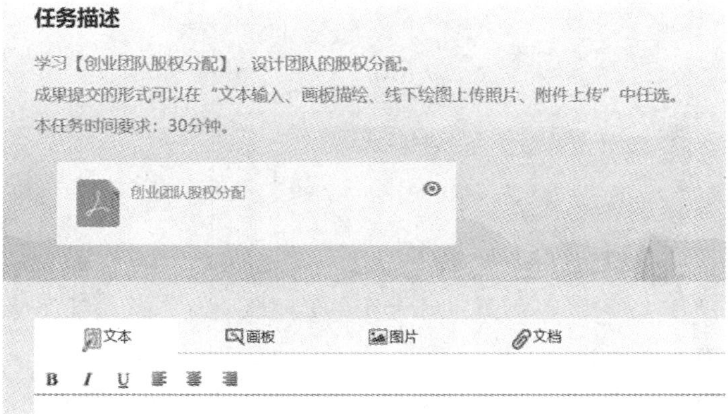

图 7-36　“团队股权分配”上传

4. 团队画布设计知识拓展（以任务 3.10 为例）

请学习“任务 3.10”线上资源，总结团队分组类型及适用项目，形成成果，并以文本输入、画板描绘、线下绘图上传照片、附件上传任一形式提交。

五、创业环境与市场分析

（一）实验目的

（1）了解市场规模预测的方法。

（2）熟悉市场环境分析工具。

（3）掌握制定市场战略、客户画像的适用方法。

（二）实验内容

（1）市场环境调研与分析。
（2）了解创业环境，学习市场调研报告案例。
（3）利用市场分析工具对市场环境进行分析。
（4）市场细分及规模预测。
（5）制定 STP 战略设计。
（6）如何使用客户画像。
（7）项目实战：客户画像。
（8）项目实战：市场调研。
（9）市场调研与价值设计。
（10）问卷库线上知识拓展。

（三）实验准备

用学生身份进入学习中心第四模块。

（四）实验要求

（1）独立完成线上学校内容。

（2）团队完成市场调研、环境分析、STP 战略设计、客户画像、市场调研问卷等内容。

（五）系统指导

1. 市场环境调研与分析（以任务 4.1 为例）

团队将搜集的市场数据资料进行归纳整理，标出有效信息，并以文本输入、画板描绘、线下绘图上传照片、附件上传任一形式提交团队成果。

2. 市场环境分析（以任务 4.3 为例）

请学习“任务 4.3”资料，利用 SWOT、PEST、波特五力模型对创业项目进行分析，并提交相应的成果。（见图 7-37）

3. STP 战略设计（以任务 4.5 为例）

请学习“任务 4.5”STP 战略设计，利用 STP 分析工具对团队项目的市场进行分析，从确定细分市场、目标市场选择、市场定位 3 个方向提交成果。

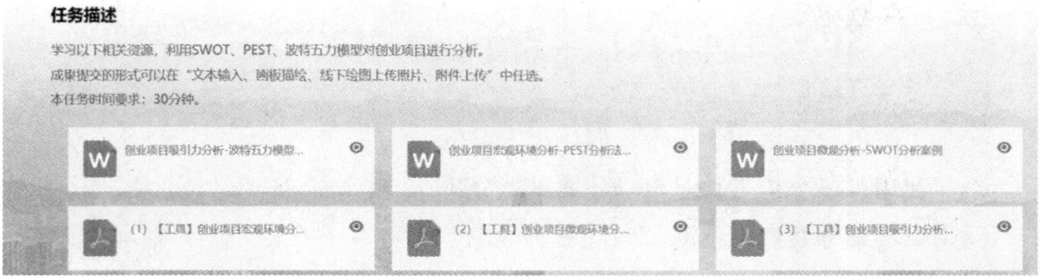

图 7-37　“市场环境分析”界面

4. 客户画像（以任务 4.7 为例）

请学习“任务 4.7”客户画像资料，从年龄群、收入、教育程度、出入场所、喜好等多个维度，描述客户画像。（见图 7-38）

图 7-38　“客户画像”界面

5. 市场调研：调研问卷画板（以任务 4.8 为例）

请学习“任务 4.8”调查问卷画板资料，从调研背景与意义、调研内容、调研对象、抽样方式、调研方式、发布方式等 6 大维度设计调研画板。成果提交可以文档的形式录入平台也可以用附件形式录入。（见图 7-39）

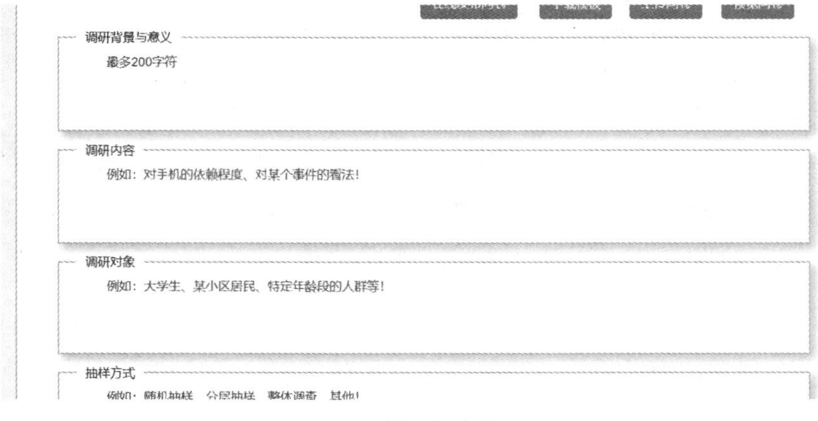

图 7-39　“调研画板”界面

六、产品设计与市场测试

（一）实验目的

（1）了解精益创业下的产品设计方法。
（2）熟悉最小可行产品的价值与类型。
（3）掌握用户测试和产品迭代的方法。

（二）实验内容

（1）同类产品调研。
（2）感知创新思维。
（3）学习产品设计、呈现的方法。
（4）项目实战：产品原型画板。
（5）产品迭代与创新。
（6）产品测试与迭代计划。
（7）创业产品呈现。
（8）了解安索夫矩阵工具。
（9）产品及服务设计知识拓展。

（三）实验准备

以学生身份进入学习中心第五章节。

（四）实验要求

（1）小组成员完成线上学习任务。
（2）团队协同完成产品调研、创新思维感知、产品原型画板及创业产品的呈现。

（五）操作指导

1. 同类产品调研（以任务 5.1 为例）

请小组协同搜集市场资料、查找相关同类产品，对同类产品进行深入了解，打开任务 5.1，将汇总资料的数据以成果的形式上传系统中。（见图 7-40）

2. 感知创新思维（以任务 5.2 为例）

请学习“任务 5.2”中感知创新思维资料，团队协作完成创意圈内容，将成果上

传到系统中。（见图 7-41）

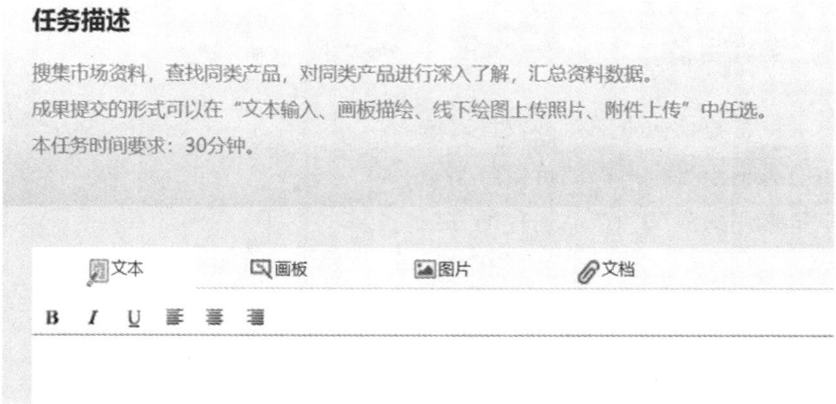

图 7-40　“同类产品调研”界面

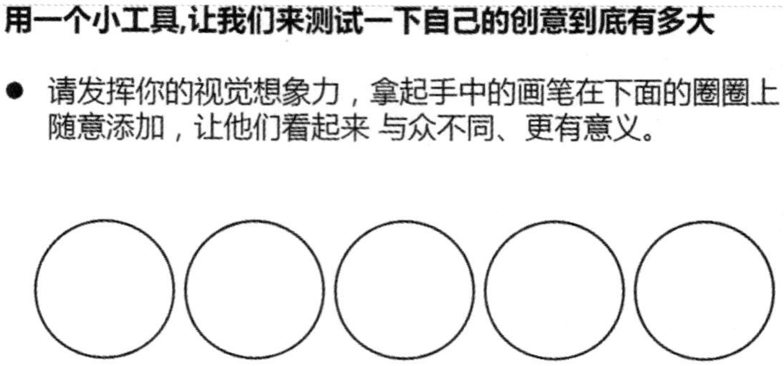

图 7-41　创意圈事例

3. 产品原型画板（以任务 5.4 为例）

请学习“任务 5.4”的资料，团队协同从产品描述、产品图解、产品理念、工作原理、功能模块、服务内容等多个方面完成产品原型画板。（见图 7-42）

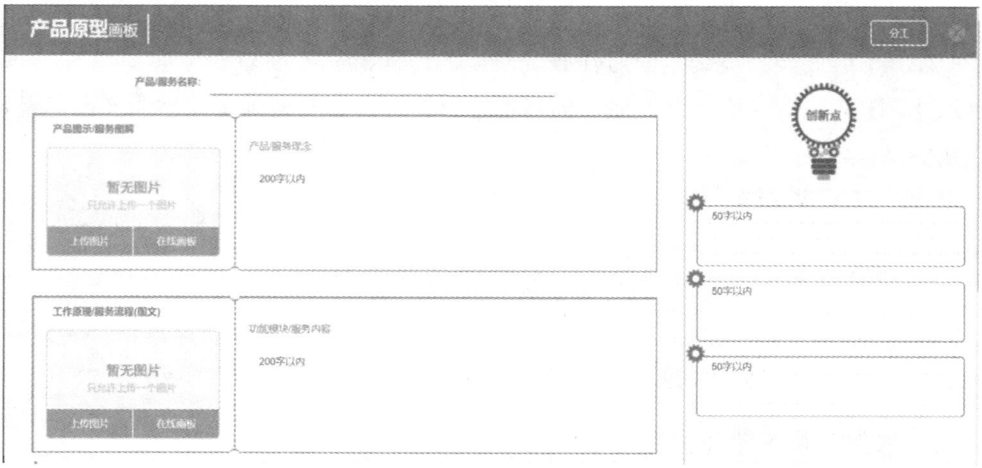

图 7-42　“产品原型画板”界面

4. 产品迭代与测试（以任务 5.6 为例）

请学习“产品迭代与创新”内容，进行产品测试，根据测试结果进行产品的迭代与创新。并将产品测试与迭代计划记录下来，将成果上传到系统中。（见图 7-43）

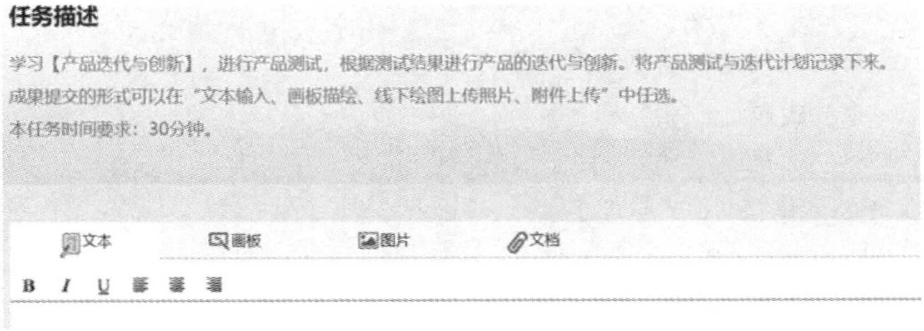

图 7-43 “产品迭代与创新”界面

5. 创业产品呈现（以任务 5.7 为例）

请将设计的产品以视频、图片、PPT 的形式进行相关产品的呈现，并将成果上传到系统。（见图 7-44）

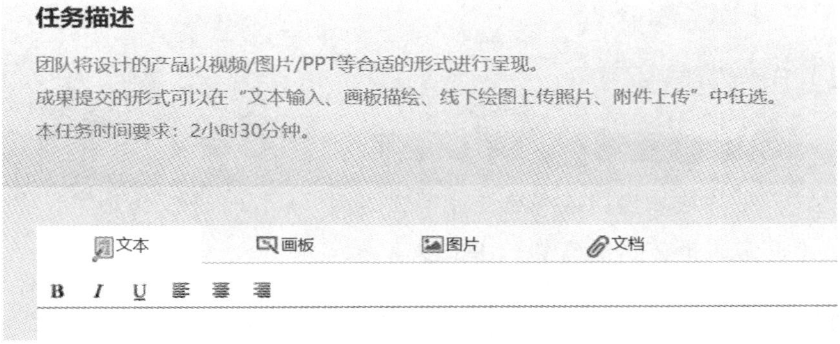

图 7-44 “产品呈现”界面

七、商业模式设计及创新

（一）实验目的

（1）了解商业模式的定义、商业模式的不同类型。
（2）熟悉商业模式的创新方法。
（3）掌握商业模式的设计与评价方法。

（二）实验内容

（1）经典商业模式案例分析。

（2）了解商业模式的概念及类型。

（3）了解商业模式画板工具。

（4）项目实战：商业模式设计。

（5）商业模式评估打分。

（6）商业模式创新的 4 个视角。

（7）商业模式设计经验学习。

（三）实验准备

以学生身份进入学习中心第六章节。

（四）实验要求

（1）完成章节六的线上学习内容。

（2）团队协同完成商业模式案例搜集、商业模式画布设计以及商业模式评估等内容。

（五）操作指导

1. 搜集商业模式案例（以任务 6.1 为例）

团队协同搜集成功启用或经典商业模式案例，总结商业模式对创业项目的启发和思路，并将成果上传到系统中。（见图 7-45）

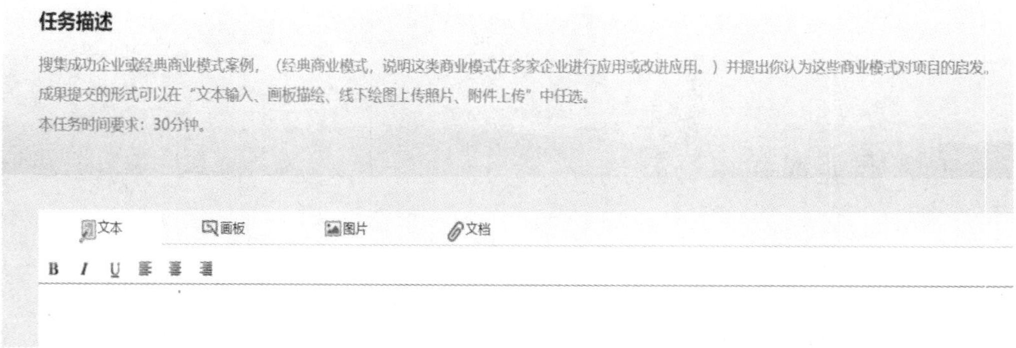

图 7-45　提交成果

2. 商业模式画板（以任务 6.4 为例）

请学习“任务 6.4”商业模式画布资料，团队协作从价值主张、客户细分、渠道通路、客户关系、收入来源、关键过程、核心资源、成本结构等多个方面设计商业画布，完成成果提交。（见图 7-46）

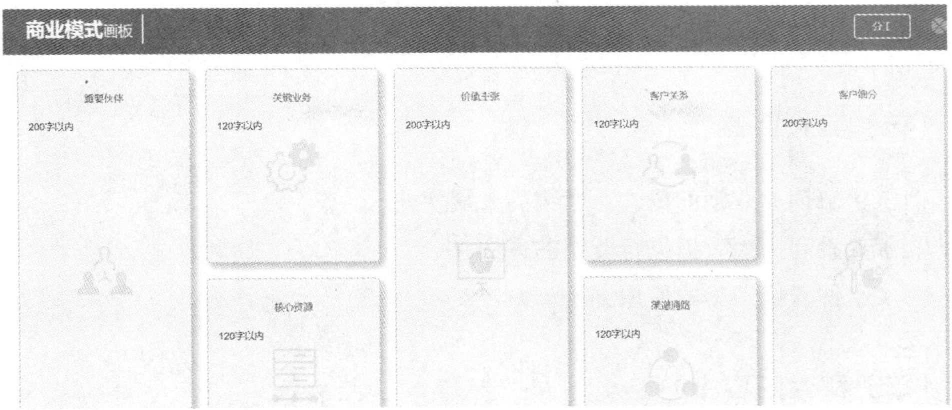

图 7-46 “商业模式画板”界面

3. 商业模式评估（以任务 6.5 为例）

请学习“任务 6.5”资源，借助打分表对商业模式从客户价值主张、资源与能力、盈利模式 3 个方向进行评估，分析改进的方向并将成果上传到系统中。（见图 7-47）

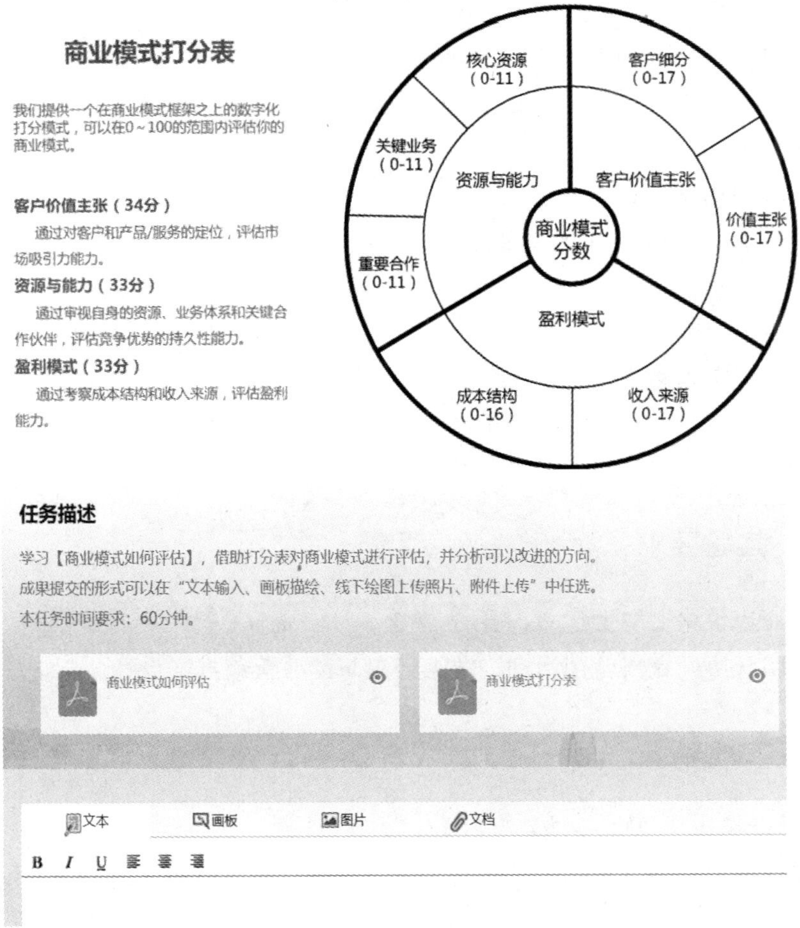

图 7-47 “商业模式评估”界面

八、创业营销与营销策略

（一）实验目的

（1）了解创业营销的概念、营销的发展变化。

（2）熟悉利用大数据进行营销的方法。

（3）掌握营销工具的使用方法。

（二）实验内容

（1）组织实施一次营销活动。

（2）创业营销的基本概念。

（3）大数据营销的方法。

（4）数据搜集。

（5）营销方案设计。

（6）4P 工具与新 4P 工具。

（7）4C 工具与新 4C 工具。

（8）DIET 工具。

（9）客户档案工具。

（10）NPT 工具：分析顾客购买时间。

（11）创业营销方案设计。

（三）实验准备

以学生身份进入学习中心第七模块。

（四）实验要求

（1）完成模块七线上学习内容。

（2）团队协同完成营销活动、数据搜集与创业营销方案设计。

（五）操作指导

1. 营销活动（以任务 7.1 为例）

团队组织一次营销活动，记录营销活动获得效果及反馈，并将成果提交到系统中。（见图 7-48）

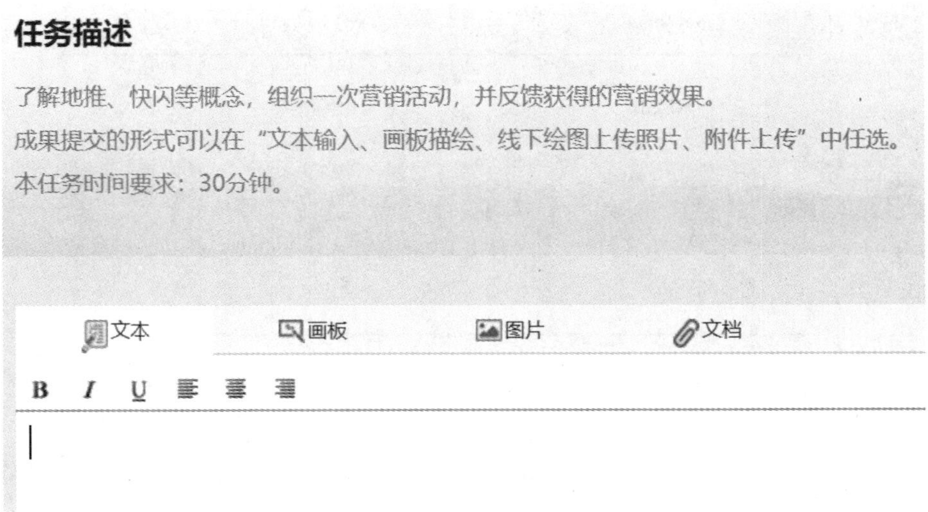

图 7-48　营销活动成果反馈

2. 数据搜集（以任务 7.4 为例）

请学习“任务 7.4”的学习资料，根据项目情况，搜集有效数据，形成数据分析报告，并以成果的形式上传到系统。（见图 7-49）

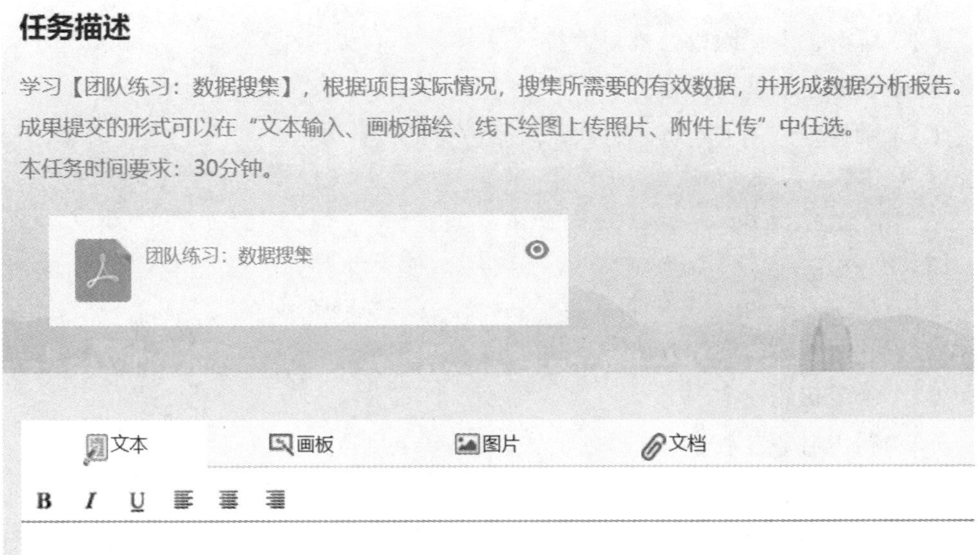

图 7-49　“数据搜集”界面

3. 创业营销方案设计（以任务 7.9 为例）

根据本章节学习的内容以及“任务 7.9”制定营销战略，背景资料从营销目标、营销战略、营销组合策略以及执行方案 4 个方面出发，并将成果上传到系统中。（见图 7-50）

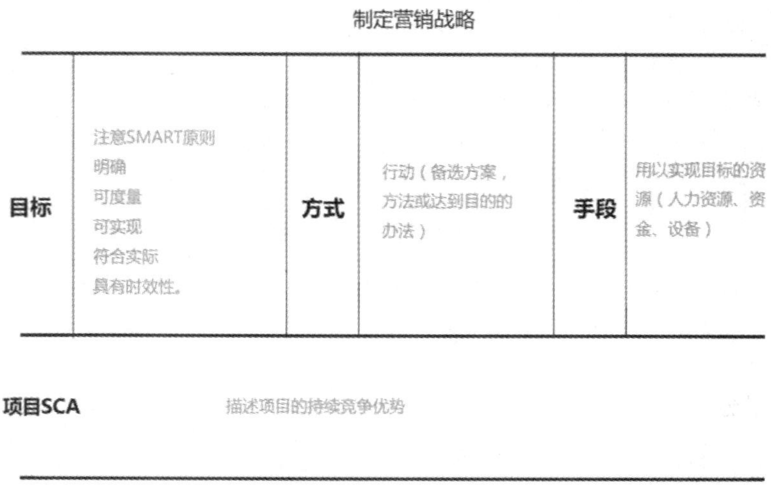

图 7-50　制定营销战略

九、创业融资与创业风险

（一）实验目的

（1）了解创业风险以及规避方法。
（2）熟悉盈利能力分析方法。
（3）掌握规划创业财务的方法、融资方案的设计方法。

（二）实验内容

（1）银行、政府政策调研。
（2）确认初始成本的方法。
（3）确定初始成本。
（4）制作财务三表。
（5）了解创业风险及规避方法。
（6）面临的问题及其规避计划。
（7）盈利能力的分析方法。
（8）盈利能力分析。
（9）融资方案设计。

（三）实验准备

以学生身份进入学习中心模块八。

（四）实验要求

（1）完成模块八线上学习内容。

（2）团队协助完成银行、政府政策调研、确定初始成本、制作财务三表、问题规避、盈利能力分析、融资方案设计等内容。

（五）操作指导

1. 银行、政府政策调研（以任务 8.1 为例）

将小组分为 A、B 两组，分别对银行或政府进行相关创业融资政策调研，了解最新政策，并将成果上传到系统中。（见图 7-51）

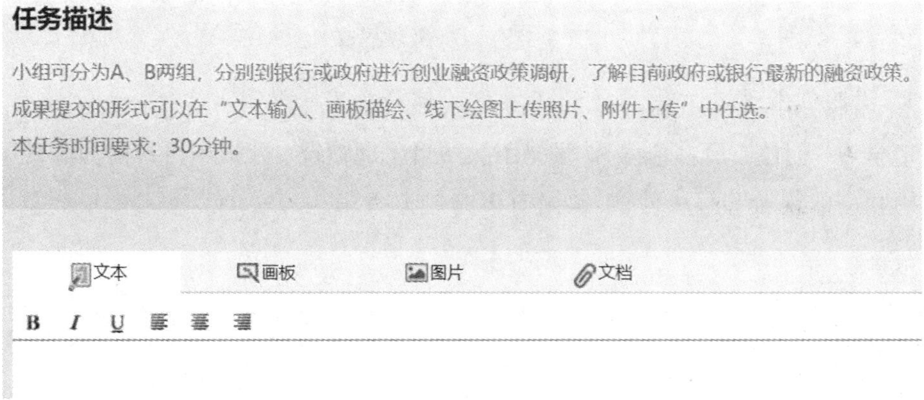

图 7-51 政策调研

2. 确定初始成本（以任务 8.3 为例）

请学习资源“有钱怎么花”，确定团队项目的初始成本，并将成果上传到系统中。（见图 7-52）

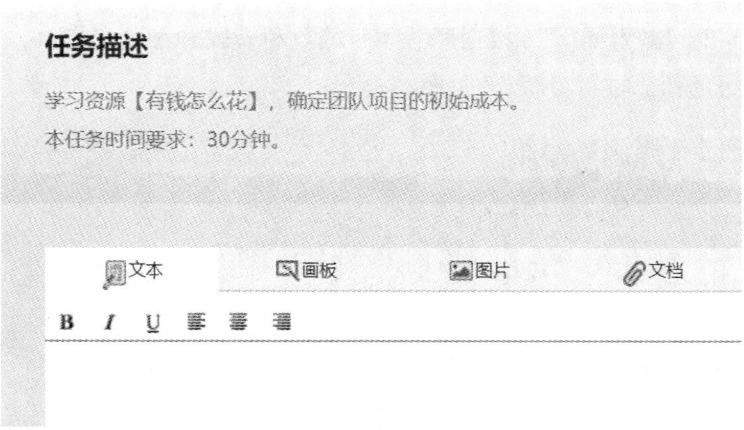

图 7-52 确定团队项目的初始成本

3. 财务三表（以任务 8.4 为例）

请根据学习资源，结合营业收入和费用、现金流量、固定成本和变动成本，公布近期的财务报表，并以成果形式提交。（见图 7-53）

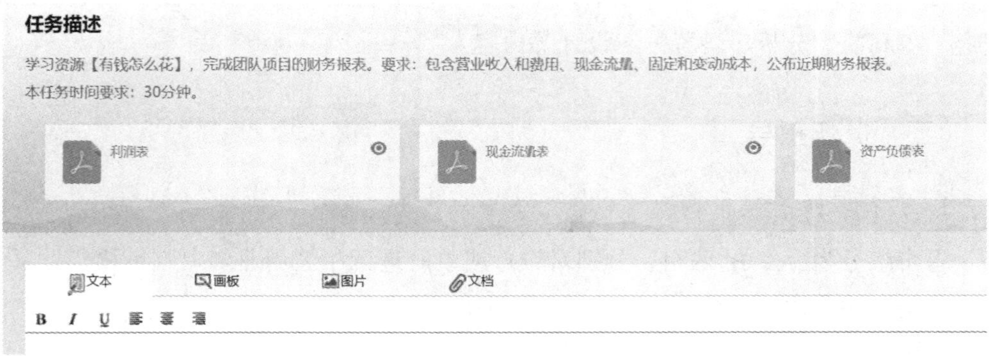

图 7-53　财务报表提交

4. 团队创业面临的问题及规避计划（以任务 8.6 为例）

请学习“创业有哪些风险”，根据团队项目发展情况，分析项目目前面临的问题，并提出相应的规避和解决计划。（见图 7-54）

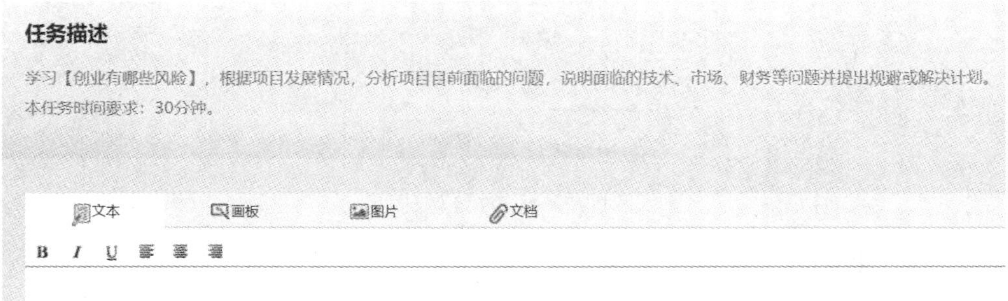

图 7-54　创业风险分析

5. 盈利能力分析（以任务 8.8 为例）

请学习“盈利能力如何”，根据团队项目的盈利模式并对盈利能力、持久性分析、企业资本回报的预算进行分析。（见图 7-55）

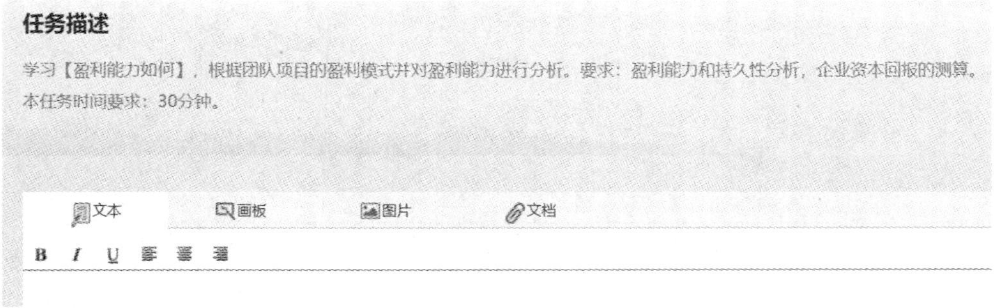

图 7-55　盈利能力分析

6. 融资方案设计（以任务 8.10 为例）

请学习“没钱怎么创业”资料，从工作内特、资金项目、融资方式、资金风控与回报 4 个方面进行融资分析表编制。（见图 7-56）

《融资分析表》

阶段	工作内容	资金项目	融资方式	资金风控与回报
投资前阶段				
投资建设阶段				
生产经营阶段				
上市阶段				

图 7-56　融资方案设计

十、创业计划设计与呈现

（一）实验目的

（1）了解路演的由来。

（2）掌握撰写创业计划书的方法、路演的方法和技巧。

（二）实验内容

（1）搜集商业计划书模板。

（2）商业计划书协作方法及注意事项。

（3）项目实战：撰写商业计划书。

（4）商业计划书与创业融资。

（5）商业计划书库。

（6）路演的概念及由来，创业路演的技巧。

（7）项目实战：路演画板。

（8）路演视频知识拓展。

（9）好项目经验学习。

（三）实验准备

以学生身份进入学习中心第九章节。

（四）实验要求

（1）完成章节九线上学习内容。

（2）团队协同完成商业计划书以及路演画板设计。

（五）操作指导

1. 搜集创业计划书模板（以任务 9.1 为例）

团队分工协助，在网上搜集创业计划书模板，并上传到系统中。（见图 7-57）

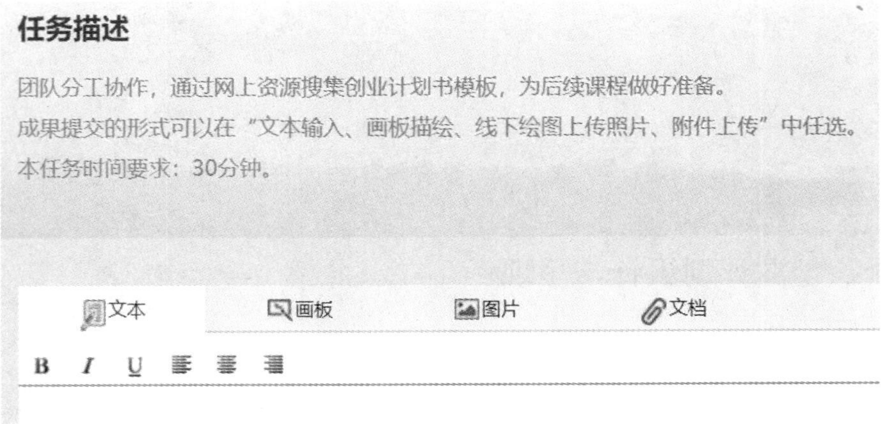

图 7-57　创业计划书上传

2. 商业计划书（以任务 9.3 为例）

请团队协助从项目简介、团队信息、项目分析、市场调研、产品与服务、商业模式、营销策划、财务预算、风险预测与控制 9 个方面编写团队商业计划书。（见图 7-58）

图 7-58　编制商业计划书

3. 路演画板（以任务 9.7 为例）

请学习“任务 9.7”资料，从内容自查表、时间安排、装备准备 3 个方面完成路演画板的描述。（见图 7-59）

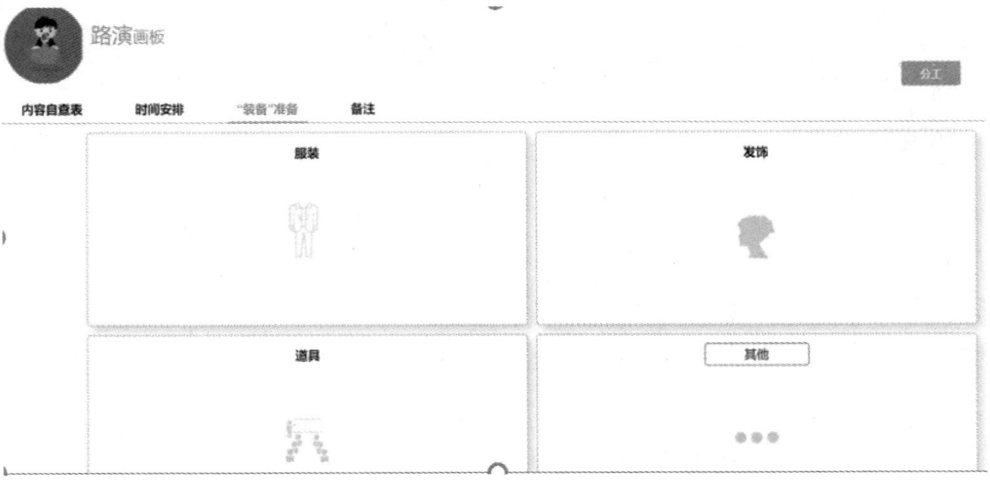

图 7-59 路演画板的描述

十一、创业项目规划总结

（一）实验目的

反思总结，输出实训报告。

（二）实验内容

团队做实训总结。

（三）实验准备

以学生身份进入实习成果-团队总结。

（四）实验要求

团队从项目简介、团队介绍、收获及难忘事件回顾、成果展示、心得体会等多个方面进行实训总结。

【操作指导】

实训总结以任务 10.1 为例。

团队需要在实习成果-团队总结中完成团队实训总结。（见图 7-60）

图 7-60　实训总结

任务二　孵化实践平台

一、学校创新创业孵化中心简介

学校现有实习实训室（中心）23 个（其中，护理实训基地、药学实训基地被批准为 2009 年度、2011 年度中央财政支持的国家级职业教育实训基地），建有国家级职业技能鉴定站，构建了校内大学生创新创业孵化园，以大学生创新创业俱乐部等学生社团为载体，开展创新创业大赛、创业沙龙、讲座等活动，与雅安市人力资源保障局和就业训练中心合作为在校大学生开办 SYB 培训班，为学生创业精神培养和创业能力提升搭建了训练平台。2015 年 7 月建成校内大学生创新创业孵化中心，同年 10 月由雅安市政府授牌成为“市级孵化器”。2020 年 5 月新建成名山校区“众创空间”，同年 9 月由雅安市科技局授牌成为“市级众创空间”，将在学院产教融合培养人才的基础上，以创新促进创业、以创业带动就业为方向，为创新创业教育工作的开展注入新的活力。目前已有石头绘儿童教学、雅安市雨城记忆文化传播有限责任公司、菜鸟驿站、雅安季华升信息咨询有限公司、“夕阳”老年居家环境改造、多功能医用防旋靴、鲜言本草等7个创业团队入驻运营。

二、学校大学生创新创业俱乐部简介

雅安职业技术学院大学生创新创业俱乐部是经学院团委批准成立，由学院团委、招生就业处管理、指导、监督的学生组织，负责开展大学生创新创业文化交流活动，为入孵的创业项目提供服务。俱乐部旨在培养大学生创新创业意识与能力，鼓励创业精神，增强大学生市场意识，为大学生创业实践创造机会。

俱乐部的主要功能是组织创新创业论坛、创业讲座培训、创业规划大赛、创业经验交流、创业项目推介等主题沙龙活动，为大学生之间，及大学生与企业家、创业成功人士、专家学者、创业导师、金融投资经理人随时沟通、深入交流、学习研讨提供平台；为大学生创业项目提供免费孵化场地、法规政策咨询、行业发展前景预测、项目孵化扶持和投资融资服务。现设有秘书部、项目部和服务部3个部门。

（一）秘书部的主要职能

秘书部主要负责处理俱乐部内部日常事务，会议主持，工作简报制作，内部刊物制作，活动档案备份及整理等。在实际工作中，秘书部起到桥梁和纽带的作用，是俱乐部举办各种大型活动的大后方。

（二）项目部的主要职能

项目部负责俱乐部内部主要活动策划，加强与各院系的交流合作，为俱乐部各项活动争取赞助经费，与企事业单位联系，与各类商家洽谈，包括寻找有意向商家、面谈细节等合作事宜。部门致力于打造内容丰富、品质优良的实践平台，注重学生日常实践能力和意识的培养，积极鼓励学生参与社会实践活动。

（三）服务部的主要职能

服务部注重对俱乐部的宣传和推广，服务校内双创工作，联络整合双创资源；挖掘并支持校内学生创业项目典型，协助各部门做好宣传工作，宣扬创新创业文化，为创新创业氛围的增加贡献力量。

三、创业项目入驻孵化中心程序

(一)创业项目入驻孵化中心审批程序

第一条　创业项目申报

1. 创业项目申报宣传

由创新创业俱乐部发出倡议书，通过系团总支、辅导员在大一、大二学生中大力宣传，有创业意愿的学生向俱乐部提出申请。

2. 创业项目申报条件

入驻团队原则上必须是我院在校高职专科学生，项目应符合我国现行法律法规以及学院规章制度的规定，支持具有专业性特点的、与本专业相结合的团队。每个创业项目由其创业团队负责人负责，已取得 SYB 创业培训合格证者优先，须配指导老师一名。

3. 创业项目申报材料

创业项目申报人填报《雅安职业技术学院大学生创新创业孵化中心入驻申请表》和《创业计划书》，其内容应包括项目可行性分析、经济分析、人员机构配置等。纸质版一式三份装订成册，并附上 SYB 创业培训合格证复印件，以及所有成员的学生证和身份证复印件。

第二条　创业项目审批

工作组组织创业教育指导委员会专家对申报项目进行评估论证，根据可行性分为重点推荐、一般推荐、不予推荐三等。项目审批时限为七个工作日。

评估主要内容包括：① 项目的可行性，包括项目的市场前景、项目的运作思路、经济分析是否准确、人员配置是否合理、经营场所要求、项目实施是否符合国家的法律法规及政策要求和学院规章制度等；② 项目存在的主要问题及注意事项；③ 意见和建议；④ 结论性评语和风险评估。

专家评估步骤为：① 查看书面资料。专家组对创业项目申报资料进行初审。② 听取陈述。专家组听取项目申报人对创业项目的基本情况陈述，并现场进行沟通问答。③ 反馈意见。专家组评定等级，确定最终入选项目。

第三条　结果公开公示

由学院纪委对创业项目审查过程进行监督，项目审批结果将在学院招生就业处官网进行公示。

第四条　入驻程序

入选项目由项目负责人与工作组签订《雅安职业技术学院大学生创新创业孵化中心入驻项目孵化协议》，一式三份。

1. 入孵申请表

雅安职业技术学院
大学生创新创业孵化中心入驻申请表

一、创业人及管理团队情况　　　　　　　　　　　申请日期：　　年　月　日

<table>
<tr><td>创业人
姓　名</td><td colspan="3"></td><td>出生年月</td><td></td></tr>
<tr><td>性别</td><td></td><td>民族</td><td></td><td>政治面貌</td><td></td></tr>
<tr><td>身份证号</td><td colspan="3"></td><td>联系电话</td><td></td></tr>
<tr><td>项目名称</td><td colspan="5"></td></tr>
<tr><td>班级</td><td colspan="3"></td><td>毕业时间</td><td></td></tr>
<tr><td>指导老师</td><td colspan="5"></td></tr>
<tr><td>创业人参加
社会实践
活动情况</td><td colspan="5"></td></tr>
<tr><td rowspan="7">管理团队
其他主要
成员情况</td><td>姓名</td><td>班级</td><td>年龄</td><td>在拟办企业中分工负责范围</td><td>签名</td></tr>
<tr><td></td><td></td><td></td><td></td><td></td></tr>
<tr><td></td><td></td><td></td><td></td><td></td></tr>
<tr><td></td><td></td><td></td><td></td><td></td></tr>
<tr><td></td><td></td><td></td><td></td><td></td></tr>
<tr><td></td><td></td><td></td><td></td><td></td></tr>
<tr><td></td><td></td><td></td><td></td><td></td></tr>
<tr><td>企业名称</td><td colspan="5"></td></tr>
<tr><td>资金来源</td><td colspan="5">（1）自筹；（2）借入；（3）创业基金；（5）基地参股；（6）其他</td></tr>
<tr><td>所需资金</td><td colspan="5"></td></tr>
<tr><td>设备来源</td><td colspan="5">（1）自购；（2）租赁；（3）其他</td></tr>
<tr><td>申请经营
范围</td><td colspan="5"></td></tr>
<tr><td>参加人
员情况</td><td colspan="5">参与创业学生总数：　　　人</td></tr>
<tr><td>项目
简况</td><td colspan="5"></td></tr>
</table>

二、创办企业项目及资金情况

项目预计可实现的经济指标	营业收入：第一年度　　万元，第二年度　　万元，第三年度　　万元。 利　　润：第一年度　　万元，第二年度　　万元，第三年度　　万元
经营场地需求	共需面积　　　平方米

三、审批意见

创业者承　诺	1. 严格遵守雅职院大学生创新创业孵化中心有关的管理制度和规定，自觉履行孵化协议及与之有关的其他合同，并按要求提供本企业发展愿景及相关资料、简介等； 2. 不从事法律法规禁止的商业活动，不随意变更项目许可的经营范围，不将本公司孵化场地进行抵押、转租、转借及其他未经孵化中心允许的商业活动，一经发现甲方有权在孵化期内收回办公场地，停止孵化合作，相关损失中心不做任何赔偿； 3. 项目自主经营，独立核算，自负盈亏，承担入驻期间发生的经营风险及因项目运营而产生的安全责任和法律责任； 4. 严格执行孵化中心管理办法和入驻协议，服从孵化中心的管理，支持、配合中心开展各项工作； 5. 爱护大学生创新创业孵化中心的场地、环境及各类设施及办公服务设备，不得损坏、带走所有办公服务设备，确保中心的各项工作经营秩序。 负责人签字： 年　月　日
二级学院意见	签字（盖章）： 年　月　日
专　家意　见	专家组组长： 年　月　日
创新创业孵化中心意见	负责人签字： 年　月　日

2. 入孵协议

雅安职业技术学院
大学生创新创业孵化中心入驻项目孵化协议

甲方：雅安职业技术学院大学生创新创业孵化中心（以下简称“甲方”）

乙方：　　　　　　　　　　　　　　　　　　（以下简称“乙方”）

为贯彻执行《雅安市人民政府关于进一步做好新形势下就业创业工作的实施意见》雅府发〔2015〕43号文件精神，落实高校大学生创新创业孵化场地扶持政策，提升高校毕业生的创业成功率，促进高校毕业生成功创业。甲乙双方本着平等自愿的原则，就开展创业孵化扶持，达成如下协议：

一、甲方为乙方优惠提供创业孵化办公场地服务，提供的办公场所地址为雅职院大学生创新创业孵化中心______________，合计_________平方米。于______年______月______日至______年______月______日内使用。

二、孵化期内，甲方为乙方免费提供以下服务：

1. 孵化场地（由甲方根据自身场地容量情况确定）。

2. 在国家有关政策范围内协助乙方落实有关优惠政策；同时提供咨询指导、科技成果转化及孵化等。

3. 提供创业培训、创业实训的创业能力提升服务。

4. 提供会议、展示、报告等场地服务（如需使用应提前一天向孵化中心提出申请）。

三、进驻甲方孵化场地，乙方需具备以下条件，明确以下承诺。

（一）必备条件

1. 在校全日制普通高职、中职学生或本校毕业五年内学生。

2. 乙方设立的企业需具有独立的企业法人资格，企业注册资金真实，产权明晰，自主经营，自负盈亏，运行机制良好。通过提交《创业计划书》等材料，且经雅职院大学生创新创业孵化中心工作组相关审核通过。

3. 项目所涉及安全责任由项目负责人承担；所有经营、开发活动符合国家有关法律、法规、规章。

（二）相关承诺

1. 乙方严格遵守雅职院大学生创新创业孵化中心有关的管理制度和规定，自觉履行孵化协议及与之有关的其他合同，并按甲方要求提供本企业发展愿景及相关资料、简介等。

2. 不从事法律法规禁止的商业活动，不随意变更项目许可的经营范围，不将本公司孵化场地进行抵押、转租、转借及其他未经甲方允许的活动，一经发现，甲方有权在孵化期内收回办公场地，停止孵化合作，且不承担任何责任。

3. 项目自主经营，独立核算，自负盈亏，承担入驻期间发生的经营风险及因项目运营而产生的安全责任和法律责任。

4. 严格执行本管理办法和入驻协议，服从孵化中心的管理，支持、配合中心开展各项工作。

5. 爱护大学生创新创业孵化中心的场地、环境及各类设施及办公服务设备，不得损坏、带走任何办公服务设备，确保中心的各项工作经营秩序。

四、入驻项目违反孵化中心管理办法或本协议的，经审核认定以后，甲方可终止入驻协议，项目退出孵化中心，乙方对相关损失进行赔偿。

五、乙方如因不当经营行为受到有关部门查处的，甲方有权解除本协议。

六、本协议未尽事宜，详见《雅安职业技术学院大学生创新创业孵化中心管理办法》。签订本协议，即视为双方已完全知晓并同意该管理办法之全部内容。

七、本协议自双方签字之日起生效。未尽事宜，由双方协商共同解决。

八、本协议一式三份，甲方持二份，乙方持一份。

甲方：雅安职业技术学院	乙方：
大学生创新创业孵化中心（盖章）	（盖章）
负责人：	项目负责人：
经办人：	经办人：
年　月　日	年　月　日

3. 创新创业孵化中心管理办法（试行）

雅安职业技术学院
大学生创新创业孵化中心管理办法（试行）

第一章　总则

第一条　为了培养大学生创业精神，提高创业能力和素质，学校创建大学生创新创业孵化中心（以下简称中心）。为保证中心各项工作的正常有序开展，特制定本办法。

第二条　中心宗旨：“认识自我、发展自我、实现自我”立足校园、服务同学，促进就业，弘扬创业精神，培养创业理念。

第三条　中心目标：通过广泛组织和开展各种就业指导、培训、创新创业指导、宣传、教育与实践等相关活动，努力营造创新创业氛围，积极促进在校大学生与校外企业间交流，增强大学生的就业意识、市场意识、效率意识及竞争意识，提高大学生社会适应能力，为大学生参与专业实践、创新创业创造机会。

第二章　组织机构及基本职能

第四条　学院成立大学生创新创业孵化中心管理工作组（以下简称“工作组”），接受学院创新创业工作领导小组的领导，由分管招生就业工作的院领导担任组长，由招生就业处、院团委、学生处、教务处、思政部、院纪委、科研处、计财处、后勤处、保卫处及各二级学院分管学生工作负责人共同组成。工作组下设办公室，在学院招生就业处，其主要职责如下：

1. 全面负责中心的日常管理工作，制定中心管理制度。

2. 审批中心入驻项目（企业），并在学院创新创业工作领导小组的授权下与入孵项目（企业）签订协议。

3. 组织、协调学生创业教育。

4. 管理和维护基地公共财产物资。

5. 对中心入驻项目（企业）进行经费划拨、运作监管、协助收缴水电等费用。

6. 回收创业基金。

7. 负责中心的对外宣传与推广工作。

8. 协助办理有关工商注册等创业手续。

第五条　大学生创新创业俱乐部（以下简称“俱乐部”）：在工作组的监督、领导下，由院团委牵头成立创新创业俱乐部，负责组织创新创业大赛、创业交流、创新创业讲座、创新创业论坛等活动。由爱好自主创业的在校大学生直接参与“自我管理、自我服务、自我教育”；并通过开展各项社会实践活动来增强俱乐部的影响力和实力，提高俱乐部综合水平和整体素质；让大家在参与社团的工作中，“自我锻炼、自我总结、自我反省”不断地提高个人的实践能力。

大学生创新创业孵化中心由工作组指导及监管，创新创业俱乐部负责管理，采用学生为主体、教师指导的管理模式。各二级学院对本院创新创业项目负责安排指导老师，指导创业团队定期进行进度汇报，保卫处负责园区内安全管理。

第三章　中心管理

第六条　创业项目申报。

（一）创业项目申报宣传：

由创新创业俱乐部发出倡议书，通过二级学院团总支、辅导员在在校学生中大力宣传，有创业意愿的学生向俱乐部提出申请。

（二）创业项目申报条件：

1. 入驻团队成员原则上必须是我院在校高职专科学生或毕业五年内的毕业生，项目应符合我国现行法律法规以及学院规章制度的规定，支持具有专业性特点的、与本专业相结合的团队。团队应具有较高素养和品格，懂政策、重信誉、有一定的经营能力，接受俱乐部的管理与指导。

2. 创业项目应较为成熟，具有一定的科技含量、创新性和良好的市场潜力。

（1）优先引入科技发明、专利、科研成果以及创业计划大赛中的优秀作品转化为大学生创业项目。

（2）优先引入科技含量较高、投资小、转化快的创业项目。

（3）优先引入结合专业性优势较强的创业项目。

（4）优先引入同区域经济发展和产业集群建设相适应的项目。

（5）优先引入创业带动就业人数较多的创业项目。

3. 创业团队在校期间遵纪守法、诚实守信、无违法犯罪记录。

4. 创业团队须配备一名及以上项目指导老师。

（三）创业项目申报材料：

创业项目申报人填报《雅安职业技术学院大学生创新创业孵化中心入驻申请表》和《创业计划书》，其内容应包括项目可行性分析、经济分析、人员机构配置等。纸质版一式三份装订成册，并附上 SYB 创业培训合格证复印件，以及所有成员的学生证和身份证复印件。

第七条　创业项目审批。

工作组组织创业教育指导委员会专家对申报项目进行评估论证，根据可行性分为重点推荐、一般推荐、不予推荐三等。项目审批时限为七个工作日。

评估主要内容包括：① 项目的可行性，包括项目的市场前景、项目的运作思路、经济分析是否准确、人员配置是否合理、经营场所要求、项目实施是否符合国家的法律法规及政策要求和学院规章制度等；② 项目存在的主要问题及注意事项；③ 意见和建议；④ 结论性评语和风险评估。

专家评估步骤为：① 查看书面资料。专家组对创业项目申报资料进行初审；② 听取陈述。专家组听取项目申报人对创业项目的基本情况陈述，并现场进行沟通问答。③ 反馈意见。专家组评定等级，确定最终入选项目。

第八条　结果公开公示。

由学院纪检监察审计处对创业项目审查过程进行监督，项目审批结果将在学院招生就业处官网进行公示。

第九条　入驻程序。

入选项目由项目负责人与工作组签订《雅安职业技术学院大学生创新创业孵化

中心入驻项目孵化协议》，一式三份。

第十条　入孵团队的权利与义务。

（一）入孵团队享受以下优惠：

1. 孵化中心为入孵团队前三年免费提供场地（含水电）和基本办公设备。

2. 三年后如继续留在中心经营的项目，请提前两月提出申请，原则上在校孵化期限最长不超过五年。场地使用费由后勤管理处按照相关规定负责核定并签订租赁合同；计划财务处负责收取场地使用费等相关费用。

3. 在校大学生自主创业享受各种国家相关政策优惠和创业资金申请。

4. 协助孵化团队申请各类扶持资金和创业孵化基金。

5. 开展创业教育，创业指导活动，帮助团队提高创业能力。

6. 享受 SYB 创业培训。

7. 孵化中心帮助团队解决其他有关事宜。

（二）入孵中心团队义务：

1. 遵守学院各项规章制度，严格执行本管理办法及与工作组签订的《雅安职业技术学院大学生创新创业孵化中心入驻项目孵化协议》等文件。

2. 爱护公共场地，不得损坏相关基本办公设备，如发现恶意损坏者，团队内部应清退该成员，并赔偿损失及追究责任。

3. 定期向俱乐部如实填报不涉及商业机密的报表和统计数据以及创业孵化进展报告材料。

4. 积极支持、协助、配合孵化中心开展各种创业服务工作，遵守孵化中心其他有关规定。

第十一条　在孵团队管理

（一）孵化中心对入驻项目一律采用合同制管理，签订相关协议书及责任书。

（二）孵化中心对项目行使以下管理职责：

1. 督促团队负责人在接到进驻批准通知后五日内与孵化中心签订正式合同，并根据协议要求，认真编写《项目年度经营计划》，并报送中心备案，作为项目实施和检查的依据。

2. 对入孵团队进行监管。入驻团队如在孵化实践中，需要改变预定目标、变更孵化项目内容或终止孵化计划时，团队负责人须提前一个月向孵化中心办公室提出书面报告，未经批准，不得擅自更改项目计划。

3. 对孵化计划执行不力或确实不能如期完成孵化计划的团队，俱乐部应提交到孵化中心管理工作组办公室。对于违反国家法律法规的，立即取消入孵资格，并配合相关部门追究责任。

4. 团队从签订入驻协议书起每三个月须在第一周内向俱乐部提交孵化进展报告材料，并由俱乐部及工作组共同评审，对评审优秀的团队进行一定的政策资金补贴。

5. 对不报送进展报告材料，或工作无进展的企业（项目），停止执行孵化计划。于一个月内按规定补报，达到要求的，恢复执行孵化计划。

6. 坚持团队内部矛盾，内部解决原则。如果内部运作产生不可调和矛盾时，经俱乐部调解下仍无果，团队须自行解散或重新组合。

第十二条　入孵项目的退出。

（一）有下列情况之一者，将发放《退出雅安职业技术学院大学生创新创业孵化中心通知书》，要求其退出创业孵化中心。

1. 利用场地从事违法活动的，送交公安机关处理。

2. 团队运作项目违反国家相关法律法规。

3. 严重干扰到其他创业团队的正常运作，经其他团队成员投诉，屡教不改的。

4. 在孵化中心抽烟、喝酒、打牌等娱乐活动的，不严格执行学校规定的作息时间，屡教不改的；

5. 违反其他学校相关规定的。

（二）孵化中心认定项目有下列情况之一者，将发放《退出雅安职业技术学院大学生创新创业孵化中心通知书》，要求其退出创业孵化中心。

1. 项目终止。

2. 项目孵化超过五年。

3. 团队负责人已经毕业超过五年（已签订协议并在协议期内的项目除外），或者社会（校外）成员。

4. 严重或屡次违反孵化中心及俱乐部有关管理规定。

5. 有转让场地行为。

6. 项目计划变更却不书面告知俱乐部审批。

7. 两次不呈交孵化项目进展报告材料。

8. 协议书已经终止。

9. 泄露其他创业团队机密信息，恶意中伤其他团队行为。

10. 其他不宜留在孵化中心的情况。

项目不再需要使用创业孵化中心提供的场所时，应主动提出退出申请，经批准后，及时办理退出手续。

（三）入孵团队须在收到《退出雅安职业技术学院大学生创新创业孵化中心通知书》后的30日内，撤出设备，清理场地，并办理有关手续。逾期不退出者，孵化中心将强行清退。

第四章　附则

第十三条　本管理办法自十二月一日起正式实施。

第十四条　本管理办法由雅安职业技术学院大学生创新创业孵化中心持最终解释权。

大学生创业实务基础教程

政策篇

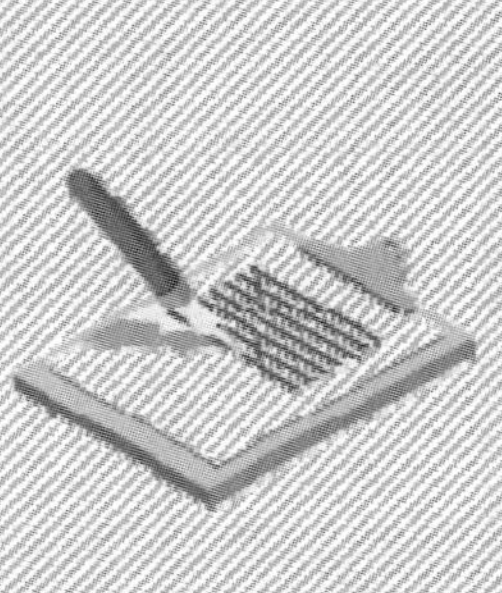

模块八
创业优惠政策与法规

任务一　国家优惠政策

近年来，为支持大学生自主创业，国家和各级政府出台了许多优惠政策，涉及融资、开业、税收、创业培训、创业指导等诸多方面，以鼓励毕业生通过各种渠道、各种形式进行创业。

一、国家优惠政策

（一）企业注册登记方面

1. 程序更简化

凡高校毕业生（毕业后 2 年内，下同）申请从事个体经营或申办私营企业的，可通过各级工商部门注册大厅“绿色通道”优先注册。其经营范围除国家明令禁止的行业和商品外，一律放开核准经营。对限制性、专项性经营项目，允许其边申请边补办专项审批手续。对在科技园区、高新技术园区、经济技术开发区等经济特区申请设立个私企业的，特事特办，除涉及必须前置审批的项目外，试行“承诺登记制”。申请人提交登记申请书、验资报告等主要登记材料，可先颁发营业执照，让其在 3 个月内按规定补齐相关材料。凡申请设立有限责任公司，以高校毕业生的人力资本、智力成果、工业产权、非专利技术等无形资产作为投资的，允许抵充 40%的注册资本。

2. 减免各类费用

除国家限制的行业外，工商部门自批准其经营之日起 1 年内免收其注册登记、变更登记、补照费、个体工商户管理费和各种证书费。对参加个私协会的，免收其 1 年会员费。对高校毕业生申办高新技术企业（含有限责任公司）的，其注册资本最低限额为 10 万元，如资金确有困难，允许其分期到位；申请的名称可以“高新技术”

“新技术”“高科技”作为行业予以核准。高校毕业生从事社区服务等活动的，经居委会报所在地工商行政管理机关备案后，1 年内免予办理工商注册登记，免收各项工商管理费用。

据工商局个体处的工作人员介绍，目前有关政策已经执行，大学毕业生需提供就业推荐表、毕业证书等有关资料。

（二）金融贷款方面

1. 优先贷款支持，适当发放信用贷款

加大高校毕业生自主创业贷款支持力度，对于能提供有效资产抵（质）押或优质客户担保的，金融机构有限给予信贷支持。对高校毕业生创业贷款，可由高校毕业生为借款主体，担保方可由其家庭或直系亲属家庭成员的稳定收入或有效资产提供相应的联合担保。对于资信良好、还款有保障的，在风险可控的基础上适当发放信用贷款。

2. 简化贷款手续

通过简化贷款手续，合理确定授信贷款额度，一定期限内周转使用。

3. 利率优惠

对创业贷款给予一定的优惠利率扶持，视贷款风险不同，在法定贷款利率基础上可适当下浮或少上浮。

（三）税收缴纳方面

凡高校毕业生从事个体经营，自工商部门批准其经营之日起 1 年内免交税务登记证工本费。新办的城镇劳动就业服务企业（国家限制的行业除外），当年安置待业人员（含已办理失业登记的高校毕业生，下同）超过企业从业人员总数 60%的，经主管税务机关批准，可免纳所得税 3 年。劳动就业服务企业免税期满后，当年新安置待业人员占企业原从业人员总数 30%以上的，经主管税务机关批准，可减半缴纳所得税 2 年。

大学毕业生新办咨询业、信息业、技术服务业的企业或经营单位，经税务部门批准，免征企业所得税 2 年；新办从事交通运输、邮电通信的企业或经营单位，经税务部门批准，第一年免征企业所得税，第二年减半征收企业所得税；新办从事公用事业、商业、物资业、对外贸易业、旅游业、物流业、仓储业、居民服务业、饮食业、教育文化事业、卫生事业的企业或经营单位，经税务部门批准，免征企业所得税 1 年。

（四）企业运营方面

1. 员工聘请和培训享受减免费优惠

对大学毕业生自主创办的企业，自工商部门批准其经营之日起 1 年内，可在政府人事、劳动保障行政部门所属的人才中介服务机构和公共职业介绍机构的网站免费查询人才、劳动力供求信息，免费发布招聘广告等；参加政府人事、劳动保障行政部门所属的人才中介服务机构和公共职业介绍机构举办的人才集市或人才、劳务交流活动给予适当减免交费；政府人事部门所属的人才中介服务机构免费为创办企业的毕业生、优惠为创办企业的员工提供一次培训、测评服务。

2. 人事档案管理免 2 年费用

对自主创业的高校毕业生，政府人事行政部门所属的人才中介服务机构免费为其保管人事档案（包括代办社保、职称、档案工资等有关手续）2 年。

3. 社会保险参保有单独渠道

高校毕业生从事自主创业的，可在各级社会保险经办机构设立的个人缴费窗口办理社会保险参保手续。

二、大学生创业优惠政策

（一）工商部门优惠政策

大中专毕业生毕业后 5 年内从事个体经营的（国家限制的行业除外），3 年内免交登记类、管理类和证照类收费。

高校毕业生创办公司 3 万元即可登记，允许投资人首期注册资本到位 10%，剩余部分可在 3 年内全部到位，并允许货币出资低于 30%。

高校毕业生办理工商登记时，只需提交有效房屋租赁合同，无须再提交相关产权证明文件，允许用自有或租赁的住房兼作经营场所。

高校毕业生创业开办公司或个体工商户的，凭《毕业证书》、《报到证》、个人身份复印件享受优惠政策。

高校毕业生从事建筑业、娱乐业、销售不动产、转让土地使用权、广告业、房屋中介、桑拿、按摩、网吧、氧吧等行业的经营活动，不享受政策减免。

（二）税务部门优惠政策

学生勤工俭学提供劳务取得的收入，免征营业税。

普通高等学校毕业生创办的企业，从事技术转让、技术开发和与之相关的技术咨询、技术服务取得的收入，免征营业税。

普通高等学校毕业生在国家高新技术产业开发区内新创办的高新技术企业，自获利年度起免征企业所得税 2 年；免税期满后，减按 15%的税率征收企业所得税。

新办劳动就业服务企业，当年安置普通高等学校毕业生超过企业人数 60%的，经主管地税机关批准，可免征企业所得税 3 年；免税期满后，当年西南至普通高等学校毕业生占企业原从业人员总数 30%以上的，可减半征收企业所得税 2 年。

普通高等学校毕业生创办的企业，进行技术转让以及在技术转让过程中发生的与技术转让有关的技术咨询、技术服务、技术培训所得，年净收入在 30 万元以下的暂免征收企业所得税。

国家最新优惠政策。国务院批准，财政部、国家税务总局发布的《关于支持和促进就业有关税收政策的通知》，自 2011 年 1 月 1 日起实施新的支持和促进就业的税收优惠政策。通知首次就高校毕业生自主创业作出税收优惠政策规定。新的优惠政策主要针对个体经营者，着重支持自主创业。新的自主创业税收优惠政策适用对象的界定，以在公共就业服务机构登记失业半年以上作为基本条件，即下岗失业人员和城镇少数特困群体扩大到纳入就业失业登记管理体系的全部人员，扩大了优惠政策覆盖面。持《就业失业登记》从事个体经营的，3 年内按每户每年 8 000 元的限额，依次扣减其当年的营业税、城市维护建设税等 4 项应缴税额。另外，税收优惠政策的审批期限为 2011 年 1 月 1 日至 2013 年 12 月 31 日，税收优惠政策在 2013 年 12 月 31 日未执行到期的，可继续享受至 3 年期满为止。

（三）大学生创业企业的人事管理优惠政策

创业的大中专毕业生，经审核后，由各级人事部门所属人才服务机构办理人事代理，5 年内免费求职登记、免费推荐就业、免费进入人才库。

其参加社会保险，按规定缴纳社会保险费的年限，可计算为工作年限，评定相应的专业技术职务，被国家机关、事业单位录用后，人事代理期间的工龄连续计算。

任务二　四川省大学生创业优惠政策①

大学毕业生创业可享受登记注册绿色通道、优先信贷支持、税收减免、员工培训扶持等方面优惠政策。

① 资料来源于《四川省大学生就业创业扶持政策清单》（2020 年版）。

一、就业扶持政策

(一)大学生毕业前

1. 求职创业补贴

对学籍在省内高校的城乡低保家庭毕业生、贫困残疾人家庭毕业生、建档立卡贫困家庭毕业生、残疾毕业生、已获得国家助学贷款的毕业生,一次性给予每人 1 500 元的求职创业补贴。同时符合 2 个及以上条件的,不重复享受。由高校会同校区所在市(州)人社部门和财政部门负责办理,毕业学年 10 月底前发放到位。

2. 职业培训和技能鉴定补贴

大学生在校期间参加职业培训和技能鉴定,可以享受一次培训补贴和鉴定补贴。由校区所在地人社部门负责办理。

3. 家庭经济困难和就业困难毕业生帮扶补助

对家庭经济困难和就业困难毕业生,离校前给予一次性就业帮扶补助 600 元。由高校和教育厅负责办理。

4. 机关招录公务员、事业单位招聘工作人员

应届毕业生毕业学年可报考市(州)及以下机关公务员。国家统一组织的政法体改生专项招考项目单设名额,定向招录应届毕业生。艰苦边远地区基层机关招录高校毕业生,可适当放宽学历、专业等条件,降低开考比例,可设置一定数量的职位面向具有本市、县户籍或在本市、县长期生活的高校毕业生招考。民族地区、艰苦边远地区、贫困县和革命老区县县、乡事业单位考核招聘专业技术人员的学历条件,可结合实际分别放宽到本科、大专。公务员公招考试中,特殊困难家庭毕业生免收公共科目笔试考务费用。省属、市属事业单位可结合岗位特点和实际,公开招聘无基层工作经历的高校毕业生,聘用后 5 年内须安排到基层锻炼 2 年。

5. 鼓励应征入伍服义务兵役

对参军入伍的大学生(包含毕业生)发放一次性入伍奖励。应征入伍的大学生(含新生),服役期间保留学籍或入学资格,退役后 2 年内允许按学期复学或入学。入伍时,对其在校期间缴纳的学费实行一次性补偿或获得的国家助学贷款实行代偿,退役后自愿复学或入学的,实行学费减免。标准:本专科生(含高职、第二学士学位)每生每年最高不超过 8 000 元,研究生每生每年最高不超过 12 000 元。入伍经历可作为毕业实习经历和基层工作经历。高职在校生(含新生)应征入伍,退役后在完成高职(专科)学业的前提下,免试入读普通本科,或根据意愿入读成人本科,

自 2022 年专升本招生期执行。面向退役大学生士兵硕士研究生实行专项招生，重点向双一流建设高校倾斜；将服兵役情况纳入推免生遴选指标体系；在部队荣立二等功及以上的退役人员，符合研究生报名条件的可免试（指初试）攻读硕士研究生；将考研加分范围扩大至在校生（含新生），在继续实行普通高校应届毕业生退役后按规定享受加分政策的基础上，允许在完成本科学业后 3 年内参加全国硕士研究生招生考试，初试总分加 10 分，同等条件下优先录取。放宽退役大学生士兵复学转专业限制，退役后复（入）学，经本人申请、学校同意并履行相关程序，可转入本校其他专业学习（特殊类型招生等除外）。

6. 建立大学生实训基地

支持高校实行校企对接，鼓励和支持各类企业接纳大学生实习，建立相对稳定的大学生实习基地。组织开展“逐梦计划”大学生实习活动。拓展就业实习、见习基地的领域和功能，积极培育、认定一批学科门类齐全、基础条件完备且集实习、见习功能于一体的实训基地。相关补贴按现行政策规定执行。由高校创办及高校与企业联办的大学科技园、电商基地，纳入实训基地认定范围。对认定的实训基地实行动态管理。

（二）大学生毕业后

7. 就业见习补贴

离校 2 年内未就业毕业生，可参加 3 ~ 12 个月的就业见习，并享受就业见习补贴和人身意外伤害保险。就业见习补贴标准按当地最低工资标准的 80%执行。其中，国家级见习基地补贴标准可上浮 20%，省级见习基地补贴标准可上浮 10%。对留用的毕业生，见习期应作为工龄计算。

8. 社保补贴和岗位补贴

对离校 2 年内未就业的毕业生灵活就业后缴纳社会保险费，给予最长不超过 2 年、标准不超过其实际缴费 2/3 的社保补贴。小微企业、新型农业经营主体和社会组织吸纳离校 2 年内未就业高校毕业生，签订 1 年以上劳动合同并为其缴纳社会保险费，给予最长不超过 1 年的社保补贴（不包括个人应缴纳部分）。用人单位招用认定为就业困难人员的大学生，可给予最长不超过 3 年的社保补贴（不包括个人应缴纳部分）和岗位补贴（标准不低于当地最低工资标准）。

9. 基层和艰苦边远地区工资待遇激励

到县以下机关事业单位工作的毕业生，新录用为公务员的，试用期工资可直接按试用期满后工资确定，试用期满考核合格后的级别工资，在未列入艰苦边远地区或国家扶贫开发工作重点县的地区高定一档，在三类及以下艰苦边远地区或国家扶贫开发工作重点县的高定两档，在四类及以上艰苦边远地区的高定三档；招聘为事业单位正式工作人员的，可提前转正定级，转正定级时的薪级工资，在未列入艰苦边远地区或国家扶贫开发工作重点县的地区高定一级，在三类及以下艰苦边远地区或国家扶贫开发工作重点县的高定两级，在四类及以上艰苦边远地区的高定三级。按规定执行乡镇工作补贴、艰苦边远地区津贴。

10. 基层单位就业学费补偿和国家助学贷款代偿

中央部门所属高校应届毕业生，自愿到中西部地区和艰苦边远地区县以下基层单位工作、服务期在 3 年以上（含 3 年）的，可分年度向就读高校申请学费补偿和国家助学贷款代偿，资助标准为：本专科生（含高职、第二学士学位）每生每年最高不超过 8 000 元、研究生每生每年最高不超过 12 000 元。省级部门所属高校应届毕业生，到我省艰苦边远地区（国家规定的 77 个县市区）县以下基层单位，连续不间断服务满 3 年及以上的，可向就业所在地县（市、区）教育局申请学费奖补。奖补金额按在校期间实际缴纳的学费计算（享受了部分减免的应予以扣除），每生每年最高不超过 6 000 元。

11. 专业技术职称评定

到中小企业就业，在职称评定方面，享受国有企事业单位同类人员同等待遇。对在基层工作的高校毕业生，除有特别规定外，首次申报评审职称可提前 1 年，对论文、科研、外语和计算机应用能力等不作为统一或硬性要求。对任现职以来在艰苦边远地区连续工作 4 年以上且考核合格的，在申报评审高一级职称资格时，其任职年限可放宽 1 年。

12. 鼓励参加“三支一扶”项目

从年龄不超过 30 周岁的全日制专科及以上学历的毕业生中，招募到农村基层从事支教、支农、支医和扶贫服务。服务期间，享受工作生活补贴（参照本地乡镇事业单位从高校毕业生中新聘用工作人员试用期满后工资收入水平确定，在艰苦边远地区工作的，发放艰苦边远地区津贴），参加社会保险（在建立补充医疗保险制度的地方，办理补充医疗保险），新招募且服务满 6 个月以上给予一次性安家补贴 3 000 元；支医人员在乡镇卫生院的服务时间，计算为城市医生在晋升主治医师或副主任医师前到基层累计服务的时间；“三支一扶”服务年限计算为专业技术工作年限，在乡镇工作的，对论文、科研、外语和计算机应用能力等不作为统一或硬性要求。服务期满考核合格，可报名参加服务基层项目人员中定向考录公务员的考试；结合服务县乡镇事业单位岗位空缺情况和岗位基本聘用条件，可通过考核方式直接聘用为乡镇事业单位工作人员（在民族地区、艰苦边远地区和贫困县服务的人员，可招聘到服务所在县（市、区）的县、乡事业单位）；报考事业单位工作人员时，在乡镇及以下每服务满 1 周年，笔试总成绩加 2 分，最高加 6 分；进入事业单位工作，不再约定试用期；服务期满后 3 年内报考硕士研究生的，初试总分加 10 分，同等条件下优先录取；高职（大专）毕业生可免试入读成人高等学历教育专科起点本科；已被录取为研究生的应届高校毕业生参加“三支一扶”计划，学校为其保留学籍；考录为公务员或事业单位工作人员后，其服务期计算工龄；按规定享受学费和助学贷款代偿政策。经服务单位所在县“三支一扶”办同意，按省“三支一扶”办统一安排，可续期服务 2 年。

13. 鼓励参加“农村义务教育阶段学校教师特设岗位”项目

从具有相应的教师资格条件、年龄在 30 岁以下、本科及以上或高等师范专科应往届毕业生中，招聘到项目实施县的乡村学校任教。聘期 3 年，期间执行国家统一的工资制度和标准，其他津补贴由各地根据当地同等条件公办教师年收入水平和中央补助水平综合确定。享受当地相应社会保障待遇。服务期满、每年年度考核合格，且自愿留在本地学校的，在编制和岗位总量内，经县教育部门审核，县人社部门批准，由县教育部门办理事业单位人员聘用手续。期满报考硕士研究生的，3 年内享受“初试总分加 10 分，同等条件下优先录取”的优惠政策。推荐免试攻读教育硕士，三年聘期视同“农村学校教育硕士师资培养计划”要求的 3 年基层教学实践。

14. 鼓励参加“大学生志愿服务西部计划”

从普通高等院校应届毕业生或在读研究生中选拔招募，实施基础教育、服务三农、医疗卫生、基层青年工作、基层社会管理等专项服务。服务期为 1 ~ 3 年，服务协议 1 年 1 签。服务期间，享受生活工作补贴（省项目办每月发放 1 600 元，服务地每月发放不低于 800 元），艰苦边远地区补贴根据国家政策标准予以发放，在当地参加社会保险，统一为其购买综合保障险。志愿者依实际服务年限计算服务期及工龄；服务期满，可报名参加从服务基层项目大学生中定向考录公务员的考试；服务 2 年以上且考核合格，服务期满 3 年内报考硕士研究生的，初试总分加 10 分，同等条件下优先录取；报考事业单位工作人员时享受相关优惠政策。

15. 鼓励应征入伍服兵役（含义务兵和志愿兵役）

入伍时，对其在校期间缴纳的学费实行一次性补偿或获得的国家助学贷款实行代偿，标准与在校大学生一致。高职（专科）毕业生应征入伍，退役后可免试入读普通本科，或根据意愿入读成人本科，自 2022 年专升本招生起执行。设立“退役大学生士兵”专项研究生招生计划，专门面向退役大学生士兵招生。应届毕业生应征入伍服义务兵役，退役后 1 年内可同等享受离校未就业毕业生就业扶持政策，退役后 3 年内参加全国硕士研究生招生考试，初试总分加 10 分，同等条件下优先录取。报考川内高校和研究生培养单位并通过全国硕士研究生招生考试（指初试）的，同等条件下优先复试和录取。服役 5 年以上的（含退役后复学完成学业的），退役后可报考基层机关（单位）面向服务基层项目人员定向考录的职位，同服务基层项目人员共享公务员定向考录计划。国家统一组织的政法体改生专项招考项目中，单设名额定向招录。各级党政机关在组织开展选调生工作时，注意选调有服役经历的优秀大学生，参军入伍经历可作为选调生报考条件之一，且年龄相应放宽两至三岁。专职人民武装干部职位出现空缺时，优先定向招录（聘），比例不低于录（聘）用专职人民武装干部计划的 50%。事业单位可按规定拿出一定岗位面向符合条件的退役大学生士兵进行专项招聘。退役大学生士兵按规定享受笔试总成绩加 2 分，被旅（团）级及以上单位评为优秀义务兵、优秀士官或荣立三等功的另加 2 分，立二等功及以上的另加 4 分、累积不超过 6 分。国有、国有控股和国有资本占主导地位的企业在新招录职工时，原则上拿出 10%的工作岗位，在符合岗位所需条件的退役大学毕业生士兵中择优录取。注重从退役大学生士兵中培育村级后备力量，将表现优秀的选拔进村（社区）“两委”班子。

16. 鼓励到社区就业

支持社区服务类企业、社会组织吸纳高校毕业生就业或组织见习。支持高校毕业生到城乡社区服务领域创业和灵活就业。社区工作者队伍出现空缺岗位优先招用高校毕业生。

17. 鼓励继续升学和报考第二学位

落实专升本政策。对未就业本科毕业生，鼓励参加各类继续教育。对本科毕业并获得学士学位的应届毕业生，鼓励报考原本科专业分属不同学科门类的第二学士学位专业，或与原本科专业属于同一学科门类、但不属于同一本科专业类的第二学士学位专业，学制两年，全日制学习，纳入高校学籍管理系统，教学内容主要包括专业基础课和专业课，原则上不安排专业实习。

18. 鼓励科研项目单位吸纳就业

高校、科研机构和企业，在所承担的民口科技重大专项、重点研发计划、国家自然科学基金以及省级各类科技计划等重大重点项目实施过程中，通过签订项目聘用合同聘用优秀毕业生为研究助理或辅助人员参与研究工作，聘用毕业生的劳务性费用和有关社会保险费补助可从项目经费中列支。合同期满后根据工作需要可以续聘或到其他岗位就业，就业后工龄与参与研究期间的工作时间合并计算，社会保险缴费年限合并计算。

19. 一次性吸纳就业补贴

中小微企业和社会组织招用毕业年度高校毕业生并签订 1 年以上劳动合同，按 1 000 元/人的标准给予一次性吸纳就业补贴。

20. 创业担保贷款及贴息

小微企业当年（申请贷款前 12 个月内）新招用包括大学生在内的符合创业担保贷款申请条件的人员，数量达到企业现有在职职工人数 15%（超过 100 人的企业达 8%），并与其签订 1 年以上劳动合同的，可申请最高不超过 300 万元的创业担保贷款。符合创业担保贷款贴息条件的，各级财政按规定及时足额予以贴息。

21. 税收优惠

自 2019 年 1 月 1 日至 2021 年 12 月 31 日，企业招用建档立卡贫困人口，以及在人力资源社会保障部门公共就业服务机构登记失业半以上且持《就业创业证》或《就业失业登记证》（注明“企业吸纳税收政策”）的高校毕业生等人员，与其签订 1 年以上期限劳动合同并依法缴纳社会保险费的，自签订劳动合同并缴纳社会保险当月起，在 3 年内按实际招用人数予以定额依次扣减增值税、城市维护建设税、教育费附加、地方教育附加和企业所得税优惠。定额标准为每人每年 7 800 元。纳税人在 2021 年 12 月 31 日未享受满 3 年的，可继续享受至 3 年期满为止。

22. 公开国有企业招聘应届高校毕业生信息

国有企业要建立公开招聘应届高校毕业生制度，在企业官方网站和四川公共招聘网、四川人才网上联合发布公开招聘信息。除涉密等不适宜公开招聘的特殊岗位外，坚持公开、平等、竞争、择优的原则，普遍实行公开招聘，扩大选人用人范围，切实做到信息公开、过程公开、结果公开。

二、创业扶持政策

（一）扶持创业大学生

23. 扶持对象

省内普通高等学校全日制在校大学生和毕业 5 年内、处于登记失业状态的普通高等学校全日制毕业生（含国家承认学历的留学回国人员）。服务基层项目的大学生同等享受大学生创业培训补贴和创业补贴。大学生村官、服务期满“三支一扶”人员可按规定享受创业担保贷款政策。省内高校就读的港澳台学生，以及毕业 5 年内、国家承认学历、在川创业的港澳台大学生，同等享受创业扶持政策。

24. 创业培训补贴

大学生可在常住地（在校生可在就读高校）参加创业培训并取得培训合格证的，可享受培训补贴。在校大学生可以利用周末、节假日和晚自习等时间，在40天内完成规定的培训内容。

25. 创业补贴

对大学生创业实体和创业项目，给予1万元补贴。领办多个创业项目，最高不超过10万元。创办家庭农场和农民合作社达到财政项目扶持条件的，优先纳入支持范围。

26. 科技创新苗子补助

采取“人才+项目”的方式，对大学生创新创业给予支持，其中，重点项目补助10万元/个，培育项目补助2万～5万元/个。

27. 省级创业大赛获奖项目前期孵化补助

对省级及以上相关部门（单位）组织的创业大赛获奖项目，进入前期孵化，可享受5万～20万元的补助。对参加“创客中国”四川省中小企业创新创业大赛暨“创客天府”创新创业大赛的获奖项目，除获得相应资金外，同时享受“投贷服”联动机制等帮扶措施。

28. 创业吸纳就业奖励

大学生创业实体吸纳就业并按规定缴纳社会保险费的，可向创业所在地公共就业服务机构申请一次性奖励。招用3人（含3人）以下的按每人2 000元给予奖励，招用3人以上的每增加1人给予3 000元奖励，总额最高不超过10万元。

29. 创业担保贷款贴息

大学生创业可申请贷款额度最高不超过20万元、贷款期限最长不超过3年的创业担保贷款。自2020年4月15日起，新发放创业担保贷款利率应适当下降，具体标准为：贫困地区（含国家扶贫开发工作重点县、全国14个集中连片特殊困难地区）贷款利率上限不得比贷款市场报价利率高2.5个百分点，其余地区贷款利率上限不得比贷款市场报价利率高1.5个百分点。对非贫困地区符合条件的个人创业担保贷款执行差异化的贴息政策；对贫困地区2021年1月1日前发放的符合条件的个人创业担保贷款，由各级财政部门在贷款期限内给予全额贴息，2021年1月1日起新发放的个人创业担保贷款，贷款市场报价利率扣减1.5个百分点的利息，由借款人承担，剩余部分由财政部门给予贴息，各级财政具体分担比例均与非贫困地区一致。

30. 青年创业贷款

创业大学生可向创业所在地市（州）团委申请额度不超过 10 万元、期限不超过 3 年的免息、免担保青年创业基金贷款，并配备一名志愿者导师“一对一”帮扶。在蓉在校大学生创业，可向省大学生创新创业活动中心申请。

31. 创业提升培训

对创办企业或从事个体经营的大学生，以及在大学生创新创业园区（孵化基地）内有创业项目的大学生，每年组织一定数量的人员免费参加全省“我能飞”大学生成功创业者提升培训。

32. 高素质农民培育

在项目区域内，将符合政策条件的从事农业就业创业的大学生纳入高素质农民培育计划。

33. 税费减免

自 2019 年 1 月 1 日至 2021 年 12 月 31 日，在人力资源社会保障部门公共就业服务机构登记失业半年以上且持《就业创业证》（注明“自主创业税收政策”或“毕业年度内自主创业税收政策”）或《就业失业登记证》（注明“自主创业税收政策”）的高校毕业生人员，从事个体经营的，自办理个体工商户登记当月起，在 3 年（36 个月，下同）内按每户每年 14 400 元为限额依次扣减其当年实际应缴纳的增值税、城市维护建设税、教育费附加、地方教育附加和个人所得税。纳税人在 2021 年 12 月 31 日未享受满 3 年的，可继续享受至 3 年期满为止。

（二）扶持创业服务平台和创业指导专家

34. 创新创业服务平台补助

对评定为省级大学生创新创业园区（孵化基地）的，由所在地人社部门给予 30 万元补助；对每年复核合格的省级大学生创新创业园区（孵化基地），由所在地人社部门给予 15 万元补助。支持民族地区依托“飞地”产业园区建设大学生创新创业园区（孵化基地）。被人社部认定为全国创业孵化示范基地的，由所在地人社部门参照省级大学生创新创业园区（孵化基地）的补助标准，给予补助。

对绩效评价优秀的国家级和省级科技企业孵化器、大学科技园、创新创业众创空间和农业科技园区，分别给予不超过 100 万元/个、50 万元/个的奖励性补助。

35. 创业指导补贴

县级以上人社部门认定的创业专家、顾问，为大学生创业提供指导服务的，给予一定补贴。

（三）扶持创业服务活动

36. 创业活动补贴

县级以上人社部门和省级相关部门为增强大学生创业意识，提高大学生创业能力，举办创业讲座、报告、大赛、表彰、宣传等活动，可给予创业活动补贴。

三、综合扶持政策

37. 取消户籍限制

农村户籍、异地户籍离校未就业高校毕业生，可凭本人居民身份证、毕业证、居住证（暂住证），在常住地公共就业服务机构办理失业登记，领取《就业创业证》，享受相关扶持政策。

38. 简化体检手续

各高校可根据实际情况决定是否安排毕业体检，有条件的地方可建立入职定点体检和体检结果互认机制。除国家和我省有特别规定外，高校毕业生取得我省二级以上医疗机构、3 个月以内健康体检证明的，用人单位或其主管部门、人事综合管理部门应予认可。超过 3 个月未到半年需重新体检的，无需再做 X 线检查，尽量避免重复体检。

39. 享受公共就业创业服务

公共就业人才服务机构为大学生提供免费的就业失业登记、职业指导、职业介绍、就业见习、人事档案管理等公共就业服务，以及项目选择、开业指导、投（融）资等公共创业服务。对延迟离校的应届毕业生，相应延长报到接收、档案转递、落户办理时限。离校未就业毕业生，可根据本人意愿，将户口、档案在学校保留 2 年或转入生源地公共就业人才服务机构。各地将符合当地住房保障条件的稳定就业创业的大学生纳入住房保障和住房公积金缴存范围，支持使用住房公积金贷款购房。

40. 就业创业指导教师队伍建设

建设职业化、专业化、专家化的就业创业指导工作队伍，建立相关专业教师、创新创业教育专职教师每 2 年至少 2 个月到行业企业挂职锻炼制度。高等学校、园区对作出贡献的导师，在工作量认定、职称评定、待遇报酬等方面给与激励，支持就业创业指导教师到机关、企事业单位实践，建立完善符合职业指导教师特点的职称评价标准，同等条件下优先评审职称。专职就业指导教师和专职工作人员，与应届毕业生的比例原则上不低于 1∶500。鼓励机关、企事业单位相关人员兼任高校就业创业工作义务辅导员。

41. 学分管理

高校将就业创业课程列入必修课或必选课，纳入学分管理。建立创新创业档案和成绩单，实施弹性学制、保留学籍休学创新创业等具体措施，优先支持参与创新创业的学生转入相关专业学习。设置合理的创新创业学分，建立创新创业学分积累与转换制度，设立创新创业奖学金。创业经历可作为实习经历，并可折算为实习学分。在符合学位论文规范要求的前提下，允许本科生用创业成果申请学位论文答辩。

模块九
自主创业小额贷款

大学毕业生申请自主创业，可享受财政贴息的小额贷款。

一、申请条件

第一，大学专科以上毕业生。

第二，毕业后 6 个月以上未就业，并在当地劳动保障部门办理了失业登记。

二、贷款期限

为大学毕业生提供的小额创业贷款是政府贴息贷款，期限为 1～2 年，2 年之后不再享受财政贴息。

三、贷款方式

小额贷款方式分为担保、抵（质）押贷款 2 种。

备注：小额贷款具体操作办法可向当地劳动和社会保障局咨询。另外，针对大学生自主创业的其他优惠政策，如从事个体经营，1 年内免交工商登记类和管理类行政事业性收费。

参考文献

[1] 徐俊祥，徐焕然. 创未来——大学生创业基础知能训练教程[M]. 2 版. 北京：现代教育出版社，2017.
[2] 张建华，冯瑞. 大学生创新创业指导教程[M]. 上海：上海交通大学出版社，2016.
[3] 人力资源和社会保障部职业能力建设司，中国就业培训技术指导中心. SIYB——创办你的企业创业意识培训册[M]. 北京：中国劳动社会保障出版社，2017.
[4] 人力资源和社会保障部职业能力建设司，中国就业培训技术指导中心. SIYB——创办你的企业创业计划培训册[M]. 北京：中国劳动社会保障出版社，2017.
[5] 戴育滨，张日新，张光辉. 大学生创业者的内涵、分类与能力特征分析[J]. 科技创业月刊，2006（10）.
[6] 赵静，赵忠伟，潘佳佳. 创新创业基础（实践指导）[M]. 长春：吉林大学出版社，2018.
[7] 张玉利，陈寒松. 创业管理[M]. 北京：机械工业出版社，2011.
[8] 张斌. 大学生就业指导与创业教育[M]. 北京：首都师范大学出版社，2015.